CB016124

© Ståle Wig, 2025
© Kagge Forlag, 2022
© Buzz Editora, 2025

Publicado mediante acordo com a Northern Stories em conjunto com o coagente, legalmente indicado, LVB&Co Agência Literária. Todos os direitos reservados.

Título original: *Havanna taxi: Liv og løgn på det nye Cuba*

PUBLISHER Anderson Cavalcante
COORDENADORA EDITORIAL Diana Szylit
EDITOR-ASSISTENTE Nestor Turano Jr.
ANALISTA EDITORIAL Érika Tamashiro
ESTAGIÁRIA EDITORIAL Beatriz Furtado
PREPARAÇÃO Mariana Donner
REVISÃO Angélica Andrade e Julian F. Guimarães
PROJETO GRÁFICO Estúdio Grifo
FOTO DE CAPA iStock / Getty Images

*Nesta edição, respeitou-se o novo
Acordo Ortográfico da Língua Portuguesa.*

Dados Internacionais de Catalogação na Publicação (CIP)
(Câmara Brasileira do Livro, SP, Brasil)

Wig, Ståle
Havana táxi: Relatos de Cuba / Ståle Wig
Tradução do norueguês: Guilherme da Silva Braga
1ª ed. São Paulo: Buzz Editora, 2025
336 pp.

Título original: *Havanna taxi: Liv og løgn på det nye Cuba*
ISBN 978-65-5393-414-6

1. Havana (Cuba) – Descrição 2. Havana (Cuba) – História
3. Havana (Cuba) – Usos e costumes 4. Histórias de vidas
I. Título

Índice para catálogo sistemático
1. Havana: Cuba: História

Aline Graziele Benitez, Bibliotecária, CRB 1/3129

Todos os direitos reservados à:
Buzz Editora Ltda.
Av. Paulista, 726, Mezanino
CEP 01310-100, São Paulo, SP
[55 11] 4171 2317
www.buzzeditora.com.br

STÅLE WIG

HAVANA TÁXI

RELATOS DE CUBA

Tradução do norueguês
GUILHERME DA SILVA BRAGA

*Se queremos que as coisas permaneçam
como estão, tudo precisa mudar.*

Giuseppe di Lampedusa, *O leopardo*

PERCURSO INICIAL

Chovia à noite em Havana quando achei que esse livro nunca veria a luz do dia. Passamos a tarde ajeitando o carro, porque no dia seguinte faríamos a vistoria técnica que nos permitiria registrá-lo como táxi. Tínhamos lubrificado o eixo, lavado o chassi e pintado por cima das feias emendas de solda. Um conhecido nos emprestou pegadores para as portas dos passageiros. Ainda faltavam os limpadores de para-brisa, mas eu conhecia uma pessoa que podia nos emprestar um par. A estratégia seria maquiar aquela velha senhora o suficiente para que o inspetor a declarasse apta a trafegar. Se déssemos a sorte de ter o carro aprovado, receberíamos autorização para operar como taxistas.

Mesmo que eu soubesse de tudo isso, mesmo que eu soubesse que o dia seguinte era aquele em que tudo seria resolvido, cometi a estupidez de sair para um passeio ao entardecer. E prometi visitar David, um amigo que ganhava a vida oferecendo conselhos e orientação espiritual. David morava em San Miguel del Padrón, no alto de uma elevação que logo se tornava novamente plana e transformava-se numa paisagem rural com casas e terrenos. O tráfego do centro escoava normalmente, os pneus estavam calibrados, os faróis projetavam um brilho amarelo em meio ao lusco-fusco e pela primeira vez consegui engatar a terceira sem problemas. O volante parecia firme. A troca do eixo de transmissão havia operado um milagre; a folga havia diminuído pela metade. O carro ainda fazia curvas lentas como as de um navio, mas as rodas tinham uma resposta mais rápida e viravam com mais firmeza. Atravessei a ponte de Via Blanca e subi até Calzada de Güines sem passar por cima de nenhum buraco. Eu conhecia bem o trajeto e fiquei especialmente satisfeito com a maneira como fiz uma curva aberta atrás de um ônibus e passei na beira de um buraco que mais parecia uma cratera sem furar o pneu.

Dirigir um carro de 1953 exigia certa astúcia. Além do mais, taxistas como eu, que operavam sem um fornecedor de diesel fixo no mercado clandestino, precisavam ser econômicos. Um dos truques era pôr o motor em ponto morto no alto de um morro e deixar que descesse sem usar gasolina. Era possível andar mais de um quilômetro assim se você desse sorte. Quando me aproximei do fim da encosta que dava para San Miguel, puxei a alavanca de mudança para trás e deixei o carro deslizar como se estivesse numa pista de ski jump. Senti um frio na barriga, o motor ficou em silêncio e a única coisa que ouvi foi um agradável sacolejar na carroceria: *rá-cá-tá, rá-cá-tá*.

Estacionei ao lado de um cabrito preso a uma árvore. David veio ao meu encontro com um sorriso e um comentário: *"Isso* são horas de aparecer?". Ele pediu que eu esperasse numa salinha usada para fins religiosos, localizada no quintal. Num dos cantos havia um altar com vários deuses. Um filme de Bollywood passava TV de tela plana sem nenhum som. Logo ouvi tambores e cânticos no escritório de David, e uma mulher apareceu trazendo café. "Ele já vem."

As férias de verão estavam próximas, e muita gente procurava a expertise religiosa de David. Ao fim de vinte minutos me chamaram. David usava um gorro xadrez com detalhes vermelhos, folgado como um chapéu de padeiro, que o marcava como um devoto de Changó, deus da guerra e do trovão. Ele tinha o corpo forte de um lutador, mas um rosto suave e infantil que naquele momento parecia radiante. *"Estoll!"* Os cubanos tinham dificuldade para pronunciar o meu nome, mas eu não dizia nada. David lavou o rosto e as mãos e pediu que eu fizesse o mesmo. Depois pôs uma casca de coco em cima da mesa, acendeu um charuto e virou um saquinho de búzios na mão. Ele esfregou as mãos enquanto fazia uma oração e em seguida espalhou os búzios na mesa. Logo começou a *leitura*.

"Estoll", disse David. "Eu vejo..." Ele se inclinou por cima da mesa.

"Vejo papéis. Papéis com os quais você está envolvido. Um processo com *papéis* é o que estão me dizendo."

David olhou para cima. Fiz um gesto afirmativo com a cabeça, pensando na vistoria técnica da manhã seguinte. Se tudo desse certo, a operação legal do táxi poderia começar. Já tínhamos dirigido à noite sem licença antes, mas era uma ideia perigosa no longo prazo. "Tome cuidado com esses papéis, *tome cuidado*, porque isso vai exigir muito de você, ouviu bem?"

David falava depressa, entre inspirações e expirações. "Você precisa estar preparado, ouça o que eu digo, Estoll, você precisa estar *bem preparado*." Contei sobre a vistoria das autoridades de trânsito e David orou pelo inferno burocrático que logo precisaríamos atravessar.

"Agora estão me dizendo, ouça bem, Estoll, estão me dizendo que você não deve manter ligações muito estreitas com uma única pessoa. Isso não vai dar certo."

Pensei no livro que eu estava escrevendo. Eu tinha decidido que o livro devia falar sobre várias pessoas ao mesmo tempo — contar várias histórias, em vez de uma só. Uma delas seria a história do carro que eu tinha comprado. Ao mesmo tempo tive a impressão de que eu mesmo acabaria sendo um personagem secundário, e de que o livro devia falar sobre mais coisas além do carro. Eu queria falar sobre as pessoas que estava conhecendo, cubanos normais que viviam numa época anormal. Não se fixar muito em uma única pessoa soou como um conselho adequado. Mais uma vez acenei a cabeça. "Você precisa seguir o plano", disse David. "Tá me ouvindo? Você precisa *seguir o caminho* que escolheu."

Era bom saber que eu enfim tinha aparecido a fim de receber proteção e ser purificado.

Quando a leitura dos búzios acabou, David pediu que eu me levantasse.

"Feche os olhos e segure a respiração." Ele encheu a boca de rum prata, deu um passo para trás e espirrou o líquido em cima de mim, em ambos os lados do corpo. Depois soprou fumaça de charuto no meu rosto.

Eu estava purificado.

Paguei uns pesos a David pelo trabalho e nos despedimos. No caminho ele me entregou uma pedra da sorte, que eu devia carregar sempre no bolso, e um dos gorros vermelhos de santería. "Use isso quando você tiver problemas." Coloquei a pedra no bolso, dobrei o gorro e me sentei no carro. David olhou pela janela do passageiro e apontou em direção à cidade. "O dilúvio está vindo", ele disse em tom profético.

"A chuva é uma bênção." A chuva de verão em Havana era capaz de sugerir associações bíblicas. Lembrei que poucas semanas atrás eu tinha andado com água até os joelhos.

Quando saí de ré, as primeiras gotas caíram no teto do carro, e já na estrada principal a chuva começou a cair de verdade. Sem os limpadores de para-brisa a visão era ruim, mas graças aos faróis e à nova instalação elétrica eu poderia me virar. Acionei o pedal no assoalho para acender os faróis, mas a chuva, aquela chuva abençoada, havia interrompido a ligação. Era um mau agouro para o caminho de volta, e ainda pior para a vistoria na manhã seguinte.

Eu batia os pés e praguejava, praguejava e batia os pés, sem nenhum resultado. E assim a velha senhora e eu fomos ao centro, em meio àquela escuridão úmida.

Na época eu ainda não sabia direito no que havia me metido. Eu tinha ido a Cuba fazer pesquisa. Minha tarefa era uma pesquisa de campo em antropologia, para um doutorado sobre as reformas de mercado que Raúl Castro, o novo presidente, havia iniciado. Fidel Castro já estava velho e fraco. As pessoas diziam que a ilha aos poucos se abria para o mundo. Vá agora, antes que seja tarde demais.

Além da pesquisa em si eu também havia recebido dinheiro para escrever um livro sobre Cuba. Como experimento literário, gastei o dinheiro num carro — um Buick Roadmaster Sedan de 1953. Era um carro bonito, com pintura verde-menta opaca. Ao longo das portas, da roda traseira até a dianteira, havia um detalhe em aço com o formato aproximado de uma seta. Os faróis redondos encaravam a estrada com olhos de peixe, e o volante e os bancos eram originais, com acabamento em couro branco já um pouco amarelado. Mas eu não sabia nada a respeito de motores ou de carros antigos, a não ser que precisavam de conserto o tempo inteiro.

Ainda enquanto descia a encosta eu notei uma vibração no banco do passageiro. Quando diminuí a velocidade, reconheci o barulho, porque eu já o tinha ouvido por duas vezes. Era um pneu furado. Por sorte havia um posto de gasolina no pé da encosta. *"Aire?"*, perguntei através da janela, mas o frentista simplesmente balançou a cabeça. O posto seguinte ficava em Virgen de los Caminos. Eu não sabia se conseguiria chegar até lá antes de a roda estar totalmente no chão. Uma curva mais fechada poderia arrancar a borracha. Acelerei em direção ao cruzamento seguinte, mas precisei frear quando um Lada azul entrou na pista. O carro tinha um tempo de frenagem similar ao de um trenó na neve, e assim continuei avançando em direção ao Lada. Minha salvação foi o canteiro central; quando puxei o carro para o lado, as rodas gritaram como se eu estivesse em uma perseguição de filme de gângsteres à moda antiga. Continuei avançando devagar e ouvi os gritos entusiasmados de uma pessoa que estava na calçada e havia testemunhado a manobra. O pneu estava quase totalmente vazio.

No posto seguinte tampouco havia calibrador. A alternativa mais próxima ficava na direção contrária, disse o frentista: o melhor seria não seguir em frente. O homem apontou para o posto de onde eu tinha acabado de vir, e resolvi continuar. Havia uma última alternativa: um posto de gasolina 24 horas que ficava atrás da universidade, a dez minutos de distância. O carro dava saltos e solavancos, e estremeci ao pensar em como a roda devia estar naquele instante. Se eu quisesse chegar a tempo, seria preciso ter a sorte ao meu lado.

Respirei fundo e estendi a mão rumo ao gorro vermelho de David, que estava no banco do passageiro.

Lá estava eu, portanto, no meu Buick 1953, marinado em rum, com uma pedra afro-cubana da sorte no bolso e um gorro de santería na cabeça — e então me lembrei do que o meu amigo Fernando tinha dito mais cedo naquele mesmo dia. Fernando era um professor universitário de antropologia que fumava como uma chaminé e tinha contatos no Partido Comunista. De vez em quando eu o visitava. Fernando havia pedido que eu mantivesse um perfil discreto, em especial a partir do momento em que eu havia me envolvido com o táxi. "Tente não chamar atenção", ele disse. "Se a polícia parar você por qualquer coisa, você pode ser extraditado. Tome cuidado, porque as pessoas sabem quem você é. E estão de olho em você."

Logo comecei a ouvir um *tunc-tunc-tunc* que não parecia nada bom vindo da parte traseira do carro. A chuva escorria pelo para-brisa e o suor escorria pelos meus olhos, mas eu não podia fazer nada além de seguir em frente. Tirei a blusa para enxugar o suor do rosto. Quando peguei a estrada que levava à universidade, atravessei um sinal vermelho sem nem me dar conta. O estresse tinha me deixado um pouco cego. Por sorte a rua estava vazia — e logo adiante veio enfim a minha salvação. Quando o frentista do posto colocou a mangueira na válvula e senti o carro se erguer, tive vontade de me jogar no pescoço peludo dele, mas apenas sorri e dei-lhe uma gorjeta de cinco pesos. Tornei a vestir a blusa e deixei o posto de ré. Parecia tudo certo com a roda. Mesmo que os faróis estivessem arrebentados e o pneu talvez furado, eu tinha ar suficiente para fazer o trajeto. O cruzamento atrás da universidade estava às escuras, porém logo adiante reluzia a saída que levava a Cayo Hueso; em pouco tempo eu chegaria em casa.

E foi justamente nesse momento, enquanto eu parabenizava a mim mesmo por ter navegado a situação com tamanha maestria, que notei que eu estava dirigindo rumo ao abismo. Um Lada branco com as iniciais PNR — Policía Nacional Revolucionaria — estava parado ao lado de uma árvore junto à saída. Será que a viatura estava vazia? As luzes estavam desligadas, mas vi duas pessoas do lado de fora do carro. Eu me agarrei à direção, senti minhas mandíbulas se tensionarem e me inclinei por cima do volante, como se o meu corpo quisesse se encolher. Atravessei inocentemente o cruzamento, não mais depressa do que uma mulher que empurrasse um carrinho de bebê. Eles não estão me vendo, pensei, *eles não estão me vendo*, a escuridão vai me salvar, ou melhor, eles não estão nem aí, afinal por que dois policiais acomodados se importariam com... Quando faltavam vinte metros, um par de olhos me encarou. O policial estava apoiado contra a carroceria da viatura, com o boné azul, a camisa cinza e um walkie-talkie no cinto. Foi como se tivesse esperado a noite inteira por aquele momento, porque de repente ele esticou as pernas, tirou o walkie-talkie do cinto e falou aos gritos. O colega dele correu em direção à porta e entrou às pressas no carro.

Nesse instante a minha consciência parou de funcionar e o corpo assumiu o comando. Meu corpo tinha dado ouvidos à advertência feita por Fernando, *meu corpo* havia entendido o que estava em jogo. Se fosse parado, não apenas eu perderia a vistoria da manhã seguinte, mas o carro correria o risco de perder o emplacamento. Minha autorização de residência podia ser cancelada. O livro, a minha pesquisa, essa merda toda estava por um fio. Meu corpo decidiu que o pé direito era a solução, a sola do pé contra o acelerador, a mão na alavanca de mudança, uma terceira marcha, delícia, uma quarta marcha, duas mãos agarradas ao volante. O motor respondeu, e logo a polícia começou a diminuir no retrovisor: trinta metros, quarenta metros.

Quase no alto da encosta eu me vi atrás de um ônibus. *Vai, vai.* O ônibus era lerdo, mesmo para os padrões cubanos. Pensei em fazer uma ultrapassagem usando a pista em sentido contrário, mas o ônibus cuspia uma fumaça preta que obstruía a visão. E lá atrás — o que estava acontecendo lá atrás?

Em meio à fumaça de escapamento, por um instante me perguntei se eu não teria alucinado tudo. Talvez a polícia não estivesse atrás de mim; podia ser que tivessem sido chamados quando passei, não?

Eu não sabia ao certo o que poderia ter feito de ilegal. Depois pensei que os faróis quebrados não seriam motivo de grande alarde, mas ao fim de meses em Havana a paranoia já havia começado a invadir

13

meu corpo, e eu sentia o tempo inteiro que tinha coisas a esconder. Por isso o melhor seria dar o fora.

De repente a polícia havia desaparecido — e talvez nunca tivesse estado em meu encalço.

Meu Deus, que reação mais exagerada!

Antes que eu pudesse levar essa ilusão adiante, uma luz azul começou a se refletir na fumaça de escapamento, tanto no lado de fora como no interior do carro. Eu ainda tinha uma vantagem de cerca de cem metros. Vi um recuo de ônibus e tive uma ideia ruim. Parecia escuro o bastante para que, se eu desligasse o motor, a polícia talvez me deixasse para trás sem nem ao menos me ver. Cheguei a entrar no recuo, porém mudei de ideia assim que parei o carro e novamente voltei a trafegar colado no ônibus. Meu coração palpitava feito um motor, e todo o meu corpo tremia.

Eu me preparei para tudo o que aconteceria a seguir — uma derrota antes mesmo que a partida começasse. Quando a polícia tornasse a me alcançar, quando eu parasse e abrisse a porta, quando os policiais sentissem o cheiro de rum que exalava do meu corpo e das minhas roupas, justamente nesse momento explicaria que tudo não passava de um mal-entendido — que eu simplesmente não tinha visto a viatura no cruzamento. Que por isso eu não tinha parado. Que eu estava praticamente na casa do proprietário formal do veículo. Que eles precisavam me deixar seguir viagem.

Uma última esperança surgiu de repente: uma saída no alto do morro, que ao descer passava em frente à universidade. O ônibus dobrou primeiro, e eu segui logo atrás. O volante escorregou das minhas mãos suadas e os pneus cantaram. Com a gravidade, logo recuperamos a velocidade. No meio do morro eu freei, dei sinal para a direita e entrei para a esquerda, numa tentativa patética de despiste.

Parei no cruzamento junto à escadaria da universidade e olhei pelo retrovisor. Não havia ninguém, apenas o meu rosto suado, com o gorro na cabeça e as pupilas minúsculas, como cabeças de alfinete, que olhavam para trás. O volante tremia em minhas mãos, e meia hora depois, quando comecei a escrever tudo o que tinha acontecido, eu ainda sentia os dedos tremerem. Meu livro estava salvo. A história poderia começar. Mal sabia eu que aquela noite não se comparava ao que ainda estava por acontecer. Nem que a história que eu viria a contar um dia já havia começado muito tempo antes.

18 meses antes

A MENTIRA

Os dias que mudam a história do mundo começam como todos os outros, e nada indicava que aquele dia em especial teria qualquer coisa de memorável para Norges Rodríguez. Havana tinha os mesmos sons e os mesmos cheiros que ele havia descoberto na cidade ao longo das últimas semanas. Ao caminhar pelo último quarteirão residencial antes de chegar ao ponto em que a ilha encontrava o mar ele ouviu o rumor das ondas. O mar explodia em roncos pesados ao bater-se contra o muro. A proximidade com o mar confere a Havana um cheiro único. A maresia atravessa a cidade e espirra água salgada acima dos telhados.

Norges olhou para Taylor, que diminuiu a velocidade atrás dele. "*Nene*", disse Norges, chamando-o por um dos apelidos. "Como vão as coisas?"

"Nem *tente* falar comigo", respondeu Taylor, dirigindo-se a um banco na calçada.

Norges não sabia direito o que dizer e sentou-se ao lado dele. Taylor passou os dedos por aqueles cabelos lisos e pretos e pressionou os ouvidos com os polegares a fim de trancar o barulho do tráfego e o som do mar no lado de fora. Ele respirava com força pelo nariz. Os olhos lacrimejavam. Era sempre assim quando tinha uma crise de enxaqueca. Norges queria abraçar o namorado, mas os comprimidos de Excedrin que ele precisava não estavam disponíveis em Havana, e nada mais surtia efeito.

Não muito tempo atrás Norges era um menino totalmente comum em Santiago, a segunda maior cidade de Cuba. Tinha crescido em Los Pinos, uma região tradicionalmente negra da periferia, com prédios simples em formato de caixote. Nesse tipo de bairro era comum que três gerações de cubanos morassem juntas. Lá moravam os avós, que haviam jurado defender Fidel Castro com a própria vida durante a revolução de 1959. Lá moravam os pais e as mães, que haviam se formado nas décadas de 1970 e 1980 e construído instituições para que a revolução pudesse seguir adiante. E em Los Pinos morava também uma nova geração de jovens. Esses jovens haviam crescido na época de escassez e corrupção iniciada após o declínio da União Soviética. Para eles, Cuba era a ilha da falta de energia elétrica e da necessidade. A revolução era uma imagem nos livros escolares, um slogan num outdoor. Todos sonhavam em sair do país, apáticos e cansados de viver num lugar em que nada funcionava.

Norges tinha sido exatamente assim. Durante a adolescência, tinha planejado terminar a formação como engenheiro, pegar uma bolsa de estudos e nunca mais voltar. Não havia futuro para as pessoas em Cuba, segundo pensava. A família estava de acordo.

O fato de que Norges *não* houvesse deixado o país, mas viajado oitocentos quilômetros para atravessar a ilha e chegar a Havana para começar uma vida nova devia-se a uma ideia perigosa — uma ideia que parecia cativar muitos jovens de tempos em tempos. A ideia de que era possível mudar o mundo.

Fique, não vá embora.

Lute, para que assim a mudança aconteça.

Cinco meses haviam se passado desde o primeiro encontro de Norges com o homem que estava sentado a seu lado no banco. O encontro havia ocorrido no centro estatal de cultura para a juventude em Santiago, onde Taylor trabalhava. Na época, Norges trabalhava como engenheiro de telecomunicações, e estava no centro para configurar uma nova intranet. Ajoelhado debaixo de uma mesa com um punhado de cabos na mão, ele ouviu uma risada contagiante. Norges deu uma espiada e viu um jovem bem-apessoado no outro lado do escritório. Taylor tinha pele clara e cabelo escuro, curto nas laterais e ondulado no topo. Ele tinha olhos castanhos e um olhar amistoso. Ao mesmo tempo era também masculino, com maçãs do rosto pronunciadas e um nariz marcante.

Dizer que tudo aconteceu depressa a partir de então não faria justiça à realidade. Horas após esse primeiro encontro, minutos após terem se beijado no cruzamento em frente ao local de trabalho de Taylor, Norges deixou escapar uma pergunta. "Você não quer se mudar comigo para Havana?" Durante toda a vida adulta Norges havia pensado em como diria ao mundo que era gay. Ele queria dar a notícia para a família e sair da cidade. Para ele, Taylor era a chance de mudar de vida.

Os amigos chamavam Norges de introvertido, mas em anos recentes ele tinha começado a se abrir, em especial na internet. Norges tinha um blogue chamado Salir a la Manigua, no qual escrevia textos progressistas e bem pensados sobre história local, cinema, música e internet. Eram coisas possíveis naquele momento, segundo pensava. Expor-se já não era tão perigoso. A escrita rendeu-lhe contatos nas embaixadas de outros países e na mídia independente. Havia cerca de dez blogueiros como Norges espalhados pela ilha. Eles compartilhavam opiniões em sites amadores e participavam de discussões na internet. Mas ninguém — nem mesmo os amigos mais próximos de Norges — sabia daquilo que Taylor ficou sabendo no cruzamento.

Norges tinha vinte e sete anos, estava apaixonado por um homem e sentia medo.

Taylor Torres, por outro lado, aos vinte e nove anos era uma pessoa cheia de autoconfiança, que tinha três anos de experiência como homossexual assumido e uma mãe que o aceitava da maneira como era. Quando Norges perguntou a Taylor se ele gostaria de se mudar para Havana, Taylor estava tentando escapar de um relacionamento longo com um cubano mais velho. Ele pegou a mão daquele rapaz estranho, que de um instante para o outro já não parecia mais tão estranho, abriu um sorriso discreto e respondeu:

"Muito bem. Vamos."

Durante as semanas que antecederam a partida rumo a Havana, Norges juntou a coragem necessária para se assumir. Ele navegou pela internet à procura de filmes e artigos sobre a experiência de outros que haviam tomado aquela decisão. Treinou em frente ao espelho a conversa que pretendia ter com a mãe.

"Mãe", ele diria. "Eu tô apaixonado. Por um rapaz."

Ela já devia suspeitar. E com certeza haveria de entendê-lo. Mas na manhã em que Norges por fim daria a notícia ele hesitou e preferiu mandar um SMS. Norges trabalhou o dia inteiro com o telefone na mão, sem nenhum tipo de resposta. Ao voltar para casa, encontrou a mãe na cama. Dava para ver que ela tinha chorado.

"Mas, mãe", disse Norges. "É *a partir de agora* que eu vou ficar bem. Quero mostrar para você um filme que explica tudo. Tem pessoas que tiram a própria vida porque *não conseguem* dizer ao mundo quem são..."

"Você queria se matar?!", exclamou a mãe. "Ah, Norgito, a gente criou você da melhor forma possível."

Norges tinha consciência de que não havia correspondido às expectativas do pai. Durante a infância, tudo era muito diferente. Ele preferia ler ou assistir à TV em vez de correr na rua com os outros meninos. O pai o mandou para uma academia de boxe, mas ele não gostou daquilo. Norges criou o próprio mundo em torno dos livros, da TV e do rádio — e aos poucos incorporou também a infinitude da internet. Claudia, a irmã mais nova, era o total oposto. Quando a família recebia visitas, ela entretinha os adultos cantando e dançando, enquanto Norges lia no quarto. Ela achava que o irmão era chato e esquisito. A mãe chamava o filho introspectivo pelo apelido de *el viejo*.

"*Norgito*! Você precisa sair mais!"

Não havia faltado amor por parte da família. Após a queda da União Soviética, o pai havia começado a vender laranjas na rua quando não estava trabalhando como professor, mas ao entardecer as crianças se reuniam ao redor dele e do piano na sala. O pai tocava, a mãe e Claudia cantavam e Norges também participava, embora com um jeito tímido. No verão os pais levavam as crianças para o telhado e as abanavam com folhas de palmeira noite adentro para que conseguissem pegar no sono, e o mesmo acontecia quando faltava energia elétrica e os ventiladores não funcionavam.

Mas apesar de todo esse cuidado e de toda essa segurança, para as quais Norges um dia haveria de retornar, havia uma mentira na família. Não era verdade — conforme a família acreditava — que Norges fosse um menino como todos os outros, um menino que logo encontraria uma namorada. A verdade era mais do eles poderiam aguentar, pelo menos naquele momento.

De repente a mãe de Norges encarou o filho em meio às lágrimas, como se tivesse fracassado.

"Você não entendeu", ele disse. "Eu tô apaixonado."

Ela não respondeu, mas simplesmente levou a mão à testa e apontou para a sala.

"O seu pai está com dores no peito. Ele também chorou."

Esse dia cortou a corda que amarrava Norges ao peso que tinha arrastado ao longo de toda a vida adulta. Ele ainda sentia medo e insegurança em relação ao que estava por vir. Mas, quando estava na companhia de Taylor, sentia os passos mais leves. Havana ficava do outro lado da ilha, mas agora a distância parecia menor. Santiago era a periferia; a capital era o centro da vida que ele gostaria de viver. E Taylor tinha sido louco o bastante para acompanhá-lo.

Certas coisas já estavam ajeitadas. O namorado da irmã tinha arranjado um trabalho para Norges no Instituto Superior del Arte, onde ele trabalhava e ela estudava. Não era nada de grandioso — ele seria responsável pelas mídias sociais e pela página de Facebook da instituição, agora que cada vez mais pessoas tinham acesso à internet. A remuneração era de trezentos pesos por mês — pouco mais de quinze dólares —, mas ele poderia morar de graça no campus.

Na manhã de 17 de dezembro de 2014, os dois estavam à procura de um trabalho para Taylor. Primeiro fizeram uma visita ao Ministério da Cultura, sem obter sucesso. Um funcionário amistoso deu-lhes um nome e apontou para a instituição cultural mais prestigiosa do país, a Casa de las Américas. Talvez houvesse trabalho por lá. Os dois estavam quase chegando quando foram alcançados pela enxaqueca de Taylor.

Atrás do banco onde estavam, um senhor dobrou a esquina com passos mais rápidos do que a idade prometia.

"Vocês já ficaram sabendo?", o homem perguntou ao se aproximar do banco. "Eles libertaram os cinco heróis!" O homem não esperou resposta nenhuma — simplesmente continuou a andar.

Todos os cubanos eram familiarizados com a história de *Los cinco héroes*, os cinco homens presos pelos EUA em 1998 depois que foram desmascarados como agentes infiltrados de Cuba. Um tribunal da Flórida os havia condenado por espionagem, conspiração para assassinar e "atos em favor de um governo estrangeiro". As autoridades cubanas alegaram que o julgamento teve motivações políticas; os agentes de fato haviam trabalhado com o fornecimento de informações, porém não no sentido de enfraquecer os EUA. Eles haviam se infiltrado em grupos anticomunistas em Miami para impedir ataques terroristas em solo cubano. As autoridades deram início a uma campanha de propaganda em favor dos *compañeros* Gerardo, Antonio, Ramón, Fernando e René, que haviam sacrificado a própria liberdade para defender a pátria e tiveram um destino terrível nas prisões do império. A campanha pela libertação dos cinco era como uma música de fundo na vida de todos os habitantes da ilha havia praticamente dezesseis anos. Por toda parte havia ilustrações com aqueles cinco rostos duros. "Chega de injustiça. Libertem os cinco heróis!"

E naquele momento eles tinham sido libertados. Taylor ergueu a cabeça. Antes de dar a volta na esquina, o senhor se virou e gritou:

"E ao meio-dia o Raúl vai fazer um discurso!" Depois ele desapareceu. Norges olhou para o relógio. Faltavam menos de quinze minutos. Os dois se levantaram. A Casa de las Américas tinha uma TV, claro.

No quarteirão seguinte havia um carro estacionado no meio da pista, um ferro-velho da década de 1950. Um jovem estava inclinado por baixo da carroceria enquanto outro se mantinha apoiado na porta do carro. Norges pôde ouvir fragmentos da conversa. "A coisa vai mudar *completamente*", disse o primeiro, entusiasmado. A voz que veio da carroceria soou mais cautelosa. "Temos que esperar e ver."

"Você ouviu?", disse Taylor. "Essa é uma questão maior do que os cinco heróis."

Ele tinha razão; aquele dia seria lembrado por outros motivos além da libertação dos cinco agentes.

A crise de enxaqueca de Taylor havia passado. Norges notou que as pernas andavam mais depressa.

A Casa de las Américas era a última construção antes do mar. Parecia uma igreja moderna, com estruturas cinzentas e vigas brancas de concreto que se estendiam em direção ao céu. No ponto mais alto erguia-se a torre, com um relógio que indicava quase meio-dia. Acima da entrada principal havia um mapa gigante da América Latina, feito em pedra, como uma lembrança de que o destino de Cuba estava ligado ao destino de um continente inteiro. Na Casa de las Américas autores, artistas e atores se encontravam para debates, lançamentos de livros e exibições de filmes. Quando Norges expandiu o blogue e montou uma página própria no Facebook, a Casa foi uma das primeiras instituições em que deu like.

O plano deles era entregar o CV de Taylor para a diretoria do centro, mas quando o casal entrou já não havia mais certeza quanto ao que seria mais urgente. Eles bateram à porta da sala de uma funcionária. Taylor explicou que fora mandado por um contato no Ministério da Cultura, mas logo foi interrompido pela mulher. Ela explicou que primeiro tinha que assistir às notícias da TV, e disse que os dois podiam acompanhá-la se quisessem. Passos ligeiros atravessaram um corredor repleto de obras de arte e pôsteres de teatro nas paredes. A porta de um escritório coletivo se abriu. No interior estavam os funcionários da comunicação. Ninguém pareceu notar que os dois jovens haviam entrado e se postado no fundo da sala. Norges acompanhou o olhar de todos em direção a uma tela de TV no outro lado do escritório. AO VIVO, lia-se em um dos cantos. Logo abaixo estava o logo da CNN Español. Era tarde demais; Raúl Castro já havia concluído o discurso. Porém logo surgiu mais um rosto conhecido.

Norges tinha ouvido falar a respeito de Barack Obama pela primeira vez no verão de 2008. Ele tinha vinte anos na época da eleição presidencial norte-americana. Como estudante da Universidad de Oriente, tinha acesso à internet — cinquenta megabytes por mês —, e assim pôde ler a respeito da disputa entre o candidato republicano e o senador negro de Chicago. Os amigos brincavam com Norges, dizendo que ele, com a pele escura, as orelhas de abano e a maneira tranquila de falar, parecia uma versão jovem e caribenha de Obama. Haveria comparações muito piores do que essa.

Na universidade a internet era lenta, e muitas páginas, como a do *Miami Herald*, eram bloqueadas. Por sorte o pai de Norges trabalhava em um hotel no centro da cidade. O filho podia usar um dos computadores no escritório da recepção para estudar. Quando ninguém mais estava por lá, Norges podia navegar à vontade. No Hotel Bayamo, Norges lia as colunas de Fernando Ravsberg, o correspondente da BBC em Cuba. Lia o *Miami Herald* e o jornal espanhol *El País*. Norges perdia a noção do tempo e do lugar quando estava assim, em frente ao monitor do PC. Do lobby do hotel, pai e filho também acompanhavam as transmissões com notícias sobre as eleições presidenciais norte-americanas.

"É uma questão que diz respeito a bem mais do que o futuro dos EUA", o pai afirmou certa vez. Norges entendeu o que ele queria dizer. Como primeiro presidente negro dos EUA, Obama também passaria a representar uma parte da história daquele país; a vitória dele também seria uma vitória para Cuba.

Agustina, a bisavó de Norges, tinha sido cozinheira e empregada de um proprietário de terras francês durante a última década da escravidão, nos anos 1880. Os pais de Agustina haviam feito parte do último contingente de pessoas retiradas da terra natal em um lugar da África Ocidental e vendidas como escravas na colônia espanhola. Juanita, a filha de Agustina, foi a primeira na família que aprendeu a ler. Ela se mudou do interior para a cidade de Santiago em 1957, dois anos antes da revolução. Durante a gestação do pai de Norges, Juanita trabalhava como empregada para um casal branco com uma boa situação financeira. O pai de Norges havia crescido em casa e se tornado homem em Los Pinos, o novo bairro em uma planície na periferia da cidade, onde as ruas não tinham nome.

"Essa eleição diz respeito a mais do que a mim e a você. Diz respeito a todo o continente americano", o pai de Norges disse, fazendo um gesto de cabeça em direção à tela da TV.

Durante a noite da eleição no dia 4 de novembro, pai e filho sentaram-se no lobby. O pai pediu uma cerveja Beck's para cada um quando os resultados começaram a chegar. Norges sentiu que as palmas das mãos estavam suadas quando Califórnia, Illinois, Oregon e Havaí ficaram azuis na tela. Quando o resultado enfim foi proclamado em letras piscantes, "BARACK OBAMA ELECTED PRESIDENT", o pai se levantou da cadeira sem dizer uma palavra. Na Times Square, em Nova York, as pessoas apareceram de pé no teto dos táxis amarelos, gritando para o céu de alegria.

Yes we can. Sí se puede.

Em Chicago, a câmera se demorou no rosto do ativista pelos direitos civis Jesse Jackson, que estava banhado em lágrimas. Norges desviou os olhos e engoliu em seco quando viu que o pai também chorava. "Isso é uma coisa muito importante, *Norgito*, uma coisa muito importante para toda a América Latina." Depois o pai deu abraço forte no filho.

Quando os dois saíram para a noite de novembro, as ruas estavam quietas e escuras. No banco de trás do mototáxi que o levou para casa, Norges sentiu um orgulho inesperado, quase inexplicável surgir de repente. Em casa ele ficou acordado, olhando para o teto enquanto pensava no slogan de Obama, *Sí se puede*. Na manhã seguinte Norges pegou um caderno de anotações e começou a escrever uma carta. "Prezado *señor presidente*", ele escreveu com a melhor

27

caligrafia possível. Na carta para o líder recém-eleito, Norges descrevia o orgulho que ele, "como um estudante cubano de pele escura e vinte anos de idade", havia sentido ao ouvir o discurso da vitória em Chicago. "Eu e o meu pai assistimos a tudo pela TV", ele escreveu. "Acompanhamos a sua vitória." Norges escreveu sobre a esperança que Obama despertava. Também em Cuba um novo presidente tinha assumido o poder: era Raúl Castro, irmão mais novo de Fidel. "Acredito no senhor, *señor presidente*", escreveu Norges. "O senhor pode ajudar a transformar o meu país."

O pai achou que essa carta era uma coisa grandiosa. Preciso dar um jeito de traduzir isso para o inglês, Norges pensou cheio de entusiasmo. Devia ser possível enviar correspondência para a Casa Branca. Ele transferiu o texto para um computador, porém logo a dúvida começou a bater. O que o correio de Cuba pensaria a respeito de um rapaz que enviava uma correspondência para o líder recém-eleito dos EUA? Ele não estava preocupado com represálias, mas será que a carta chegaria ao destino? O tempo passou e Norges não a enviou. Arquivou-a nos pensamentos, sem acreditar que um dia pudesse receber qualquer tipo de resposta do homem mais poderoso do mundo.

Seis anos depois, no escritório da Casa de las Américas, a resposta de uma forma ou de outra chegou.

"Boa tarde", disse o presidente dos EUA, ao vivo da Casa Branca. "A partir de hoje os EUA vão mudar de postura em relação ao povo de Cuba." Diante da TV, uma pessoa tinha se levantado com uma caneca de café na mão, interrompida em pleno intervalo de almoço. Obama olhava diretamente através da tela. Com a voz profunda e convicta de um estadista, ele disse que os EUA e Cuba restabeleceriam as relações diplomáticas depois de meio século de inimizade. A política de punição e de isolamento era um resquício da guerra fria. Assim como a força da esperança havia derrubado o Muro de Berlim, que separava o Oriente do Ocidente, Barack Obama e Raúl Castro derrubariam o muro entre os EUA e Cuba. O embargo tinha sido "um fracasso", segundo Obama. Havia chegado o momento do diálogo.

A notícia corroborava tudo o que Norges havia sentido na noite anterior em frente à TV do Hotel Bayamo, quando Obama havia ganhado eleição. Nesse mundo tudo era possível. Cuba estava seguindo por um caminho em que a esperança aos poucos ocuparia o lugar da apatia e do cinismo. Norges tinha escrito no blogue a respeito da crença em uma grande mudança, que aos poucos ganhava força, e sobre as velhas e as novas gerações que haveriam de se unir, "no espírito de Nelson Mandela", para construir uma nova Cuba, onde todos os cidadãos pudessem falar livremente, participar da política e decidir o próprio destino. Tios e primos haviam dado risada. Os colegas haviam dito que era um desperdício de tempo acreditar que seria possível transformar o país. O futuro estava em outro lugar, fora de Cuba. Chamaram Norges de sonhador e o aconselharam a não escrever. "Você é engenheiro, não jornalista", disse um de seus amigos. "Faça aquilo que é o seu trabalho, senão pode acabar tendo problemas."

Mas nenhum deles tinha imaginado o que acabaria por acontecer. A época de vigilância e censura estava próxima do fim, Norges escreveu no blogue. "Os elementos cinzentos de nossa sociedade foram trocados por tons mais alegres."

Por um ano e meio, EUA e Cuba haviam negociado em segredo. Se os dois inimigos mais ferrenhos do mundo podiam tornar-se amigos, então não havia limites para aquilo que os jovens cubanos poderiam atingir quando houvesse liberdade de pensamento. Norges e Taylor saíram da Casa de las Américas sem nenhuma oferta de emprego, mas o céu acima de Havana estava azul. Taylor tinha os olhos rasos de lágrimas, e falou emocionado com a mãe ao telefone enquanto os dois caminhavam até o ônibus que tomariam para voltar ao instituto de arte, onde moravam. A tia de Taylor havia deixado Cuba num barquinho em 1994, e naquele momento morava em Las Vegas. Finalmente os dois poderiam tornar a se ver.

Norges andava com um sorriso nos lábios. Pensava em todos os que haviam deixado Cuba para trás. Quem dera voltassem, agora que as rodas da história começavam a se movimentar novamente. Que alegria pensar que sua libertação pessoal havia coincidido com o momento mais luminoso da história do país! Os jovens teriam um papel a desempenhar a partir de então. Ao escrever e criticar, organizar e debater, seria possível transformar o mundo.

Norges tinha vinte e oito anos, estava apaixonado por um homem e não vivia mais com medo — nem de falar das suas preferências nem da polícia secreta, e tampouco dos "elementos cinzentos" a respeito dos quais os amigos haviam feito advertências.

No ônibus, a caminho do instituto de arte Norges e Taylor presenciaram cenas que talvez lembrassem aquelas vistas em Havana em janeiro de 1959. Quando o ditador Fulgencio Batista fugiu do país, as pessoas saíram às ruas com bandeiras e cartazes. E naquele momento uma nova barreira fora derrubada. Estranhos saíam de casas e se abraçavam. Na Calle 23, os carros buzinavam em coro. Bandeiras cubanas e norte-americanas tremulavam em janelas e sacadas. Na velha cidade o sino dobrou.

Naquele entardecer, Norges sentou-se com o notebook no colo, na calçada da zona de wi-fi em frente ao dormitório estudantil, e pôs-se em busca de palavras que pudessem expressar tudo o que sentia. O instituto de arte ficava num terreno gramado. O poste de iluminação em frente ao dormitório não estava funcionando, e dezenas de vultos estavam sentados no escuro. Mas ao redor de Norges rostos jovens iluminavam-se com as telas de notebooks e telefones celulares que se conectavam à internet, como se fossem tochas acesas à noite.

"Às vezes as palavras faltam", Norges escreveu no Facebook. Os olhos dele refletiam a luz do monitor enquanto os dedos corriam pelo teclado. "Às vezes temos muito a dizer, mas não vem nada. São muitos sentimentos... Torço para que este seja o início da redescoberta e da transformação do nosso país", escreveu Norges. "Viva a amizade entre os EUA e Cuba!!!!!" Em seguida ele clicou em *publicar*.

Muitos anos se passariam até que ele pudesse esvaziar a cabeça o suficiente para entender o que de fato tinha acontecido naquele dia. O dia da esperança, da traiçoeira esperança.

O FRIO

Linet Lores não fazia a menor ideia do que tinha acontecido. Nos últimos meses ela havia concluído que não era possível levar uma vida boa em Cuba. Por isso estava lá, em um condomínio no outro lado do planeta, na Sibéria. Ela pegou o edredom por uma das bordas e o estendeu em cima da cama. O edredom ainda tinha o cheiro de Dimitri. Ele tinha saído para o trabalho pouco depois das seis horas. Como de costume, ela tinha acordado e preparado o café para ele antes de se deitar para dormir mais um pouco. Naquele instante, sozinha no apartamento, Linet foi até o banheiro lavar o rosto. No espelho, viu o rosto de sempre: os olhos castanhos, os cabelos cacheados, o narizinho. A pele havia perdido um pouco dos tons de caramelo ao fim de dois meses no meio de um turbilhão de neve. Linet penteou os cabelos, foi à cozinha e olhou para fora da janela, em direção aos abetos no parque mais adiante. De lá ela enxergava todo o caminho até a nova ponte construída sob o rio Ob, que cortava a Rússia praticamente ao meio. O rio começava no Mar de Kara, ao norte, atravessava as planícies da Sibéria e seguia até Novosibirsk, a terceira cidade mais populosa do país, no sul. E lá, sob a ponte Bugrinsky, tudo estava congelado.

Linet tinha conhecido Dimitri oito meses antes por meio do VKontakte, a resposta russa ao Facebook. Para muitos cubanos, a Rússia ainda era uma ideia próxima. As pessoas ainda se lembravam dos laços mantidos com a União Soviética e falavam sobre os bons tempos, quando o bloco oriental mantinha a economia de pé. As pessoas ainda se lembravam da catástrofe quando a ajuda desapareceu. O apoio da Rússia tinha sido uma dádiva, mas também uma maldição para Cuba, que nunca havia desenvolvido uma economia independente. Na manhã em que Linet acordou na Sibéria, ocorreu-lhe que estava prestes a se tornar dependente de um homem. Ela não acreditava que a aventura russa pudesse ter um final feliz.

No início, tudo parecia estar bem no relacionamento com Dimitri; ele havia surgido numa época em que a vida dava a impressão de ter estagnado. Linet já tinha se relacionado com vários cubanos sem muito sucesso, e o trabalho como desenvolvedora num centro governamental de TI em Havana pagava mal e parecia não fazer nenhum sentido. Como uma forma de sair da situação difícil, ela havia pensado em alugar quartos para turistas no apartamento onde morava. Já tinha feito isso duas vezes por meio de conhecidos, como um pequeno experimento, de maneira clandestina e sem nenhum tipo de licença. E então ela conheceu o russo pela internet. Dimitri tinha quarenta e quatro anos, e ela, vinte e oito. Ele havia passado uma semana em Havana durante a primavera, ela foi passar um mês na Rússia durante o verão. E naquele momento Linet estava de volta à Sibéria. Ela achou que poderia dar uma nova chance a Dimitri após a primeira visita catastrófica. Ele havia implorado para que os dois tentassem mais uma vez. "Me perdoe", ele havia pedido enquanto explicava que a tinha xingado por ela não querer ir para a cama com ele. Dimitri se arrependeu de ter roubado as credenciais dela nas redes sociais. "Eu só queria me sentir mais próximo de você", ele explicou quando Linet descobriu que ele tinha lido as mensagens dela e alterado as senhas. "Eu preciso de você. Vamos tentar mais uma vez." Tudo seria diferente nessa segunda vez, segundo Dimitri. E Linet convenceu-se de que era verdade.

Linet queria muito acreditar nessa história, porque, se fosse verdade, logo ela teria uma vida confortável fora de Cuba. Ela estava cansada do país natal: o dia a dia era uma batalha constante, com filas intermináveis, falta de mercadorias, o salário patético que ela recebia como servidora pública, o fedor, o barulho e o calor — e, quando Linet encontrou Dimitri, todas essas coisas se juntaram no desejo de ir embora. Era um sentimento comum a muitos jovens cubanos. A cada ano, dezenas de milhares deixavam a ilha por não verem nenhum futuro por lá. Cuba andava em círculos; lá, "revolução" significava estagnação. Mais de dez por cento da população do país moravam no exterior.

Linet pôs de lado a ideia de alugar quartos para turistas e apostou todas as fichas em uma vida agradável na Rússia, uma vida em que fosse valorizada por um homem que lhe fizesse bem. O russo dezesseis anos mais velho talvez não fosse perfeito — não era nem muito bonito nem carismático —, mas tampouco deixava de ter um certo charme, e além disso não era aborrecido. Dimitri era um homem simples, gentil e amoroso. Linet sentia que aquele relacionamento não lhe faria mal nenhum.

No dia antes de sair de Cuba pela primeira vez, uma amiga tinha sugerido que ela visitasse uma *espiritista* para avaliar melhor aquela decisão. Uma senhora rosada a encontrou num apartamento escuro na velha Havana. Acendeu uma vela e segurou a chama contra a porcelana branca de um prato. Nas marcas deixadas pela fuligem ela leu o futuro de Linet. "Você pode ir para a Rússia", ela disse a meia-voz. "Ele talvez não seja o amor da sua vida, mas não vejo nenhum problema para você na Sibéria." Linet fez as malas e viajou na manhã seguinte. Talvez uma semana em Havana e um mês na Rússia tivesse sido pouco tempo para que os dois se conhecessem direito. Podia ser que o anticoncepcional novo tivesse afetado a libido dela. Talvez Dimitri fosse *de verdade* o homem que ela gostaria de ter, apesar de tudo. Ele era sensível, fiel, um bom pai. Dimitri tinha uma filha de dez anos de um relacionamento anterior. O nome dela era Vera, e ele volta e meia falava a respeito da menina. Ao contrário do pai de

Linet, Dimitri era um pai presente, que visitava a filha todos os fins de semana. Linet e Dimitri simplesmente precisavam de mais tempo.

Quando aterrissou em Novosibirsk, Linet viu pequenos cristais de neve dançando no lado de fora da janela, como se não quisessem atingir o chão. "Que romântico", ela pensou com um sorriso nos lábios. Era a primeira vez que ela via neve. No avião, Linet retomou a história em que tanto queria acreditar. Ela estava contente de reencontrá-lo.

No setor de desembarque, ela viu Dimitri antes que ele a visse. Os cabelos finos e castanhos, que se estendiam lisos por cima da testa alta. A linha das sobrancelhas dava a impressão de que ele estava o tempo inteiro triste. Na mão ele tinha um buquê de rosas amarelas. Ele parece um cachorro patético, Linet pensou, surpreendendo a si mesma. Era como se o olhar que encontrou o dela dissesse: "Me ame, por favor!". Dimitri a recebeu com um abraço forte e demorado, e depois se apressou em levá-la para casa. Ele sempre parecia impaciente; os dois foram para a cama sem nenhum tipo de preliminares. Por sorte ele terminou depressa.

Dois dias mais tarde, Dimitri levou Linet ao cartório a fim de providenciar a documentação relativa ao casamento, porque os dois haviam decidido se casar. Como Linet passaria três meses na Sibéria para dar uma chance ao relacionamento, seria prático casar para facilitar a obtenção do visto. Era uma simples formalidade, segundo Dimitri. As aulas de russo começaram na mesma tarde. Ele tinha planejado tudo. Quatro vezes na semana, Linet andava pela neve para ir à escola de idiomas.

Quando visitou Dimitri pela primeira vez, ele sugeriu que ela engravidasse em janeiro — porque, imagine só!, nesse caso o bebê faria aniversário no mesmo mês que Vera! Linet ficou um pouco irritada, e Dimitri deixou o assunto de lado. Mas logo a sugestão voltou a surgir: e se os dois engravidassem dali a dois meses, em janeiro? "Eu ainda não me sinto pronta para ser mãe", Linet respondeu um pouco irritada. Não entendia por que ele se preocupava tanto com isso. Parecia assustador que Dimitri fizesse planos tão detalhados para o futuro dela, como se não fosse mais do que um útero ambulante.

35

Quanto mais ele falava sobre ter filhos e sobre o futuro na Rússia, mais Linet pensava na ilha que tinha deixado para trás.

Ela não sabia nada a respeito de administração, mas nem por isso tinha abandonado por completo a ideia de alugar quartos para turistas. Quando discutia com Dimitri, os pensamentos dela voltavam para Havana e para o apartamento espaçoso que havia comprado justamente para entrar no ramo de aluguel de quartos. Talvez ela pudesse ganhar uns trocados e ajudar a irmã, a mãe e a avó. Ter um negócio particular havia se tornado mais simples desde o anúncio feito pelo novo presidente Raúl Castro no sentido de "atualizar" o socialismo. Na época em que Linet havia crescido, *economia privada* era quase um palavrão em Cuba. O estado comandava toda a atividade econômica da ilha, das fábricas aos pequenos bares e quiosques. O governo chamava negociantes particulares de "parasitas" e "vermes". Mas depois que Fidel se afastara e o irmão mais pragmático entrara em cena, o tom havia mudado. Raúl Castro já não levantava mais suspeitas contra empreendedores, e chegou a anunciar que gostaria de transferir um milhão de empregados do setor público para negócios particulares — táxis, quiosques, restaurantes e hotéis —, em que todos pudessem ganhar o próprio dinheiro. Pela primeira vez desde a revolução as pessoas estariam legalmente aptas a tocar um negócio particular e a comprar e vender propriedades. Empresários poderiam contratar outras pessoas e pagar impostos. Segundo o presidente, essas reformas eram necessárias para evitar o colapso da sociedade. Num discurso ao partido, Raúl Castro havia feito o alerta: "Estamos à beira do abismo. A não ser que a nossa trajetória mude, vamos afundar junto com todo o esforço feito por várias gerações".

As reformas econômicas fizeram com que Linet sonhasse em se tornar uma das novas empreendedoras no país. Ela disse para Dimitri que os dois poderiam dividir o tempo entre a Sibéria e Havana, mas ele não quis saber. "Esqueça Cuba", ele disse em inglês com o forte sotaque russo. "A sua vida agora é *aqui*."

Linet sorriu para o fotógrafo quando os dois assinaram os papéis do casamento no cartório. Ela não tinha vestido: usava apenas um par de calças escuras, uma camisa branca e batom vermelho. Dimitri usava um par de calças jeans e uma camisa com listras vermelhas. Linet não contou nas redes sociais que havia casado, mas trocou a foto do perfil no Facebook por uma imagem da caixinha vermelha em forma de coração com as duas alianças dentro e um cenário de neve ao fundo. Ela devolveu os papéis assinados no guichê do cartório. Pronto.

Ainda mais nova, Linet sonhava em usar uma aliança. Ela imaginava que as primeiras semanas após o casamento deviam ser as mais felizes na vida de uma pessoa. E naquele momento ela estava deitada na cama, fazendo sexo com o marido, esperando que ele terminasse. Logo ela foi tomada por uma inquietude, e Dimitri percebeu. Ele se agarrava cada vez mais a ela, enquanto Linet se afastava. Os dois concordaram que a ausência de interesse no sexo era um problema dela. Dimitri começou a buscar soluções. Primeiro baixou filmes pornográficos e pediu a ela que assistisse, mas os corpos pálidos dos russos não aumentaram em nada o desejo de Linet. Semanas depois ele levou comprimidos para casa. Disse que eram como um Viagra para mulheres. Linet se negou a tomá-los. Também se negou a parar com o anticoncepcional que havia começado a tomar, uma vez que Dimitri se recusava a usar camisinha.

Dimitri ficou desesperado. Ele a abraçava demoradamente quando voltava do trabalho. Linet sentia um enjoo no fundo da garganta toda vez que ele a tocava, e censurava-se por isso. Pela manhã, antes das aulas de russo, ela lia sobre como as mulheres podiam recuperar o apetite sexual, e assim descobriu vídeos de New Age sobre "decodificação biológica" e limpeza espiritual. Quanto mais ela lia, mais a cabeça parecia estar congelada. Vários meses se passariam até que Linet por fim entendesse o que estava errado, mas o corpo já dava sinais claros. A repulsa crescia devagar e sempre.

Ir para a cama comigo deve ser como fazer sexo com um cadáver, ela pensou certa noite.

Linet passou a manhã sozinha no apartamento, sob um véu de desprezo por si mesma e saudades de casa. Já haviam se passado dois meses desde a chegada à Sibéria, mas a sensação era de que fazia anos desde a última vez que havia sentido o cheiro de uma manga madura ou comido um prato de *congrí*. O plano era que os dois fossem passar duas semanas em Cuba para visitar a família dela. Linet não disse nada, mas pensou que poderia fazer a viagem sozinha — e simplesmente ficar por lá. O que aconteceu foi estranho, como se a carga dentro dela houvesse se mexido. De repente era o futuro na Rússia que parecia fechado: lá ela receberia o papel de mãe e precisaria deixar a antiga vida para trás. E Cuba, que sempre havia parecido um lugar fechado, talvez ainda guardasse boas surpresas. Linet não acreditava que o relacionamento pudesse durar muito tempo, mas queria estar em solo cubano para tomar uma decisão relativa ao futuro. Além do mais, Dimitri estava machucado demais para falar sobre esse tipo de assunto.

Dias antes ele havia sofrido um colapso quando Linet deu a entender que gostaria de viajar sozinha a Cuba. Dimitri tinha se levantado e ido ao banheiro. Através da porta, Linet pôde ouvir quando ele tirou a roupa e ligou o chuveiro. Primeiro ela ouviu pequenos soluços, mas logo o choro o dilacerou por completo. Ela nunca tinha ouvido um homem perder o controle daquela forma. Sozinho na cozinha escura, Dimitri bebeu até perder a consciência naquela noite. Do quarto, Linet ouvia o barulho do copo de vodca contra a mesa.

Faltavam dez dias para a viagem. Dois bilhetes de ida e volta estavam guardados em uma pasta no corredor. Do outro lado da janela uma neve densa caía. Ainda faltavam horas para a aula de russo, e Linet tinha exercícios a fazer. Ela se permitiu começar o dia devagar e logou no Facebook. Foi lá que ela viu. Rostos sorridentes, gritos de viva e pontos de exclamação. Os cinco heróis tinham sido libertados. A inimizade com os EUA havia chegado ao fim. Logo as companhias aéreas passariam a transportar milhões de turistas à ilha. A história enfim havia dado um passo à frente. Os olhos de Linet registraram as notícias na tela, mas ela não escreveu nenhuma mensagem, não compartilhou nenhum artigo, não deu nenhum like. Simplesmente continuou imóvel, sem conseguir entender de que maneira a vida tinha acabado de tomar um novo rumo.

UMA FILHA DA REVOLUÇÃO

Catalina Barbosa estava sozinha no apartamento com os dois fiéis escudeiros — a TV de tela plana e o cachorro — quando a notícia por fim chegou até ela. "*Compatriotas*", o barítono de Raúl Castro fez ressoar nos alto-falantes. "Desde que fui eleito presidente, reafirmei em diversas ocasiões a nossa disposição em abrir um diálogo *respeitoso* com os EUA..."

No programa, disseram aquilo que Catalina já tinha ouvido no trabalho. A inimizade com o império havia acabado, e milhões de turistas americanos chegariam à ilha. As agências de notícia falavam em alta nas bolsas do mundo. Investidores estrangeiros acreditavam que a nova situação diplomática faria bem às empresas. Catalina, por outro lado, não sabia ao certo no que acreditar. Ela nunca tinha gostado de Raúl Castro. Sentada com o controle remoto na mão, pensava no irmão mais velho dele. Em meio ao burburinho gerado pelo discurso do presidente, à comemoração no refeitório, aos boletins extraordinários de notícias e ao buzinaço dos carros, ao maldito buzinaço dos carros — em meio a tudo isso, não havia nenhum comentário Dele. Qual seria a opinião de Fidel sobre deixar os EUA entrarem novamente em Cuba? O que se passava naquela cabeça brilhante enquanto o irmão caçula se referia ao líder dos EUA como um homem que merecia "respeito e reconhecimento"?

Catalina não tinha nada contra os irmãos mais ao norte. Pelo contrário: deixava-se fascinar pela forma como as pessoas viviam por lá, com a enorme variedade de produtos nas lojas e os incontáveis canais de TV. Mesmo assim, foi estranho ouvir Castro falar de maneira calorosa sobre os EUA. A revolução baseava-se na resistência ao império, e Catalina era, como ela mesma gostava de dizer, uma filha da revolução. Tinha nascido uma semana depois que o ditador Fulgencio Batista fugira do país, enquanto Fidel Castro e o exército de guerrilheiros atravessavam uma onda de vivas que ia de Santiago, onde a revolução havia começado, até Havana.

Huyó Batista!

Batista fugiu!

Catalina era de Guantánamo, a quinta maior cidade do país, bem no leste da ilha. A cidade ficava a meia hora de carro do território americano — uma região de cento e setenta quilômetros quadrados que os EUA tinham anexado durante a guerra hispano-americana de 1898, para então arrendá-la de Cuba cinco anos mais tarde. Todo ano os EUA continuavam a enviar um cheque com a soma anual de quatro mil dólares pelo arrendamento, embora as autoridades cubanas vissem a base de Guantánamo, onde os EUA mantinham terroristas presos sem nenhum tipo de lei ou julgamento, como uma ocupação ilegal. Desde a revolução, esses cheques jamais tinham sido descontados. Fidel Castro guardava-os numa gaveta do escritório.

Mesmo que em termos puramente técnicos os EUA se localizassem perto da cidade natal de Catalina, o lugar era muito distante na consciência — pois era um lugar onde moravam os inimigos de Cuba. Quando ela veio ao mundo no dia 7 de janeiro de 1959, as bandeiras pretas e vermelhas ainda tremulavam nas ruas em apoio a Fidel e ao Movimiento 26 de Julio. O exército de guerrilheiros havia descido as montanhas e seguido na direção de Havana. A guerra civil tinha chegado ao fim; um novo país estava sendo construído.

As primeiras memórias de infância de Catalina eram o cheiro de terra úmida e os dedos ligeiros da mãe, que descascavam grãos de café. No colo da mãe, Catalina via os montinhos de grãos crescerem na mesa da cozinha. A debulha de café era parte do trabalho voluntário que a mãe fazia para a revolução e para a produção nacional. E acontecia de Rosa, a mãe, levar a filha junto para trabalhar nas plantações ao redor de Guantánamo, onde os revolucionários cortavam e lavavam cana-de-açúcar.

Era uma família revolucionária. Catalina deu os primeiros passos enquanto a mãe atuava como integrante do comitê do bairro em defesa da revolução. Depois da tentativa frustrada por parte dos EUA na Invasão da Baía dos Porcos, em 1961, os integrantes do comitê do bairro assumiram a responsabilidade de vigiar comportamentos suspeitos no ambiente próximo.

Para uma família negra em um bairro de trabalhadores em Guantánamo, eles até que tinham dado sorte, pois tinham acesso a um certo nível de bem-estar. Eram uma dentre as três famílias com TV no bairro. Quando o novo líder Fidel falou ao povo, os vizinhos amontoaram-se na sala da família. Às vezes a mãe puxava um fio até a calçada, para que mais gente pudesse assistir aos discursos. Catalina corria em meio às cadeiras e brincava quando Fidel rolava o R na ponta da língua como uma salva de metralhadora: *Viva la rrrevolución!* Nessa hora todos os adultos começavam a aplaudir. Catalina já sentia desde aquela época que Fidel era seu líder, praticamente um mago.

Na primeira vez que o viu em pessoa ela tinha catorze anos. Fidel apareceu num jipe aberto e passou em frente à casa onde a família morava, a caminho de um evento na cidade. Rosa fez o necessário para que todos pudessem dar as boas-vindas a *El Comandante* nas calçadas, que tinham sido pintadas de branco para a ocasião. Catalina entrou no meio da multidão e conseguiu ver o jipe bem ao longe, na frente de uma coluna. Uma figura alta e uniformizada, de quepe na cabeça, estava de pé no banco do passageiro. Quando o carro se aproximou ela viu a barba preta e a pistola no cinto. Fidel tinha uma das mãos no para-brisa e abanava com a outra. Era como se tudo acontecesse em câmera lenta: houve um instante congelado no tempo em que Catalina poderia jurar que Fidel olhou diretamente para ela, com olhos brilhantes sob a pala verde. Ela acenou e gritou: "Viva Fidel, *viva*!".

Naquele ano de 1973 Catalina entrou para a Unión de Jóvenes Comunistas. Na época, foi uma demonstração de honra. A filiação era reservada à vanguarda da revolução, às pessoas que tinham como principais características a pureza e a retidão. Quando ela se apresentou, foi preciso encarar uma entrevista muito detalhada. Os entrevistadores queriam ter certeza de que os pais de fato eram revolucionários. Quanto à mãe não havia dúvida: ela já era afiliada ao partido e havia trabalhado em um hotel estatal em Guantánamo, um desses nacionalizados pela revolução. Mas o fato de que o pai não morava com a família levantou suspeitas. O ideal da família revolucionária era um casal formado por um homem e uma mulher, ambos fiéis um ao outro — por isso a irmã mais velha de Catalina jamais seria aceita. Anos atrás, a irmã tinha mantido um relacionamento com um homem mais velho e acabara grávida. Talvez por isso a mãe cuidasse tanto da filha mais nova. Ela era jovem e inocente, e assim poderia manter a honra da família. Os entrevistadores quiseram saber mais. Havia objetos religiosos onde Catalina morava? Uma cruz no corredor, ou uma estátua de santo no canto? Por acaso Catalina acreditava em Deus? Naquela época os cristãos não tinham acesso ao partido. Catalina, que tinha sido batizada na igreja católica e faria a crisma meses depois, já esperava por essa pergunta.

A menina encarou os entrevistadores bem nos olhos e mentiu.

Já naquele momento Catalina percebeu que a vida continha uma certa duplicidade. Quando estava no hotel onde a mãe trabalhava, ela via como frango, óleo e outras comidas desapareciam na bolsa. Em casa eles comiam bem, e a mãe também distribuía comida para as pessoas em situação mais penosa na vizinhança. Rosa ensinou à filha que ela poderia ao mesmo tempo ser integrante do partido e fazer de tudo um pouco. Uma conversa informal com o diretor do hotel permitiu a Rosa levar garrafas de rum do bar do hotel para vendê-las em casa. O chefe era um amigo; os dois também se viam fora do trabalho, nos encontros do Partido Comunista em Cuba.

Havia muitos limites flexíveis em Cuba, mas também havia limites rígidos. Quando Catalina aprendeu a ler, a mãe apontou para uma casa um pouco adiante, onde antes morava uma família com várias pessoas que haviam fugido para o exterior. Trair a pátria daquela forma já seria ruim o bastante, mas um dos filhos que continuava a morar na casa também havia se alistado no exército apoiado pelos EUA que tinha invadido Cuba. O filho mais tarde foi preso e fez parte de um acordo de troca de prisioneiros com o império no ano seguinte. A parte da família que permaneceu em Cuba ficou marcada pelo resto da vida. Um dia, ao passar em frente à casa, Catalina viu que alguém tinha esfregado cocô na porta de entrada e deixado uma mensagem em letras marrons. Ela começou a ler. *G-U-S-A-N-O*, verme. Ao longo da parede havia cascas de ovo. Rosa explicou que aquilo era chamado de *acto de repudio*. Catalina aprendeu a manter-se longe de tudo o que fosse contrarrevolucionário. Às vezes o caminhão de lixo descarregava a caçamba em frente às casas dessas pessoas.

Meio século depois, quando Catalina estava sentada em frente à televisão ouvindo notícias sobre a amizade entre Cuba e os EUA, essas lembranças pareciam distantes. No país em que ela havia crescido, jogavam ovos nas casas das famílias com filhos que haviam fugido para os EUA. Naquele momento, Fidel não estava mais no poder. O império não era mais o inimigo.

Catalina estava no escritório quando a notícia chegou. Ninguém no partido havia dito nada, nem sequer na assembleia poucos dias antes. Catalina havia seguido os passos da mãe; trabalhava como inspetora na sede da Palmares, a agência estatal que administrava os maiores hotéis de Cuba. O escritório ficava na cidade antiga, perto da zona portuária onde os cruzeiros atracavam. Era por lá que os primeiros turistas dos EUA logo pisariam no solo de Cuba.

Catalina estava ocupada com um relatório sobre a inspeção de um hotel quando de repente um burburinho começou a se espalhar pelo escritório. Os colegas do setor de inspeção interna haviam se reunido ao redor da TV, em um canto, e no corredor as pessoas já tinham animadas conversas por telefone com parentes *no exterior*. Yudeisi, a colega mais próxima de Catalina no trabalho, puxou-a para o lado e disse em um cochicho: "Agora tudo vai ser como antes da revolução". Yudeisi estava convencida de que o ex-marido voltaria de Ohio para ajudá-la a sair de Cuba com a filha.

Os cubanos que chegassem à fronteira com os EUA ainda poderiam entrar no país e receber um *green card* ao fim de um ano. A pegadinha era que os cubanos não podiam entrar num avião com destino aos EUA sem ter um visto. E além do mais praticamente não havia conexões aéreas entre os dois países. Em razão disso, muita gente arriscava a vida em balsas, ou então viajava a pé pela América Latina para assim chegar à fronteira americana. Mas a partir daquele momento os cubanos nos EUA teriam mais facilidade para voltar por via aérea — e essa era a esperança de Yudeisi: que o ex-marido viesse dos EUA para ajudá-la a emigrar. Os dois tinham falado em se casar mais uma vez em Havana, para que Yudeisi e a filha pudessem embarcar para os EUA.

"Logo o bloqueio vai cair", disse uma voz no escritório. Como os dois países haviam deixado de ser inimigos, não demoraria muito para que os EUA retirassem o embargo comercial. Um terceiro contou vantagem, dizendo que a família chegaria de Miami para buscá-los de iate dali a poucas semanas. Os colegas celebravam e especulavam, mas Catalina deu-se por satisfeita simplesmente ao observar. Ela notou que Pedro, chefe dela no trabalho, porém subordinado no partido, não conseguia tirar um sorriso do rosto em frente à TV. Ele tinha família nos EUA, aquele hipócrita.

Omar, o filho de Catalina, morava em Amsterdã. Na sala de casa ela tinha uma foto dele, com os cachos de cabelo denso e preto, óculos escuros e terno preto, tirada no dia em que havia se casado com a esposa holandesa. Depois das falas dos chefes de estado, Omar ligou com a voz cheia de otimismo: "*Mami*, agora você vai ver", ele tinha dito. "Vai ser uma coisa grandiosa." O filho achava que Catalina devia aproveitar a oportunidade oferecida pela abertura comercial e começar um negócio próprio. Não seria má ideia. Parecia tentador largar o emprego público como inspetora de hotéis ao fim de praticamente quinze anos. Ela lamentava a falta de disciplina nos estabelecimentos públicos. Os empregados desviavam dinheiro, roubavam e vendiam mercadorias proibidas. E além do mais ela estava cansada de toda a burocracia.

"Espere só mais um pouco", ela disse para Omar. No que dependesse do filho, ela também devia se desfiliar do partido. Mas esse era um pensamento um pouco mais distante. Catalina notava que o filho tinha um outro jeito de falar após a mudança para a Europa. Ele às vezes debochava de Fidel, apenas como provocação. O filho sabia muito bem o que *El Comandante* significava para a mãe.

A noite havia caído em Havana. Nas ruas soavam os tambores da rumba. A grande notícia havia dado início a uma festa. Catalina fechou a janela. Ela não gostava do som da selva de Cuba! A pequena Beatrix, a cadelinha que havia sido batizada com o nome da princesa da Holanda, estava andando de um lado para o outro depois de comer a porção diária de peito de frango picado. Havia certas *vantagens* no emprego público. Catalina tinha acesso a mercadorias por meio dos amigos em hotéis, e todos os dias ela preparava frango ou peru no fogão elétrico para oferecer à rainha Beatrix. Cozinhava arroz na panela elétrica e passava café na cafeteira elétrica. "Uma cafeteira *normal*", como ela mesma dizia ao receber visita. Não, aquilo não era para ela. "Quanta falta de *glamour*!" Para Catalina, o apartamento era um castelo nas nuvens.

A transmissão chegou ao fim e ela tentou imaginar o que todos diriam sobre Castro e Obama domingo na igreja. Catalina era uma filha da revolução, mas talvez houvesse coisas boas nessas *mudanças* sobre as quais todos estavam falando. Ela deixou o assunto de lado e se ajeitou no sofá. Estava na hora da novela.

45

PLAZA DE LA REVOLUCIÓN

Era o início da tarde em Havana, e o olhar implacável de Che Guevara observava tudo do alto da Plaza de la Revolución. O rosto do mártir ocupava cinco andares na parede do Ministério do Interior, a instituição mais poderosa do país. O prédio se erguia ao lado da praça — doze mil metros quadrados de asfalto que ardiam ao sol. Era lá que as pessoas marchavam em fileiras todo primeiro de maio. "*Viva Fidel!*", as vozes repetiam. "*Viva Raúl! Viva Cuba livre!*" Era lá que a voz de Fidel tinha ecoado acima do mar de pessoas. Mas naquele dia, pela primeira vez, eram as pessoas que haviam de falar.

A artista de instalação Tania Bruguera tinha anunciado a montagem de um púlpito com microfone aberto na praça. Qualquer pessoa teria direito a usar um minuto para dizer o que pensava sobre o futuro na nação. *USE A SUA VOZ*, dizia o cartaz que circulava pelas mídias sociais. *30 de dezembro, 15h*. Era com essa Cuba que Norges havia sonhado. Pessoas que haviam despertado e estavam dispostas a tomar a palavra — o começo de um novo capítulo na história do país. Um povo que se erguera na Praça da Revolução. Haviam se passado duas semanas desde a notícia dada na TV da Casa de las

Américas, segundo a qual Cuba normalizaria as relações com os EUA, o arqui-inimigo de seis décadas.

Norges parecia confiante enquanto aguardava o início do evento com óculos de aviação e as mãos na cintura. Tentou fazer um pequeno catálogo das pessoas que tinham aparecido. Pequenos grupos de turistas andavam sem rumo, como formigas: não tinham a menor ideia do que podia acontecer. Dezenas de outros haviam chegado, à espera da artista que traria junto o púlpito e o microfone. Outros pareciam ser estudantes de arte, com mochilas e pantalonas coloridas. Norges reconheceu um duo de rap que usava bermudas de basquete e tranças rastafári. Jornalistas estrangeiros também estavam por lá, com as câmeras apontadas para a direção de onde imaginavam que a artista viria. Norges sentiu o coração bater mais depressa à medida que o relógio se aproximava das três horas da tarde. Estava convencido de que Tania Bruguera conseguiria executar a performance sem nenhum problema, mas assim mesmo o corpo demonstrava uma certa inquietude. Era como se os sentidos ainda estivessem no passado, numa época em que aquelas reuniões não autorizadas representavam perigo.

Taylor tinha ido a Santiago celebrar o Ano-Novo com a família. A diretora de cinema Yaima Pardo, oito anos mais velha que ele, foi quem havia convidado Norges para ir à praça. Yaima pertencia a uma nova geração de artistas, que trabalhava sem nenhuma influência da paranoia do passado, e talvez por isso mesmo Norges tenha se deixado convencer. Ela estudava no instituto de arte e estava fazendo um mestrado sobre rappers com postura crítica em relação ao regime. Ao mesmo tempo, filmava documentários para os quais recebia apoio de embaixadas de outros países e movimentava-se com naturalidade num mundo que Norges mal imaginava existir.

Ele tinha começado a ficar de olho em Yaima no ano anterior, quando ela lançou o documentário *OFF_LINE*, sobre a falta de internet em Cuba. O filme nunca foi exibido na TV cubana, mas chamou a atenção dos blogueiros da ilha. Norges ficou encantado quando enfim o assistiu. Dar aos cubanos acesso à internet, como no restante do mundo, era a causa a que se dedicava — e naquele momento havia

47

encontrado uma pessoa com o mesmo tipo de pensamento. Yaima tinha entrevistado músicos, estudantes e pessoas comuns que pediam que Cuba desse o passo definitivo rumo ao século XXI.

Em contextos sociais, Norges era introspectivo, mas na internet sentia-se em casa. No blogue e no Facebook ele escrevia com autoconfiança. Teve reconhecimento e recebeu likes de outros que, como ele, acreditavam que valia a pena dizer o que você pensava. Norges fez contato com Yaima a fim de parabenizá-la pelo documentário.

Yaima tinha pele clara, cabelos totalmente pretos e olhos afiados. A voz mansa e o jeito descontraído eram um contraste e tanto em relação ao jargão sem nenhum tipo de humor geralmente empregado pelos líderes cubanos. Uma vez ela postou no Facebook uma foto de si mesma exibindo o dedo médio para uma estátua de Che Guevara. "Cada um emoldura uma foto como lhe agrada", ela havia escrito, para logo receber uma série de comentários irritados.

"Que vulgar!", dizia um comentário do Facebook. "Quanta falta de respeito!" Norges alegrou-se ao ver que Yaima tinha conseguido justamente aquilo que desejava: que os próprios detratores parecessem frágeis.

"Ótimo!!!!!", dizia outro comentário sob a imagem. "Precisamos desmistificar um pouco a nossa realidade."

"Será que não existem limites para a liberdade de expressão?", perguntava um outro blogueiro revolucionário.

"No fundo é uma questão de cada um poder manifestar o seu gosto", Norges explicou de maneira pedagógica.

Naquela manhã ele não tinha nenhum plano de falar no microfone de Bruguera. Yaima, por outro lado, tinha ensaiado um discurso de um minuto sobre a necessidade de oferecer às pessoas acesso total à internet.

Chegaram mais pessoas. Norges reconheceu uma mulher de chapéu de palha branco e óculos de sol redondos — Wendy Guerra, uma escritora premiada no exterior, que no entanto raramente publicava as próprias obras em Cuba por causa dos temas dos livros. Naquele momento ela estava de braços cruzados, esperando a vez de usar o microfone. Em volta das pessoas havia um outro tipo de ator: homens fortes, de óculos escuros, camisas folgadas e walkie-talkies no cinto. Eles pareciam totalmente deslocados na cena. Yaima fez um gesto em direção aos homens e sorriu. Era a primeira vez que Norges via representantes da polícia secreta — *la Seguridad del Estado*. E talvez fosse a primeira vez que o viam, também.

Os grupos mediam-se e observavam-se. Os agentes observavam a massa de pessoas e falavam nos walkie-talkies. Os estudantes estavam sentados em círculo no chão, falando em voz baixa. Norges notou que eles também riam e apontavam. As risadas tranquilizaram-no e o fizeram sentir que tudo daria certo. Por trás do burburinho de vozes, Norges ouvia o ruído de ônibus e táxis que transportavam pessoas entre aquele local e o centro da cidade. Tania Bruguera apareceria a qualquer momento.

Caso soubessem onde ele se encontrava naquele momento, os pais de Norges ficariam preocupados. Ele tinha feito pouco contato com os pais desde que havia se assumido homossexual e se mudado com Taylor para Havana, três meses antes. Até onde os pais dele sabiam, o filho tinha um trabalho garantido no instituto de arte e escrevia textos patrióticos no blogue que mantinha. Os pais de Norges pertenciam à maioria que achava que protestar abertamente era um desperdício e um perigo. Ser cubano era aceitar essa verdade.

O pai sempre havia pedido a Norges que se informasse a respeito de tudo o que acontecia, inclusive através de meios não oficiais. Durante a infância e a adolescência, havia deixado o filho ouvir o rádio de ondas curtas em casa e a estação Radio Exterior, da Espanha. Por vezes baixava o volume e sintonizava a Radio Martí, a estação da oposição em Miami. Mas o incentivo no sentido de procurar informações por meios alternativos sempre vinha acompanhado de uma advertência. A ideia era apenas *entender* o que se passava — não fazer qualquer coisa a respeito. Quando Norges começou a estudar, os pais sugeriram que escolhesse um curso que lhe permitisse viajar pelo mundo e quem sabe fugir do país. Ele poderia escolher a carreira que quisesse, mas não aquilo. "Não se pode transformar Cuba", dizia o pai. "Lembre-se do que aconteceu com Eduardo."

Ao longo da infância e da adolescência, Norges tinha ouvido a história de Eduardo Vidal. Vidal era amigo do pai desde a época de escola nos anos 1970. Norges o havia conhecido ainda criança, mas lembrava-se de Vidal somente por meio de fotos — cabelos pretos e escuros, pele clara, rosto cheio e olhar dócil. A aparência era um contraste enorme em relação ao destino que aquele homem tinha enfrentado. Vidal tinha se formado médico e era ativo na igreja católica. Ao terminar os estudos, fundou o Movimiento Hijos de Cuba a fim de protestar contra o regime autoritário da ilha. Era 1990, e o Muro de Berlim tinha acabado de cair. O regime comunista da Polônia, da Hungria, da Tchecoslováquia e da Romênia havia entrado em colapso. A União Soviética logo seria apenas história, e por todo o mundo as pessoas comentavam a respeito de outros regimes que poderiam seguir pelo mesmo caminho. Nesse momento, quando as veias econômicas de Cuba foram abertas, Vidal partiu para o ataque. Ele juntou forças com outros ativistas cristãos e começou a colher assinaturas para mudar o sistema político da ilha. A iniciativa pretendia introduzir liberdade de imprensa, liberdade de associação e democracia por meio do voto popular.

O pai de Norges não teve nada a ver com esse trabalho. Ele atuava como professor durante o dia e vendia laranjas na rua para sustentar a família. Vidal jamais tentou recrutá-lo. Mas os amigos de infância mantiveram contato — os filhos costumavam brincar juntos durante as visitas que faziam um ao outro — até um certo dia em janeiro de 1992, quando Vidal desapareceu. Dias mais tarde o pai ficou sabendo que ele tinha sido preso e acusado de fazer "propaganda para o inimigo". Eduardo Vidal foi condenado a seis anos de prisão. Durante o julgamento, ele não teve defensor.

Praticamente ninguém soube o que aconteceu a Vidal por trás dos muros cinzentos da prisão de Boniato, nos arredores de Santiago.

Somente anos mais tarde, a partir do exílio na Espanha, ele escreveu sobre o cumprimento da pena. Vidal falou sobre "prisioneiros problemáticos", que os guardas marcavam a ferro quente com as iniciais CR, de contrarrevolucionário. Depois que um dos outros prisioneiros começou uma greve de fome, ele foi espancado com tanta brutalidade que acabou ficando cego do olho direito. Cem homens dividiam o banheiro com ratos e baratas — um buraco escuro no chão. O cheiro era quase insuportável, mas o pior cheiro da prisão não era esse, segundo escreveu Vidal. Era um cheiro repulsivo, parecido com o cheiro de cebola, que vinha do corpo dos prisioneiros: o cheiro da angústia humana.

Quando Norges cresceu e começou a entender melhor as coisas, o pai contou-lhe essa história sobre ratos e tortura, como que para codificar essa mensagem no DNA do filho. O estado cubano tinha forças capazes de arruinar a vida de uma pessoa. O pai sentia orgulho do filho que lia e escrevia, orgulho da vontade e da sede de conhecimento, mas também sentia medo, porque sabia como esse tipo de impulso podia acabar. O pai tinha medo de que Norges pudesse desaparecer na mesma escuridão de Eduardo. "Não se pode mudar este país", disse o pai. "Dê um jeito de se adequar ou então vá embora."

Mas esse tipo de conselho às vezes se perde entre uma geração e a seguinte, e o conselho do pai se perdeu para Norges. Lá, em meio aos dissidentes e jornalistas independentes que ocupavam a Praça da Revolução, ele chegou à conclusão oposta. Teve certeza de que o pai estava enganado. A vida tinha ensinado a Norges que *valia a pena* fazer resistência. *Era possível* mudar Cuba, e ele, pessoalmente, tinha um papel a desempenhar nessa mudança. Dessa vez tudo seria diferente.

Norges tinha se convencido disso tudo dois anos antes, quando havia começado a escrever o blogue. A imprensa oficial ainda era controlada com mão de ferro, e a mídia independente era proibida.

Porém o enquadramento legal remontava à era pré-internet, quando o estado tentava controlar a circulação de informação. Na internet, por outro lado, não havia leis nem decretos que limitassem a liberdade de expressão. Na rede mundial de computadores a informação circulava livremente, e cada vez mais cubanos recorriam ao teclado para aprender, debater e se expressar. Norges sabia que em Cuba existiam barreiras invisíveis com a mesma força da lei — barreiras que você só descobria depois de já as ter atravessado, como os raios laser que guardam um tesouro artístico. Eram essas barreiras invisíveis que levavam os cubanos a baixar instintivamente a voz para criticar as autoridades. Os cubanos batiam dois dedos no ombro para indicar "aquelas pessoas" que tomavam as decisões. Todos evitavam pronunciar o nome de Fidel, e em vez disso passavam o indicador e o polegar no queixo para sinalizar que se referiam ao homem de barba. Mas as pessoas exageravam os perigos do autoritarismo em Cuba, na opinião de Norges. "Temos medo de fantasmas que não existem", ele escreveu em um post do blogue. "Mas precisamos nos desvencilhar do medo e da indiferença e questionar TUDO." Esse era o projeto político de Norges: recuperar a integridade do povo e inspirar homens e mulheres comuns a viver de acordo com seus princípios morais. Norges escreveu sobre a "máscara" que os cubanos usavam, que os levava a gritar "VIVA FIDEL!" em plena rua, ao mesmo tempo que em segredo odiavam as autoridades do país. Expressar a própria opinião talvez fosse desconfortável, mas era também necessário para viver uma vida livre e digna.

Além do mais, já não era mais tão perigoso quanto antes. Como prova de que uma nova era havia chegado, Norges com frequência mencionava um discurso feito pelo novo vice-presidente, Miguel Díaz-Canel. Esse líder de costas empertigadas, cabelos grisalhos e cinquenta e três anos, era um político misterioso. Tinha passado de governador de província a membro do comitê político, e por fim chegado ao cargo de vice-presidente. Díaz-Canel era o favorito para assumir a presidência no dia em que Raúl Castro deixasse o cargo. Mas pouca gente entendia o que o vice-presidente representava.

Talvez justamente por isso ele tivesse chegado ao patamar mais alto da política.

Quando Díaz-Canel falava, comentadores e jornalistas prestavam atenção. Um pronunciamento em particular chamou a atenção dos jornalistas independentes. Esse pronunciamento foi transmitido pela TV e pelo rádio no verão de 2013, logo após o lançamento do blogue de Norges. "Nossos estudantes precisam ser revolucionários, tanto na convicção quanto nos sentimentos", afirmou Díaz-Canel. "Precisam amar o povo, a humanidade, a terra e o meio ambiente. Precisam sentir as próprias raízes, conhecer o lugar de onde vêm para saber aonde ir." Mas a sociedade em que os estudantes de hoje viviam era diferente da sociedade de ontem, prosseguiu o vice-presidente. Nesse discurso ele descreveu o desenvolvimento da internet como uma situação totalmente nova, que tornava "praticamente impossível" para as autoridades manter os mesmos procedimentos de antes no sentido de impedir a circulação de informação e censurar as opiniões das pessoas. Norges sentiu que ele mesmo poderia ter escrito aquilo. Postou um link para o pronunciamento no Facebook e o enviou por e-mail a todas as pessoas que conhecia. Era a isso que Raúl Castro, o novo presidente do país, havia se referido quando falara em "atualizar o socialismo". O presidente encorajou os jovens a "desmontarem os dogmas" que prendiam a nação ao passado, e a dizer o que pensavam.

Norges levou o pedido dos líderes ao pé da letra. Desde o início do blogue, ele tinha escrito sessenta e quatro textos postados na internet. Escreveu sobre a moral dúbia que marcava os cubanos, sobre homens e mulheres que se viam obrigados a vender bens roubados no mercado clandestino para garantir a própria sobrevivência. Se posicionou em relação a uma nova lei de mídias que dava abertura para a imprensa não estatal. E escreveu sobre a necessidade de oferecer às pessoas aceso à internet, para assim entrar no século XXI.

Poucos dias após o início do namoro entre os dois, Norges convenceu Taylor a começar um blogue próprio. Escrever um blogue era juntar-se à longa batalha por uma Cuba livre. "O que os heróis da guerra da independência que lutaram contra a Espanha no século XIX teriam feito se vivessem hoje em dia?", Norges perguntou no Facebook. "Eles começariam um blogue." Os textos dele transpiravam otimismo. Norges tamborilava os dedos no teclado para que os cidadãos do país despertassem da apatia em que se encontravam.

Mas havia um problema. A internet era um bem a que pouquíssimos cubanos tinham acesso. Como engenheiro de telecomunicações, Norges estava muito bem informado sobre o que seria necessário para conectar a ilha à internet. Ele já sabia que desde 2011 as autoridades tinham puxado um cabo de fibra óptica da Venezuela, e que esse cabo poderia fornecer internet para toda a ilha. Mesmo assim, somente uma pequena parcela dos habitantes tinha acesso. A velocidade era péssima, e os preços absurdos. Duas horas de acesso chegavam a custar metade de um salário mensal. Norges tinha acesso graças ao trabalho no instituto de arte. Estava convencido de que a falta de internet não se devia a desafios técnicos, mas ao medo que certas pessoas nutriam em relação ao *uso* que a população faria daquela tecnologia.

No verão antes da mudança para Havana, Norges tinha lançado uma campanha de abaixo-assinado no site Change.org, exigindo que a internet fosse oferecida "a um preço mais acessível para a população". Ele não pensou nesse paralelo, mas a forma de agir tinha sido a mesma que levara Eduardo Vidal à prisão vinte anos antes. Norges queria juntar as vozes que haviam esquecido que eram maioria.

"Já houve campanhas similares no Chile e na Colômbia", ele explicava na página. "Em muitos casos, o resultado atingido foi bom."

Norges enviou o manifesto para o ministro das comunicações, e para amigos e conhecidos a fim de conseguir mais apoio. Em menos de duas semanas, havia recolhido a assinatura de mais de quinhentos estudantes, jornalistas e intelectuais. Era um número significativo no contexto de Cuba. Por um tempo, o manifesto foi o principal tema de debate entre os blogueiros da ilha — tanto os independentes quanto aqueles que trabalhavam para o estado. Uma jornalista chamada Lilibeth Alfonso, que fazia parte do coletivo apoiado pelo estado *La blogosfera cubana*, apoiou a iniciativa em um artigo com o título dramático *Assinar ou não assinar*. Norges também recebeu comentários indignados de pessoas que questionavam as motivações dele. "O único objetivo de Norges Rodríguez é ganhar popularidade", escreveu uma pessoa. "Ele quer apenas que a mídia estrangeira produza artigos sobre temas fúteis." Um blogueiro conhecido e ex-agente da polícia secreta perguntou por que Norges estaria usando uma página estrangeira para lançar a campanha do abaixo-assinado. "Assinar esse manifesto é trabalhar contra a revolução", ele afirmou. Talvez esse jovem não soubesse o que estava fazendo, ou talvez agisse com "má intenção". Um dos delegados do Partido Comunista na Assembleia Nacional que mantinha perfil ativo nas mídias sociais deixou uma mensagem na página do Facebook com os links para as entradas do blogue de Norges. "Não gosto dessa página."

As reações não causaram preocupação em Norges — simplesmente o levaram a agir com ainda mais convicção. Em resposta às críticas, ele disse que não representava a CIA, o imperialismo ou a mídia ocidental. Talvez fosse apenas um cidadão de Cuba que desejava melhorar o próprio país. "Já estou cansado de repetir", ele disse numa entrevista dada a um dos blogues que o apoiava. "Precisamos acordar, precisamos nos transformar em cidadãos plenos. Precisamos usar todos os mecanismos à nossa disposição para fazer exigências ao governo."

Foi essa crença no poder de vozes reunidas que levou Norges à Plaza de la Revolución. Ele estava curioso para ouvir as exigências que seriam feitas no microfone de Tania Bruguera. Mas naquela altura já era mais de três horas, e a artista ainda não tinha chegado. Norges olhou em direção ao fim da praça. Boatos começaram a circular.

Não era meio estranho que tão poucos amigos de Bruguera tivessem aparecido? Será que não devia haver mais? Uma mulher disse que o telefone da artista não estava funcionando. Outros disseram que não haviam conseguido falar com outras pessoas próximas a Bruguera. Houve notícias de viaturas estacionadas em frente à casa dela. Será que Tania estava presa dentro de casa? Será que tinha sido detida?

Norges tinha esperado declarações históricas feitas a plenos pulmões na praça. Mas naquele momento o evento murchou como um pneu furado. Os primeiros jornalistas começaram a guardar o equipamento. Norges se aproximou de Yaima, que conversava com um dos rappers que conhecia. "Por aqui talvez só *eles* possam fazer rap", disse o jovem, apontando para os olhos de Che Guevara. Yaima parecia cansada de esperar no sol escaldante, e mais tarde explicaria a Norges o motivo. Ela estava grávida. Não fora uma gravidez planejada, mas assim mesmo ela tinha um bom pressentimento. Talvez Yaima tivesse a criança. Mas naquele momento ela sugeriu que eles fossem para casa.

Na manhã seguinte Norges ficou sabendo o que tinha acontecido com Tania Bruguera. Ele acessou o Facebook num parque próximo ao apartamento de Yaima e leu as atualizações postadas por amigos e familiares da artista. Dez horas antes de Bruguera colocar o equipamento no lugar — pouco antes do nascer do sol — haviam batido na porta dela. Pela janela do quarto ela tinha avistado uma viatura branca da polícia, estacionada no lado de fora. Uma voz disse aos gritos que gostaria de conversar, mas Bruguera se negou a abrir. Estava convencida de que queriam prendê-la. As batidas na porta continuaram, e meia hora antes do início do evento Tania por fim decidiu abrir. Foi nessa hora que a levaram. Em diversos pontos de Havana, cerca de cinquenta pessoas tinham sido presas ou impedidas de ir à Plaza de la Revolución naquele dia.

Não era nenhuma surpresa que a polícia secreta perseguisse dissidentes. Mas Tania Bruguera era uma artista progressista de renome mundial, e não uma agente da oposição financiada pela CIA. A velha Cuba segue viva, pensou Norges. A mesma Cuba vigilante que tinha grunhido e resmungado quando ele lançou o manifesto por internet barata. O próprio Norges não sentiu medo nem preocupação. Ele não nutria medo, apenas uma fúria crescente.

Aquele era o último dia do ano. Ele encontrou um ônibus que voltava para Santiago, onde haveria de celebrar o Ano-Novo com a mãe, o pai e a irmã em Los Pinos, como sempre havia feito. O ônibus pegou a mesma estrada que havia levado Norges a Havana dois meses antes. Ele sentou-se à janela e ficou observando as palmeiras farfalhantes enquanto sentia que alguma coisa havia mudado durante aquele tempo. Norges não tinha planos de contar aos pais onde tinha estado no dia anterior. Serviria apenas para deixá-los preocupados. Além do mais, os pais entendiam pouco a respeito do movimento que ele integrava ao lado de artistas, jornalistas e ativistas como Yaima, que não tinha medo de erguer a voz.

Se os pais ficassem sabendo do acontecido, seria por meio da mídia oficial. No programa de TV *Cuba hoy*, uma voz anasalada de mulher oferecia a versão oficial dos fatos. "Exatamente às três da tarde, essa foi a cena que presenciamos", disse a repórter enquanto a câmera percorria o lugar, que parecia totalmente vazio. "A única diferença nesse dia foi um pequeno grupo de pessoas e jornalistas internacionais que se encontraram na esperança de presenciar a *farsa* de Tania Bruguera e seus apoiadores. Mas por acaso eles apareceram por lá?" A repórter deixou a pergunta no ar. "Desejamos a todos nossos telespectadores um feliz Ano-Novo."

Essa vivência na praça levou Norges a se questionar: se a era do diálogo havia chegado, por que o governo não estava disposto a ouvir o coração dos cidadãos? Se era necessário "desmontar" os dogmas da nação, por que as pessoas não podiam falar? Se era "impossível" proibir as manifestações políticas, por que haviam prendido Tania Bruguera?

Norges tinha à frente uma viagem de doze horas antes de chegar a Santiago, mas já estava impaciente ao pensar em tudo que o novo ano traria, e ansioso por voltar a Havana o mais depressa possível.

A VINGANÇA DE DIMITRI

Quando voltou da Sibéria para Havana, Linet sentiu uma escuridão tomar conta de seus pensamentos. Tudo havia começado com a separação de Dimitri. Apesar de todos os problemas, o russo havia insistido em acompanhá-la na viagem a Cuba. Essa tinha sido uma decisão catastrófica. Os dois passaram duas semanas inteiras discutindo, até que por fim Linet decidiu acabar com o relacionamento. Antes disso, Dimitri tinha jogado um punhado de cédulas na cara de Linet e a abandonado sozinha em um táxi no meio da estrada. Na manhã seguinte ele bateu na porta dela pedindo desculpas, com a mesma cara de cachorro pidão que Linet tinha passado a odiar.

"Me desculpe", disse Dimitri.

"Acabou", respondeu Linet.

A despedida em si foi tranquila, e os dois mantiveram contato por algumas semanas depois que ele voltou à Sibéria. Dimitri logo deu a entender que Linet poderia tornar a visitá-lo.

Afinal, os dois haviam se casado, então por que não tentar mais uma vez? Linet duvidava de tudo, porém não disso. "Não existe a menor chance de a gente voltar", ela disse, pedindo a Dimitri que lhe enviasse os papéis do divórcio. Em seguida ela desligou.

Dias mais tarde a vingança teve início.

Linet descobriu quando uma amiga lhe contou que tinha recebido um SMS com anúncio de profissionais do sexo e entorpecentes a baixos preços. "Não deixe de entrar em contato", dizia o SMS, que em seguida trazia o endereço e o telefone de Linet. Outros amigos também receberam mensagens idênticas. Linet não tinha dúvidas em relação a quem seria o responsável. Dimitri devia ter copiado os números de telefone antes de voltar para a Rússia. Linet já o havia desmascarado quando ele roubou e trocou a senha dela na primeira visita à Sibéria. Além do mais, Dimitri tinha acesso a listas de marketing para números de celular em razão do trabalho. Ao ver a mensagem, Linet soltou uma risada. Mas depois ficou quieta. Não conseguiu esconder a preocupação.

Linet voltou ao trabalho no centro estatal de TI. Quando chegou ao escritório, vários colegas contaram a ela sobre e-mails com ofertas de trabalho sexual mandados por uma outra pessoa que tentava se passar por ela. O texto vinha escrito num espanhol sofrível. Os colegas acharam graça, mas logo começaram a cochichar. Todos se perguntavam com que tipo de ambiente Linet havia se envolvido. Ela se encolheu em frente ao computador e começou a pensar em todas as outras coisas a que Dimitri podia ter acesso. O número de passaporte dela, o número do cartão de crédito, fotografias.

Linet tinha imaginado que nunca mais teria notícias do russo. Mas naquele momento sentiu-se nua e indefesa. Foi à delegacia e explicou o que tinha acontecido. Um policial a escutou atentamente, mas explicou que não havia nada que pudesse fazer para elucidar o caso. A polícia não tinha recursos para investigar crimes cibernéticos internacionais. A delegacia não tinha sequer acesso à internet. O policial anotou o nome de Dimitri em um bloco de notas e disse que, se ele retornasse à ilha, Linet poderia retornar o contato. Nesse caso a polícia agiria.

O russo tinha armado uma extensa rede de falcatruas. Logo surgiu um perfil falso de Facebook com uma fotografia de Linet. Depois mais um e-mail, dessa vez enviado a uma amiga casada com um alemão. O remetente anônimo exigia que ela revelasse para o mundo inteiro que Linet era prostituta. De outra forma, contaria para o marido que ela traía o marido. O e-mail seguinte foi mandado para um dos ex-namorados de Linet e trazia duas fotos. "Veja", dizia o texto. "Aqui está Linet na época em que ainda era jovem, quando começou a vender o corpo." Em anexo havia uma foto de uma menina jovem que obviamente não era Linet — mas a outra foto era familiar. Dimitri devia tê-la copiado do disco rígido dela. Na foto, tirada anos atrás, Linet aparecia na cozinha de casa na companhia de amigos estrangeiros. Ela tinha o olhar voltado para a lente e sorria para a câmera.

Passou a ser cada vez mais difícil simplesmente rir das mensagens. Quando um amigo a chamou de *la prostituta* numa brincadeira, Linet perdeu a paciência. "Isso não tem graça nenhuma." Ela começou a ter problemas de concentração e dificuldade para dormir à noite. Toda vez que o telefone tocava ou um SMS chegava, ela levava um susto — o que seria dessa vez? Bella, uma das amigas de Linet, começou a ficar preocupada e disse que ela precisava de ajuda. A amiga falou sobre uma clínica psiquiátrica que ajudava pessoas que haviam sofrido traumas e acidentes a se reerguer. "Eu vou ligar para lá e dizer que você quer marcar uma consulta", a amiga disse quando as duas se encontraram. Linet concordou em silêncio. A verdade era que ela já estava procurando ajuda mesmo antes que as intimidações começassem, porque imaginava ter um distúrbio sexual. Ao mesmo tempo, Linet sentia que o sofrimento era mais profundo do que uma simples falta de libido. Ao retornar da Rússia, ela tinha começado a sentir que a existência não fazia mais sentido. O projeto de vida que imaginara — encontrar um marido decente — havia fracassado. O marido que devia lhe oferecer segurança havia começado a persegui--la. Linet não via como tocar a vida adiante.

Na clínica ela teve uma sessão com um psiquiatra mais velho que pediu que ela falasse abertamente sobre como se sentia. Linet falou sobre a dificuldade para dormir e as coisas em que pensava: disse que a vida parecia ter perdido o rumo e que estava confusa. Depois de um tempo o psiquiatra a interrompeu de forma amistosa e disse: "Você não está confusa. Você está deprimida". Linet o encarou. Era verdade que sentia um certo mal-estar, mas *deprimida*? O psiquiatra fez um gesto afirmativo com a cabeça. Era o que os sintomas o levavam a crer. Se ela quisesse melhorar, se estivesse mesmo disposta a ir até o fundo dessa dor, então poderia ser tratada. A clínica oferecia terapia de grupo e assistência psiquiátrica vinte e quatro horas por dia. O tratamento devia levar cerca de seis meses. Num primeiro momento Linet ficou surpresa, porque não se sentia doente. Mesmo assim, era uma oferta tentadora. Ela estava atrás de uma forma de recomeçar a vida, de um caminho que a tirasse daquela névoa.

Enquanto Linet olhava para dentro, a sociedade ao redor se transformava. As reformas econômicas avançavam; toda semana milhares de cubanos procuravam as autoridades para registrar negócios privados. Bares e restaurantes abriram as portas, e proprietários de imóveis reformaram as casas e as transformaram em pousadas para estrangeiros. A empresa de aluguéis americana Airbnb anunciou que passaria a operar em Cuba. Já nos primeiros três meses após os discursos de Barack Obama e Raúl Castro, 1 milhão de turistas visitaram a ilha. Entre os americanos, Cuba tornou-se um destino mais procurado do que a Tailândia e a Austrália. Linet mal conseguia processar as mudanças. Em vez disso, ela aceitou o diagnóstico, pediu licença do trabalho e começou o tratamento psiquiátrico.

A ASSEMBLEIA

Uma semana depois das celebrações de Ano-Novo na casa dos pais, Norges estava de volta a Havana. Ainda corriam boatos sobre o destino de Tania Bruguera no dia em que teria deixado sua marca na Plaza de la Revolución. A detenção chamou muita atenção no instituto de arte, onde Bruguera tinha estudado e mais tarde lecionado. A diretoria convocou uma assembleia para esclarecer todas as dúvidas dos estudantes. Centenas de pessoas compareceram. Norges e Yaima sentaram na última fileira. No palco estava o presidente do Consejo Nacional de las Artes Plásticas, um homem de óculos com rosto carnudo chamado Rubén del Valle, munido de um microfone. Ao fim de uma apresentação solene, ele começou a dar uma palestra sobre a artista.

"Tania Bruguera é fruto da revolução", disse del Valle, rolando o *r* como Fidel. Ele mencionou o fato de que Bruguera havia estudado em Havana, de maneira totalmente gratuita. As autoridades nacionais relacionadas à arte tinham-na ajudado a ganhar o mundo com suas obras. Ao fim dos estudos, Bruguera tinha exposto suas obras na bienal de Veneza e na Tate Modern em Londres. Antes do encontro na Plaza de la Revolución, Bruguera tinha ido pessoalmente ao escritório de del Valle pedir autorização para a performance.

O presidente da assembleia andou junto à beira do palco com as mãos nas costas, enquanto explicava por que havia recusado o pedido.

A Plaza de la Revolución era um lugar sagrado, ele continuou, e não um parque de diversões para os provocadores. A chegada de Bruguera pareceria um reality show. Mesmo assim, as autoridades tinham dado permissão, desde que a performance fosse transferida para um local fechado em um centro cultural estatal e não durasse mais do que uma hora e meia, o que seria mais do que suficiente para que todos os pontos de vista estivessem bem representados. Mas Bruguera havia recusado essa oferta generosa.

Norges mal conseguia acreditar no que ouvia. Afinal, a Plaza de la Revolución era um local público, aberto a todas as pessoas. Se o estado quisesse ditar as regras, o objetivo da performance simplesmente deixaria de existir.

Quando del Valle terminou de falar, uma tela cobriu o palco e logo teve início a projeção do programa *Razones de Cuba*, cuja redação era subordinada à unidade de contraespionagem do Ministério do Interior. Uma voz séria advertiu os estudantes quanto aos perigos de se deixar levar pelas ideias de Tania Bruguera. Era um fato conhecido que o trabalho dela recebia apoio de grupos contrarrevolucionários no estrangeiro. E por trás desses grupos estavam as forças do império, sempre dispostas a solapar a soberania de Cuba para colocar o país sob o jugo do capitalismo.

Quando o filme terminou, um dos estudantes ergueu a mão. O rapaz se apresentou como líder da Unión de Jóvenes Comunistas no instituto de arte e agradeceu ao presidente da assembleia pela orientação recebida. Acrescentou que os estudantes tinham plena ciência das atividades subversivas de Bruguera, que haviam começado ainda na época de estudante.

De repente Norges teve o impulso de erguer a mão e começar a fazer um discurso. Como era possível falar daquela maneira sobre uma pessoa que nem ao menos fora convidada para o encontro? Será que ninguém queria ouvir a versão de Bruguera? A artista tinha sido presa duas vezes em semanas recentes, a última quando estava a caminho de uma coletiva de imprensa para falar sobre o acontecido. Nas duas vezes tinha sido liberada ao fim de vinte e quatro horas. A polícia de segurança brincava com ela como uma criança brinca com uma formiga.

Norges jamais teria pedido a palavra no meio de tanta gente: a simples ideia punha o coração dele a bater descontroladamente. Quando del Valle abriu espaço para mais perguntas, ele permaneceu calado. Em seguida uma voz soou ao lado de Norges. "Com licença", disse a voz. "Não estamos aqui falando de uma figura histórica. Estamos falando de uma pessoa viva."

Yaima se levantou. Tinha pensado o mesmo que Norges. Tania Bruguera poderia muito bem falar por si mesma. Por que os organizadores do evento não a tinham convidado? "Esse devia ser o momento do diálogo", disse Yaima.

"*Compañera*", o líder do encontro a interrompeu.

"Eu ainda não terminei", disse Yaima, que assim continuou a falar. Se os EUA e Cuba podiam manter diálogo internacional no mais alto nível, por que os próprios *habitantes do país* não poderiam discutir pontos de vista divergentes em clima de paz? O que as autoridades temiam? Por que as pessoas não podiam falar? Por que artistas como Tania eram postas na cadeia?

Foi nessa hora que uma figura desconhecida se levantou em frente ao palco. Mais tarde Norges e Yaima descreveriam esse personagem misterioso como "o homem de camisa violeta". Ele ainda não tinha dito nada, porém naquele momento tomou a palavra como se estivesse ralhando com visitantes mal-educados na própria casa.

"*Compañera*", disse o homem, com o aço na voz. Yaima não precisava se preocupar com a sra. Bruguera. As autoridades não haviam prendido a artista, mas simplesmente tomado as medidas necessárias para impedir um evento ilegal. Além disso, ele tinha informações de que a artista estava bem. "A Tania está em casa, com a família", disse o homem. Em relação ao "diálogo" que Yaima havia proposto, faltava entender um conceito fundamental: "Há pessoas com as quais o diálogo *não é possível*".

64

Norges se manteve em silêncio e viu quando Yaima tornou a sentar. Ele manteve a boca fechada durante todo o encontro, mas nos pensamentos havia se levantado e dito exatamente o que pensava. Tinha dito para as autoridades do país que ninguém mais aguentava, gritado que era o representante de uma nova sociedade civil formada por cidadãos despertos que mantinham um olhar atento sobre os líderes da nação.

Quando voltou ao pequeno apartamento no campus, Norges estava tão abalado, tão indignado que não lhe ocorreu que podia ser justamente o contrário — que talvez houvesse um arquivo por trás dos olhos duros de Che Guevara onde era guardada uma pasta com o nome dele, sobre a qual alguém, naquele exato instante, podia manter um olhar atento.

CÍRCULOS

A terapia de Linet começava todos os dias às oito e meia da manhã. A clínica ficava na parte antiga da cidade, num prédio colonial. Ela subia dois andares por uma escada de pedra e entrava por uma porta que tinha duas vezes a altura dela. O sol brilhava pelas janelas altas, e ela tinha uma sensação de segurança. A primeira coisa era sempre uma sessão de ginástica. Os pacientes dançavam, faziam ginástica ou praticavam tai chi até a hora do café. Depois começavam as conversas. Doze pessoas, entre homens e mulheres, se sentavam em círculo para conversar. Às vezes Linet falava a respeito de si, às vezes ouvia as histórias dos outros.

Aquilo era libertador. Ninguém julgava Linet pelas histórias que contava. Ela falou sobre o pai, que abandonara a mãe quando ela tinha dois anos. Linet não tinha uma única boa lembrança do pai. Ele nunca a tinha acompanhado à escola nem aparecido nos aniversários. Mas às vezes aparecia em El Hoyo, onde Linet havia crescido — um buraco nos arredores de Santiago. Ela o via de longe, enquanto descia o morro. O pai era desgrenhado, e andava com a barba por fazer, sapatos sem meias e a camisa amarelo-clara do aeroporto, onde trabalhava como mecânico. Muitas vezes bebia por horas ao fim do expediente, e depois fazia uma visita à filha. Certo dia, quando Linet já tinha nove anos, ela enfiou os pezinhos num par de sapatos e foi ao encontro do pai. Reconheceu o cheiro de rum.

"Você não precisa mais vir quando estiver bêbado", disse Linet. O pai se mostrou surpreso ao ouvir o comentário da filha. "Tudo bem", ele disse com um sorriso no rosto. E então foi embora. O encontro acabou de um instante para o outro, mas foi tempo suficiente para que Linet o recordasse pelo resto da vida.

Como mais tarde o pai teve filhos com outras três mulheres, Linet tinha um total de seis irmãos e irmãs, porém conhecia apenas uma — a irmã nascida quando ela tinha quinze anos. Foi um nascimento dramático, porque a bebê veio muito prematura. Mas quando as contrações vieram, o pai sumiu mais uma vez. Essa foi a herança familiar de Linet. Também a avó, que cuidava da casa quando ela era menina, tinha sido abandonada pelo marido. Ele tinha aparecido na vida dela com quatro crianças a reboque, frutos de um casamento anterior. Mas quando a avó engravidou da mãe de Linet, o avô começou a fazer longas viagens ao vilarejo, onde supostamente trabalhava. Quando a infidelidade veio à tona, ele se mudou e a avó de Linet ficou mais uma vez sozinha com as crianças — um filho recém-nascido, uma filha a caminho e as quatro crianças de um casamento que nem ao menos era dela.

Linet esperava mais dos homens em sua vida, mas acabava sempre decepcionada. O primeiro amor dela chamava-se Roberto. Ele tinha cabelos cacheados, maçãs do rosto marcadas e olhos azuis. Os dois se apaixonaram da forma menos prática que se pode imaginar — na festa de casamento dele. Roberto se casara com uma jovem espanhola que foi embora de Cuba logo a seguir. Já no casamento Linet tinha percebido a forma como o noivo a encarava ao receber os convidados. Os olhos detiveram-se nela tempo bastante para mandar uma mensagem. Duas semanas depois, quando a noiva estava de volta à Espanha, Roberto entrou em contato. Na época, Linet ainda era estudante. Ela se mudou para a casa dele. Os dois moraram seis meses juntos. Roberto era cozinheiro e ensinou Linet

67

a preparar comida. Os dois fumavam maconha juntos e meditavam. Ele a levou para acampar na selva, e os dois tomaram banho de cachoeira nus. Mais tarde Linet haveria de reviver essa época como se fosse um passeio no Jardim do Éden. Ela estava tão feliz e tão apaixonada que não viu o que estava acontecendo. Quando Roberto a deixou e foi reencontrar a esposa na Espanha, Linet não pôde sequer ir ao aeroporto com a família para despedir-se. Aos olhos da família, ela não passava de um passatempo. No dormitório da universidade, Linet havia chorado até encharcar o colchão.

O abandono havia semeado a dúvida em Linet. Ela só conseguiu falar sobre o assunto anos mais tarde, nas sessões de terapia em grupo. Primeiro o pai a tinha abandonado. Depois, Roberto havia feito o mesmo — e Linet começou a se perguntar: será que ela teria valor para alguém? Ela, que fora deixada de lado por todos? Outros relacionamentos alimentaram ainda mais essa dúvida.

O namorado seguinte de Linet a parou em uma rua movimentada na região turística de Havana. Ela tinha vinte e cinco anos, e ele, cinquenta, mas estava bem conservado para a idade. Os cabelos eram meio ralos, mas tinham um corte bonito, e ele usava uma camisa de designer, calças brancas e sapatos de couro. Linet estava cética, mas se desarmou com um olhar. "Luca", disse o homem, estendendo a mão. Ele a convidou para almoçar. Durante a refeição ele contou tudo sobre a Itália, onde havia nascido, e perguntou a Linet o que gostaria de lá.

"Bem, eu gostaria de um lugar para morar. Será que você pode me enviar pelo correio?", Linet perguntou. Na época ela trabalhava como professora mal paga, morava no campus e não tinha nenhuma perspectiva de conquistar uma casa própria.

"Ora, por que não?", respondeu Luca, e Linet riu.

De vez em quando ela tinha a impressão de que Luca agia mais como pai do que como namorado. Ele cuidava de todas as necessidades materiais dela, e mandou-lhe roupas, um celular novo e um notebook da Europa. Linet sentia-se lisonjeada, porque nenhum dos homens com quem se relacionara até então a tinha mimado dessa forma. Três meses depois do início do relacionamento, Luca insistiu em realizar o sonho dela. "Procure um apartamento e me diga o quanto custa", ele escreveu num e-mail enviado da Itália. Linet mal pôde acreditar naquilo, mas assim mesmo enviou preços e opções a Luca. E assim, dois dias antes do Natal, quando ela estava na casa da mãe e da avó em Santiago, Luca telefonou e disse que havia transferido dez mil dólares para a conta dela. A mãe soltou um grito de alegria e exclamou: "Linet, esse homem te ama!".

Quando enfiou a chave na fechadura da porta de seu primeiro apartamento, Linet ainda estava flutuando. Quanta sorte, quanta liberdade! Mas aquela liberdade vinha acompanhada de um gosto levemente amargo, porque aos poucos ela descobriu outra coisa. Linet sentia o peso de uma dívida que jamais poderia saldar. Quando ela discutia com Luca, a compra do apartamento pesava em sua consciência. Ela se esforçava por sentir amor, mas começou a sentir vergonha.

Quando Linet contava essas histórias na terapia, os outros ouviam de maneira empática. Faziam perguntas e ofereciam conselhos, junto aos psicólogos. As sessões tinham um efeito positivo, mas eram também exaustivas. Se Linet parava, os terapeutas pediam que continuasse. Quando percebiam que estavam chegando a um ponto doloroso, pressionavam-na ainda mais.

"Por que você sentia vergonha desse relacionamento com o Luca?", o psiquiatra quis saber.

"Eu comecei a me sentir como uma prostituta", respondeu Linet.

Ela via como outros cubanos a olhavam quando ela andava na rua; ela, uma jovem cubana, e ele, um senhor estrangeiro com uma conta polpuda. Quase sem perceber, Linet tinha se tornado aquilo que as pessoas chamavam de *jinetera* — uma mulher que fazia companhia a um estrangeiro em troca de uma vida confortável.

Não ajudou muito que na mesma época Linet estivesse se encontrando com Alejandro, um cubano alto e másculo de cabelos escuros e desgrenhados e nariz potente. Alejandro era tudo aquilo que Luca não era — tinha a mesma idade de Linet e era um homem pobre e atraente. Os dois se conheceram quando Linet estava começando a reformar o apartamento que havia ganhado do italiano. Alejandro tocava uma marcenaria ilegal e tinha acabado de sair da prisão após uma condenação por posse de maconha.

Por uns meses Linet conseguiu viver esse relacionamento duplo. Luca passava breves períodos em Cuba. Se chegou a suspeitar que Linet tinha um amante mais jovem, nunca disse nada. Mas Alejandro tornou-se mais do que um amante: os dois começaram a passar longos períodos na casa um do outro, e além disso tinham amigos em comum. Alejandro achava que o relacionamento de Linet com o estrangeiro era indigno. "Você tá prostituindo o seu caráter", ele disse, e a seguir perguntou se ela não preferia ser namorada dele. Linet sentiu-se abalada com a crítica. Mesmo assim, recusou o convite.

"Eu sinto como se o nosso relacionamento acontecesse na periferia da minha vida", ela disse, sem pensar no quanto deve ter sido doloroso ouvir esse comentário. Linet sentia que devia a Luca uma tentativa a sério, depois de tudo o que ele havia feito por ela. Alejandro se manteve em silêncio; ficou claro que não tinha gostado nem um pouco da resposta. Linet tinha escolhido outro homem, um homem rico e estrangeiro, em vez dele.

Na tarde seguinte Alejandro ligou. Estava indignado e pediu a Linet que fosse buscar todas as coisas dela no apartamento dele. Linet estava na cidade com uma amiga e teve a impressão de que Alejandro havia soado meio estranho, como se houvesse perdido a compostura. Ele nunca tinha gritado com ela daquela maneira. Ao tocar a campainha, ele pediu à amiga que a esperasse no lado de fora. Linet hesitou. Parecia haver um elemento selvagem no olhar de Alejandro. Ela imaginou que ele tivesse cheirado cocaína. Depois pensou: ele me encarou com olhos de lobo. Mesmo assim, ela entrou sozinha.

No fundo das angústias de Linet estava o sentimento de não ser desejada, de que ninguém a queria: nem o pai, nem os namorados, nem mesmo a própria mãe. A mãe contara que havia pensado em fazer um aborto quando soube que estava grávida de Linet, porém mudou de ideia no último instante, já na sala de espera. Linet sentia que não tinha nenhum valor. Em razão disso, o que aconteceu depois que ela entrou no apartamento de Alejandro fez um certo sentido. Ele virou a chave, agarrou Linet pelo pescoço e a jogou no chão. Com uma das mãos ele prendeu as mãos de Linet em cima do peito, e com a outra começou a bater nela. A violência tinha um ritmo próprio, e, toda vez que o punho fechado acertava o rosto de Linet, Alejandro repetia a palavra *puta*. Em seguida ele tornava a erguer a mão. "Puta." Linet não gritou. Simplesmente ficou deitada no chão, olhando para o braço que se erguia e tornava a cair. Pode ser que um minuto tenha se passado. Talvez mais. Por fim Linet se desvencilhou, correu até a cozinha e pegou uma faca. O lábio inferior dela sangrava, porque estava rachado. Ela apontou a lâmina trêmula para Alejandro, mas ele simplesmente riu. O que ela pretendia fazer com aquela faquinha? Mesmo assim, ele não chegou mais perto. Com a faca na mão, Linet telefonou para a mãe de uma amiga que conhecia os dois e pediu que fosse até lá. Alejandro foi a outro cômodo enquanto Linet juntava suas coisas, da maneira como ele havia pedido, mas ela não soltou a faca. "Eu não vou deixar você ir embora", Alejandro gritou do outro cômodo. Linet começou a sentir dores no rosto e no peito.

Ao fim de vinte minutos a campainha tocou. Alejandro abriu. Ele parecia mais tranquilo, mas Linet ainda tinha a faca nas mãos. A senhora entrou no apartamento, tranquila. Ela olhou para Alejandro e disse: "Não se faz uma coisa dessas com uma mulher". Ele baixou os olhos. "Eu sei."

A princípio Linet queria ligar para a polícia, mas logo mudou de ideia. Alejandro seria condenado a muitos anos se fosse apanhado com drogas pela segunda vez. Além do mais, Linet não queria se envolver numa ocorrência policial, mesmo que não tivesse feito nada de errado. Duas semanas mais tarde, Linet tinha planos de encontrar Luca no Brasil, onde ele estava trabalhando. Se acabasse envolvida num processo judicial, talvez a autorização de viagem concedida pelo empregador fosse cancelada. Na época as reformas de Raúl Castro não tinham ganhado força, e os cubanos ainda precisavam de autorização formal para sair do país.

A violência foi um abalo para Linet, mas isso não foi o pior. Enquanto os ferimentos no rosto curavam-se, o trauma aumentava, porque ao fim de meses — contra todos os conselhos e para a decepção de todos — Linet terminou o relacionamento com Luca e voltou para Alejandro. A viagem ao Brasil tinha sido uma catástrofe. Depois da agressão, Linet tornou-se incapaz de funcionar, especialmente como namorada. Discutia com o italiano todos os dias, e no fim voltou para casa duas semanas antes do planejado. Quando chegou a Havana, Alejandro passou a fazer contato. Passado um mês, Linet sentia-se pronta para encontrá-lo. Os dois encontraram-se num café — um lugar público e aberto.

"Eu sei que você nunca vai me perdoar", disse Alejandro. Linet pensou que era verdade, mas ao mesmo tempo ela não sentia ódio. Era um sentimento estranho: ela sentia-se alegre ao revê-lo. Quando perguntou por que Alejandro tinha batido nela, ele respondeu apenas: "Não sei".

"Você é um covarde", respondeu Linet. Ela sabia que Alejandro tinha perdido a cabeça por mágoa e por ciúme.

"Você tem razão", disse Alejandro.

Voltar para Alejandro parecia ao mesmo tempo certo e errado. Mesmo sabendo que ele nunca mais levantaria a mão contra ela, Linet sentia-se culpada pelo próprio sofrimento, e fraca por ter retomado o relacionamento às pressas. Ela devia mesmo não valer nada: afinal, estava disposta a amar um homem que lhe havia feito mal.

Alejandro tinha ido e voltado nos últimos anos. Havia se tornado um doce veneno, do qual Linet bebia a intervalos regulares. Quando Linet voltou da Sibéria para Cuba e terminou o relacionamento com Dimitri, Alejandro ressurgiu mais uma vez. Ele tinha acabado de se mudar para a casa dela quando Linet entrou para a terapia. Ela imaginava que os dois poderiam se acertar, mas para a própria surpresa logo descobriu que Alejandro a aborrecia. Ele não a ajudava nas tarefas domésticas e comportava-se como se fosse o "homem da casa". Além do mais, fumava maconha como se fosse cigarro. Linet já não conseguia mais dizer quando ele estava ou não chapado. Certa noite, depois de limpar e organizar a casa até depois da meia-noite enquanto Alejandro passava o tempo inteiro em frente à TV, ela finalmente explodiu.

"Você não vai me ajudar, porra?!"

A raiva escorria como um córrego por uma paisagem seca. Os dois começaram a discutir por causa de tudo — as contas da casa, a limpeza e o preparo das refeições. Em meio aos gritos e a tudo o que foi dito naquela noite, Linet teve um insight. Às quatro horas da madrugada Alejandro começou a fazer as malas. Ela tinha entendido, ele tinha entendido. O relacionamento entre os dois havia chegado ao fim. Alejandro era o mesmo de sempre, mas assim mesmo tudo parecia diferente naquele momento, porque Linet estava a caminho de tornar-se outra.

Graças à terapia, ela tinha entendido que passara a vida inteira andando em círculos. Havia procurado um homem que a quisesse, mas sempre tinha acabado de volta ao ponto de partida, abandonada, como naquele dia em que o pai havia lhe dado as costas e ido embora. Linet acreditara que precisava de um homem para sentir-se valorizada, porque sozinha não tinha valor nenhum. Graças à terapia ela mais uma vez entendeu por que Roberto, seu primeiro amor, tinha preferido uma mulher estrangeira. Comparada a uma europeia, quem Linet imaginava ser? Aos olhos dos outros, ela não passava de uma *muchacha* de Santiago, uma garota sem dinheiro nem status com a necessidade de se afirmar, uma garota em busca de um homem para sentir-se valorizada. Linet havia se comportado como se não tivesse nada a oferecer ao mundo. Alejandro a tinha criticado por esse motivo. "Você tá prostituindo o seu caráter", ele havia dito sobre o relacionamento dela com o italiano. Naquele momento Linet entendeu o que essas palavras realmente significavam. Aqueles homens não a respeitavam porque no fundo ela mesma não se respeitava. Por isso tinha aceitado tudo que os namorados faziam — mesmo que fosse espancá-la.

Ao fim de quatro meses de terapia o psicólogo chamou Linet e disse: "Você está curada". Mas, antes da alta, ele pediu que ela fizesse uma promessa. Para reconstruir a sua personalidade, para quebrar esse padrão, para viver uma vida boa, ela precisaria encontrar uma coisa nova, um projeto só dela. Linet sorriu como havia tempos não sorria. Já tinha uma ideia sobre o que essa "coisa" seria.

ALGEMAS

"O Pedro deve estar aprontando", Yudeisi cochichou, indicando a mesa de Catalina. Catalina fez um gesto afirmativo com a cabeça. Realmente parecia estar acontecendo alguma coisa fora do normal no escritório de Palmares naquela manhã. Os colegas falavam à boca miúda sobre um evento grandioso que estava por vir. Pedro, o chefe careca e atarracado, caminhava de um lado para o outro no escritório enquanto falava ao telefone. Na área comum todos pareciam tensos. Às dez horas Pedro enfim saiu do escritório e ergueu a voz para que todos o ouvissem. Pedro era um homem que sempre compensava a falta de autoridade falando em voz alta e tom sério. Segundo disse, aquele não seria um dia de trabalho normal. As visitas de inspeção aos hotéis estavam todas canceladas, porque logo surgiria um novo trabalho "importante". Todo o setor precisava estar a postos. Ninguém poderia deixar o escritório, nem mesmo durante o intervalo do almoço. Catalina e Yudeisi costumavam fazer a refeição num dos bancos fora do escritório enquanto admiravam os cruzeiros que chegavam à ilha, mas naquele dia tiveram que ficar encerradas.

Logo os boatos invadiram o escritório. Devia ser uma inspeção em larga escala, segundo Yudeisi. Ninguém sabia onde. Yudeisi

75

notou que nem mesmo o chefe sabia para que hotel os inspetores seriam enviados. "O Pedro não sabe merda nenhuma", constatou Catalina. Essa questão seria decidida "mais acima", ela disse, batendo com os dedos no ombro.

Em todos os locais de trabalho estatal havia um órgão de controle interno chamado Comité de Inteligencia, que integrava o aparato de segurança estatal que vigiava e investigava as mais diversas irregularidades. O motivo para que Catalina e Yudeisi não tivessem recebido nenhuma informação a respeito do que se passava era que o comitê não confiava em inspetores com o perfil delas. Se os inspetores convencionais ficassem sabendo de uma grande operação, os funcionários dos escalões mais altos temiam que alertassem conhecidos.

Uma das tarefas de Catalina no trabalho como inspetora em Palmares era descobrir pessoas que se apossavam de mercadorias ou cometiam qualquer outro tipo de irregularidade nos hotéis estatais. Catalina e os colegas sempre encontravam uma coisa ou outra durante as inspeções. Nas lojas e restaurantes dos hotéis os funcionários vendiam produtos ou aumentavam os preços para embolsar a diferença. Nos inventários, sempre estavam faltando toalhas, roupas de cama e produtos de limpeza. Catalina reportava a maioria dessas irregularidades, mas não tinha coragem de mandar pessoas para a cadeia. Quase sempre ela se dava por satisfeita com uma advertência. Parecia haver quase um flerte nessa relação entre Catalina e os funcionários — recepcionistas, camareiras, garçons e motoristas dos hotéis. Depois de quinze anos de atividade, ela via muitas daquelas pessoas como amigos. Também por esse motivo, tudo o que estava acontecendo era meio assustador.

Pouco antes das três horas chegaram instruções para que todos fossem aos carros. Dois veículos de passageiros e dois veículos de carga estavam à espera no estacionamento do subsolo. Catalina não disse nada enquanto descia a escada na companhia de Yudeisi e de outros cinco inspetores. Ela se acomodou no banco de trás de um dos carros de passageiros, ainda sem ter a menor ideia de qual seria o destino. Os motoristas com certeza já sabiam, mas não disseram nada, e

Catalina tampouco se animou a perguntar. Ela estava sentada ao lado da janela, tentando imaginar para onde iriam. Do outro lado da cidade antiga ficava o Hotel Indio, sempre cheio de ilegalidades, mas parecia improvável que esse hotel pudesse requerer uma inspeção daquela dimensão. Mais a oeste ficava o Hotel Guama, que tinha um quiosque de produtos no primeiro andar. Os funcionários do quiosque tinham por hábito separar artigos em promoção para Catalina, para que assim ela não esperasse na fila. Mas já na primeira rotatória os carros pegaram um caminho diferente: seguiram pela estrada que saía da cidade. A paisagem se abriu. Aquele era o caminho do aeroporto. Armazéns se revelaram em ambos os lados da estrada. A velocidade dos carros aumentou. Naquele momento Catalina entendeu qual era o destino. Yudeisi tinha razão: aquela seria uma operação *grande*.

O Almacén Provincial era o maior dentre todos os armazéns de alimentos em Palmares e um dos pontos centrais daquela economia planejada. Era lá que se guardavam todos os insumos congelados que mais tarde seriam usados no preparo dos jantares nos hotéis de alto padrão: camarões do Japão, peru da Venezuela e o ingrediente mais caro de todos — carne bovina dos abatedouros da própria Cuba.

Ao fim de dez minutos os carros saíram da estrada principal e seguiram em direção ao Almacén Provincial. Todos estacionaram a um quarteirão de distância, atrás de um caminhão que bloqueava a visão do armazém. Assim vamos pegá-los no flagra, Catalina pensou. Mas, quando os inspetores se aproximaram a pé, ela viu duas viaturas de polícia estacionadas em frente ao armazém. Catalina se preparou para a cena que a esperava lá dentro. Um portão de aço se abriu. O frio e o cheiro de sangue animal foram ao encontro de Catalina e de seus colegas quando todos entraram. Ela contou duas viaturas e seis policiais lá dentro. Os seis tinham pistolas na cintura. Uns faziam anotações. O chefe de controle interno para a rede hoteleira no nível provincial fez um cumprimento discreto a Catalina ao vê-la entrar. Ao contrário de Pedro, ela respeitava o chefe acima do chefe. Era o tipo de homem que se costuma chamar de *seguroso* — uma pessoa que mantém boas relações com o partido e com o aparato de vigilância. Catalina uma vez o ajudara com um favor de caráter altamente pessoal, e desde então o tinha como um aliado. Porém logo o olhar dela se fixou em uma jovem com o uniforme da rede hoteleira que estava sentada no banco de trás de uma viatura. Ela mantinha o rosto voltado para a frente, sem olhar para nada. Logo Catalina notou a presença de uma outra mulher. Yeni era uma conhecida da rede hoteleira que Catalina visitava havia muitos anos. Yeni costumava trabalhar no quiosque do Hotel Inglaterra e era uma das pessoas que guardava produtos em promoção para Catalina.

Descobrir que Yeni estava envolvida em atos ilícitos não era nenhuma surpresa, mas a atuação da polícia impressionou Catalina. Yeni juntou as mãos e implorou para que o policial tivesse misericórdia. "Por favor", ela suplicou enquanto o policial tirava um par de algemas do cinto. "Eu estou grávida! Sem algemas, por favor!" Catalina viu que Yeni estava chorando. O policial não esboçou qualquer reação e simplesmente colocou as algemas nos pulsos de Yeni. A tranca fez um clique audível, e o policial a empurrou mais uma vez para trás no banco da viatura. Catalina sentiu um aperto no peito. Os policiais estavam tratando aquelas pessoas como se fossem criminosos quaisquer! Ela contou quatro trabalhadores algemados que foram levados em direção às viaturas em frente ao armazém. Provavelmente estavam aguardando mais detenções — motoristas de caminhão, abatedores e outros que sabiam de tudo o que estava acontecendo, mas nunca haviam dito nada.

Catalina sabia muito bem como aquele tipo de conversa funcionava. Carne bovina era uma mercadoria escassa em Cuba. Era um produto servido nos hotéis turísticos, mas praticamente impossível de encontrar nos mercados. Os fazendeiros eram proibidos de abater as próprias reses e de vender carne sem permissão estatal. Mas havia um bom dinheiro a ser feito no mercado clandestino, e muita gente disposta a abater gado e transacionar carne longe dos canais oficiais. Nos abatedouros estatais também havia pessoas que trabalhavam como motoristas de caminhão, proprietários de mercados e funcionários de hotéis para vender carne. Era o que tinha acontecido no Almacén Provincial. Os motoristas vendiam parte das cargas diretamente aos funcionários do hotel, em dinheiro vivo, totalmente à revelia do sistema oficial. A carne era roubada dos abatedouros estatais e depois usada na confecção de pratos que eram vendidos sem nenhum tipo de recibo ou nota fiscal nos restaurantes dos hotéis. Esse dinheiro acabava no bolso dos envolvidos. Era um negócio lucrativo, mas perigoso.

Catalina sabia como tudo funcionava porque tempos atrás, mesmo antes da mudança para Havana, ela havia trabalhado no restaurante do maior hotel de Guantánamo, o Hotel Guantanamera. Lá, a própria Catalina havia feito parte desse esquema ilegal de compra e venda de carne. Na época, a carne era vendida diretamente dos frigoríficos do hotel para negociantes que a revendiam a redes particulares na cidade. Às vezes os cortes mais apreciados, como o filé mignon, eram levados do armazém para compradores particulares. Catalina tinha sido uma das mais eficientes nesse trabalho, porque nunca desviava da polícia. Ao encontrar um policial, ela simplesmente pousava a mão sobre a bolsa onde a carne estava guardada, sorria e o cumprimentava. Mas, ao contrário do que tinha acontecido com aqueles coitados no Almacén Provincial, Catalina nunca fora descoberta. A irmã mais velha costumava dizer que era do tipo que "atira a pedra e esconde a mão".

Logo a polícia levou as pessoas detidas embora. Qual seria o destino daquelas pessoas? Catalina só podia imaginar. Muitos perderiam o emprego, outros pagariam multas consideráveis e uns poucos envolvidos naquela rede ilegal provavelmente seriam indiciados e condenados a uma pena de prisão que talvez durasse muitos anos. Ver os empregados do hotel desaparecerem no interior da viatura levou Catalina a pensar na pouca distância que havia entre aquele destino e a vida que ela mesma vivia. Como a maioria dos cubanos, Catalina também abusava das regras para que a vida cotidiana fosse viável. Mas Catalina também era filiada ao partido. Se fosse ela a receber as algemas, o partido muito provavelmente a usaria como um exemplo. Quando acontecia a prisão de um membro do partido, a pessoa com frequência era humilhada em frente aos quadros para depois ser expulsa. O castigo por vezes era continuar frequentando os encontros do partido sem direito a fala. Enquanto os demais integrantes do partido discorriam em alto e bom som sobre a importância de se manter uma moral ilibada, o contraventor era obrigado a manter-se sentado e humilhado no fundo da sala.

No armazém, Pedro chamou Catalina e os colegas para dar-lhes instruções. Eles deviam pesar e registrar toda a carne, supervisionados pelo chefe. Aquilo parecia uma operação militar, mas Catalina não disse nada. Como líder do grupo, sua tarefa era somar os números enquanto os outros colocavam a carne na balança. "*Vamos!*", ordenou Pedro. Os inspetores carregavam e pesavam a carne enquanto Catalina tomava notas em um bloco. De vez em quando ela olhava para o chefe, que supervisionava o trabalho de braços cruzados. "Faltam pelo menos 3,4 *toneladas* de carne", ele declarou. Como diabos ele poderia saber disso? Por acaso Pedro sabia quanto eram 3,4 toneladas de carne? Era um abatedouro inteiro!

Já eram quase dez e meia da noite quando Catalina foi deixada em casa. Ela subiu a escada arrastando as pernas, exausta e acabada. Na porta estava o filho, Omar, que viera da Holanda para visitar a mãe. Catalina começou a falar sobre o que havia acontecido, mas tudo aquilo pesava em seus ombros, e no fim ela não aguentou continuar. Assim que entrou em casa ela desatou a chorar. A inspeção violenta tinha mostrado a força das organizações secretas oficiais que existiam no país. Além do mais, a presença do Comité de Inteligencia dava a entender que *eles próprios* não confiavam em inspetores como ela. Naquela ilha, todos quebravam as regras e ninguém estava a salvo.

Quando Catalina se recompôs, ela prometeu ao filho que finalmente pediria exoneração do emprego público. Catalina ainda não sabia qual seria a alternativa, mas disse que acabaria descobrindo alguma coisa fora do estado.

"Muito bem", disse Omar. Há muito tempo o filho pedia à mãe que pedisse a exoneração e a desfiliação do partido. "Mas então faça isso *de verdade.*" Essa era a chance de Catalina interromper o círculo vicioso em que sua vida transcorria.

"Na semana que vem eu vou entregar o meu pedido de exoneração", disse Catalina. "Dessa vez eu vou mesmo."

O TOURO

As outras pessoas não viam a fúria que ganhou força em Norges durante as semanas após o encontro fracassado na Plaza de la Revolución. Ele pensava mais do que falava. Tentava avaliar a situação com distanciamento, rir do que os outros riam enquanto mantinha os sentimentos para si. Ao lado de pessoas mais extrovertidas, como Taylor e Yaima, Norges talvez parecesse tímido. Mas havia um outro no interior dele, um outro que ele não controlava muito bem, um lado estranho até para ele mesmo.

Na primeira vez que Norges conheceu a própria fúria ele tinha nove anos. Não era metido a brigão, porque tinha uma estatura pequena. Mas, quando um dos colegas jogou uma cadeira em uma das meninas, Norges partiu para cima dele. No meio da briga, começou a sentir-se como um touro. A respiração dele ficou pesada. As mãos fecharam em volta do pescoço do adversário. Ele soltou apenas quando o professor cutucou-lhe as costas e o puxou para longe.

Na segunda vez, Norges estava no exército. Aos dezoito anos, servia nas Tropas Especiales, de boina vermelha e uniforme verde, mas na prática não era nenhum soldado de elite. Trabalhava no nível mais baixo da hierarquia, transportando pedras e cavando túneis na selva a fim de preparar o terreno para bombardeios dos EUA.

Houve uma manhã em que ele acordou com dor nas costelas. Enviaram-no ao hospital militar, onde o médico fez um diagnóstico de cirrose hepática causada pelo vírus da hepatite. Ele não poderia mais cavar valas e túneis na selva; isso poderia causar danos permanentes ao fígado, disse o médico. Norges passou dias na enfermaria até que um dos oficiais apareceu para fazer uma inspeção. O *capitán* Colón envergava o uniforme verde-oliva com três estrelas no ombro. Um cinto de couro espremia a barriga saliente. O capitão reclamou da quantidade de soldados que ficava jogando cartas e assistindo à TV da cama — e disse que não gostava de fracos que não aguentavam nenhum tipo de esforço. Aqueles jovens não pareciam estar doentes, segundo Colón. Os olhos dele miraram as camas uma por uma, como se fossem dois canos de espingarda. "Você!", ele disse, apontando para Norges. Do lado de fora havia trabalho a fazer. O capitão não disse o que era, mas ordenou que o soldado o acompanhasse. Norges obedeceu, mas quando amarrou os coturnos e seguiu as costas do uniforme verde-oliva sentiu uma força crescer dentro de si. Ele estava sendo humilhado.

Em frente à enfermaria havia um caminhão, um pequeno monte de areia e uma pá. A areia devia ser posta na caçamba e levada embora. Norges percebeu o sorriso que Colón tinha no rosto ao dar ordens. "A pá está ali. Pode começar."

"Mas *capitán*", respondeu Norges, "o médico disse que eu não posso fazer esforço." Ele lembrou-se da dor nas costelas que tinha sentido na última vez que havia trabalhado com uma pá.

"Cale a boca e comece de uma vez", bradou o superior, sem dignar-se a olhá-lo.

Norges foi pego de surpresa por essa nova ordem brusca. Porém logo ele ouviu a própria voz responder: "Não".

"*Não?*", repetiu o capitão, aproximando-se lentamente como se tivesse sido desafiado para um duelo.

"Não", disse Norges, com uma expressão tranquila. Ele repetiu o que o médico havia dito: esforço físico poderia causar-lhe danos permanentes no fígado. O capitão encarou-o no fundo dos olhos. O recruta precisava se orientar melhor. Aquilo era uma ordem.

Com o rabo do olho, Norges viu que outros soldados estavam assistindo à cena. Como em qualquer outra companhia militar, os soldados tinham assimilado o ensinamento sagrado de que primeiro se obedecia e depois se discutia.

"Meu amigo, faça o que ele está dizendo", o motorista do caminhão disse em um cochicho. Mas foi como se as pernas de Norges lançassem raízes naquele chão.

"Eu *já lhe disse* o que o médico falou. Eu não posso mais trabalhar com a pá."

"Você sabe qual é a punição para desobediência durante o serviço militar?"

"Pouco me importa", respondeu Norges. Ele respirava fundo pelas narinas dilatadas. "Você não é médico. Faça o que você quiser."

"Cale a boca e marche!" Após a detenção, Norges pôs-se a caminhar na frente, com o capitão a segui-lo um passo atrás. A caminho da cela no outro lado do acampamento eles passaram em frente ao médico, que perguntou o que tinha acontecido.

Norges respondeu: "Pergunte a esse senhor".

"Fale o quanto você quiser", disse Colón, bufando. "A sua vida não vai ser nada fácil a partir de agora."

Um subordinado pediu a Norges que tirasse a roupa. O uniforme de prisioneiro era uma bermuda verde e uma camiseta cinza e folgada, com gola exagerada. Como uma roupa de palhaço, Norges pensou enquanto se vestia. A porta de ferro tornou a se fechar. A cela era úmida e rústica. Uma elevação de concreto, na altura da cintura, fazia as vezes de cama. No alto da parede havia uma janelinha. Norges subiu na cama de concreto. De lá era possível enxergar os galhos de uma mangueira que se balançavam ao vento. Começou a escurecer.

Ele estava preso por desobediência. A punição — sete dias preso — era o bastante para desencorajar a maioria dos recrutas. Mas, ao olhar por entre as barras e ver uma outra sala onde havia carrinhos cheios de livros, Norges sorriu. Ele reconheceu a capa de um exemplar, *A história dos generais*, que contava a história dos heróis da guerra de independência contra a Espanha. Ele queria reler aquele livro — e talvez todos os outros livros. A adrenalina estava a toda. A temporada na cadeia lhe faria bem.

Logo os pensamentos de Norges fixaram-se em outras pessoas que tinham sido presas injustamente. O exemplo mais óbvio era Fidel Castro. Todos os cubanos estavam familiarizados com a história da primeira tentativa de revolução, liderada por Fidel em 26 de julho de 1953, hoje um dia sagrado no país. O ataque contra o regimento de infantaria no quartel-general de Santiago foi uma catástrofe. Dos cento e trinta e cinco rebeldes, nove morreram no conflito, cinquenta foram executados e todos os demais foram presos. Fidel acabou condenado a quinze anos de prisão. Mas os estudos na cela haviam fortalecido a crença do líder no papel que haveria de desempenhar na história.

Aos dezoito anos, Norges pertencia a uma geração que estava de saco cheio dessas histórias sobre Fidel. Os pensamentos dele voltaram-se para um outro revolucionário. O poeta José Martí era o líder mais conhecido do movimento de independência contra a Espanha ocorrido no final do século XIX. Aos dezesseis anos, Martí foi preso por mostrar-se "desleal" ao poder colonial e depois enviado a uma pedreira. A temporada na prisão serviu como inspiração para esse jovem, que passou a escrever poesia e textos críticos ao regime na própria cela. Norges tinha lido a obra completa de Martí. Martí foi mais tarde morto em combate, enquanto galopava contra a linha de frente espanhola. Havia um busto desse mártir em todos os bairros da ilha.

Um guarda apareceu junto da grade e enfiou uma bandeja para dentro da cela — arroz e feijão servidos num prato de metal. Havia um pátio onde os presos tomavam banho de sol uma vez por dia. Norges perguntou se podia ler os livros que estavam nos carrinhos. "Mais tarde", balbuciou o guarda.

Um relógio na parede mostrava que duas horas haviam se passado quando uma nova figura surgiu. Era uma médica, que havia lido os prontuários da enfermaria e confirmado a versão de Norges: ele não podia fazer esforço físico. "Não achamos que você seja um criminoso", a médica disse em tom consolatório. Ela disse que tentaria ajudá-lo da melhor forma possível.

Norges experimentou a cama. Os ombros dele rasparam contra o concreto áspero. Seria difícil pegar no sono, mas ao mesmo tempo não seria tão ruim assim ficar lá deitado, pensando na vida enquanto ouvia o som das árvores que balançavam ao vento. Se ao menos ele conseguisse uns livros, e talvez caneta e papel, a estadia podia até mesmo ser boa.

Por acaso, quem ficou de guarda naquela noite foi o chefe do acampamento militar — o único oficial com a autoridade necessária para libertar os prisioneiros. Seis horas depois de ser jogado no xadrez, Norges ouviu uma voz soar no corredor. O soldado Rodríguez foi chamado ao escritório do chefe de vigilância. A chave girou na porta e o chefe da guarda pediu a ele que trocasse de roupa. O capitão Colón havia cometido um erro. A médica o havia convencido da inocência de Norges. Ele estava mais uma vez em liberdade.

Quando Norges atravessou a escuridão rumo à enfermaria, os coturnos pareciam leves. Ele já havia começado a se alegrar pensando nos livros que haveria de ler, mas ser posto em liberdade era ainda melhor. Norges imaginou a cara de Colón ao receber a notícia de que o recruta arrogante tinha sido libertado na mesma noite. Era como se o peito dele vibrasse com aquele triunfo.

Logo Norges descobriu que aquela era mais do que uma vitória pessoal e secreta. A história do recruta que havia dito não a um superior espalhou-se e ganhou força. Na companhia, ele já não era mais um covarde anônimo. Quando Norges voltou para o acampamento na selva, mãos estenderam-se pelas aberturas das barracas a fim de cumprimentá-lo. Soldados calejados foram visitá-lo para ouvir os detalhes.

Nos anos a seguir, Norges quase não pensou nessa história. Mas o que aconteceu na escola de arte naquele inverno despertou nele o mesmo tipo de sentimento, a mesma fúria de touro — foi como se ele se visse mais uma vez frente a frente com Colón. Tudo começou naquela tarde durante o novo ano, quando ele assistiu a uma reportagem no canal governista Telesur. Transmitiram uma reportagem sobre a internet, e Norges levou um susto. A reportagem era sobre uma declaração do presidente dos EUA, que prometeu remover todos os entraves que impediam companhias de TI de investir em Cuba. Norges pensou que seria ótimo para que a internet pudesse se desenvolver na ilha, mas segundo a transmissão da Telesur a declaração tinha como "objetivo claro" prejudicar a revolução cubana. Com tecnologia de TI norte-americana em solo cubano, a propaganda imperialista estaria por toda parte.

Uma das fontes era Iroel Sánchez, um blogueiro a serviço do governo que estava por trás de uma versão cubana da Wikipédia — uma enciclopédia virtual mantida pelas autoridades do país. Sánchez também mantinha a página La pupila insomne, na qual os guerrilheiros virtuais chancelados pelo governo atacavam blogueiros e jornalistas independentes como Norges.

O logo do blogue era um olho liso e preto.

Na entrevista para a Telesur, Iroel Sánchez minimizou a importância da escassez de internet em Cuba. Segundo ele, não se tratava de um "fenômeno particular a Cuba". Além do mais, havia "motivos técnicos e econômicos" para que a maioria das pessoas não tivesse acesso à internet. "Não estamos falando de uma proibição", afirmou o blogueiro a serviço do governo.

Nas semanas após as declarações de Obama e Castro, Norges havia debatido e feito comentários esporádicos nas mídias sociais, porém achou que parte do ímpeto daquele dia histórico havia se perdido. Já fazia tempo que ele não escrevia um post realmente engajado. Na manhã seguinte, Norges escreveu uma mensagem para seus contatos no Facebook. "Já faz um tempo que não escrevo posts para o blogue. Mas as declarações feitas pelo insone Iroel Sánchez na Telesur me despertaram do sono." Norges disse para os amigos que estava preparando um novo post — que seria o de maior impacto até então. Logo surgiu um comentário no Facebook. O autor era uma pessoa conhecida.

"Tome cuidado com o Iroel."

No dia seguinte Norges fez a publicação. O post começava atacando o "argumento favorito do governo" para justificar a dificuldade de acesso à internet em Cuba. As autoridades sempre haviam colocado toda a culpa no embargo comercial norte-americano. Mas esse argumento sumira, porque de repente os EUA abriram a possibilidade de que outras empresas pudessem investir em TI na ilha.

Notar que o governo havia mantido o discurso inalterado foi motivo de preocupação para Norges. Ele escreveu que talvez esse fosse o começo de "um novo capítulo de um governo autoritário", no qual o estado tentaria censurar até mesmo o acesso limitado à internet. Havia semelhanças com o que acontecia na China. A China era famosa por aplicar censura em larga escala na internet — o que também era conhecido pelo nome de "grande firewall da China". Naquele momento, parecia que o governo cubano tinha planos de implantar um regime de acesso à internet similar àquele que havia na China. Será que os políticos não viam que assim prejudicavam as gerações futuras?

De qualquer forma, Norges terminava o post com esperança, mesmo que não confiasse nos líderes da nação. "Eu acredito nas pessoas", ele escreveu. "Podemos nos livrar do torpor e do medo que nos impedem de agir como cidadãos."

"Melhor texto que você já escreveu", comentou Sandra Álvarez no Facebook. Sandra era a pessoa responsável pelo blogue Negra Cubana.

"Escrevi com o fígado", Norges respondeu.

Em paralelo a esse post, ele também enviou sete perguntas críticas para as autoridades de comunicação por meio de páginas na internet, e além disso reproduziu-as no Facebook. Norges queria saber o que impedia Cuba de construir uma infraestrutura capaz de conectar o país inteiro à internet, uma vez que os EUA já haviam retirado todos os entraves a investimentos na área de TI. A maioria dos governos mundo afora tinha planos de expandir a banda larga. Não havia um plano desse tipo para Cuba? Se havia, onde era possível obter mais informações?

Assim Norges manteve-se ocupado por dias. Ele compartilhava sites de arte como parte do trabalho, mas também preparava material próprio. Entre outras coisas, postou o manifesto anterior sobre acesso à internet, que já somava mais de seiscentas assinaturas.

Norges tinha perdido a paciência com políticos que prometiam que Cuba logo teria acesso à internet. O último fora o vice-presidente, ao declarar que o estado "no futuro" trabalharia para que esse recurso estivesse disponível a todos. Miguel Díaz-Canel reconheceu que a internet era um direito, mas ao mesmo tempo fez um alerta para quem acreditava que se tratava de um território livre, onde era possível escrever e expressar-se sem nenhum tipo de controle. O desenvolvimento tecnológico trazia uma "responsabilidade ainda maior" para os órgãos de controle do governo, segundo o vice-presidente. Norges, que tinha escrito um artigo cheio de esperança a respeito de Díaz-Canel, sentiu naquele momento que o líder estava traindo as promessas feitas. Interpretou a declaração como uma sugestão de ainda mais censura estatal.

Norges já tinha ouvido o suficiente. Fazia quatro anos desde que as autoridades haviam puxado desde a Venezuela o cabo de fibra óptica que permitiria a Cuba conectar-se à internet e dispor de banda larga como outros países do mundo. Mesmo assim, a internet ainda era censurada e inacessível. Às oito e meia Norges entrou no Facebook e mandou uma pergunta diretamente ao vice-presidente do país. Pela primeira vez ele decidiu usar um tom mais informal. "Meu amigo, quando vocês pretendem nos fornecer internet de verdade? Meu irmão, você não nos deu sequer uma data, e já estamos cansados de palavrório vazio. Quando???????" Segundos depois os likes começaram a pipocar. Yaima, Taylor e dezenas de outros deram like no post ao longo do dia. Às seis e meia surgiu um breve comentário.

"Você tem uma boca suja", escreveu Luis Lobo. "Não é assim que você se dirige ao vice-presidente de uma nação. Você está apenas mostrando que é incompetente demais e imaturo demais para discutir assuntos que dizem respeito a toda a sociedade cubana. O seu artigo é lamentável!!!"

O comentário despertou um sentimento familiar para Norges: o de ser desafiado para um duelo. Lobo era um dos guerreiros digitais conservadores apoiados pelo governo, uma pessoa que já havia criticado o manifesto a favor de internet mais barata, porém Norges não sabia mais detalhes. Caso tivesse se dado o trabalho de procurar na página do partido, teria descoberto que Lobo era um ex-agente duplo do governo cubano que havia trabalhado na polícia secreta e se infiltrado em ambientes críticos para o governo usando o nome Rafael. Ao longo de mais de uma década, Lobo havia se apresentado como uma personalidade independente da cultura, que liderava um grupo de artistas críticos ao governo. Por meio de uma organização falsa com escritórios reais em Havana, "Rafael" fez contato com agentes norte-americanos ingênuos que gostariam de financiar os trabalhos do grupo. Lobo ainda tinha ligações com a polícia secreta: mantinha o blogue revolucionário *A ilha rebelde* com outro agente duplo que havia se infiltrado na maçonaria. Os dois ainda trabalhavam na *Seguridad*, mas já haviam revelado o histórico de agentes duplos para a imprensa.

Porém mesmo que Norges soubesse de tudo, não faria diferença — assim como não havia feito diferença naquela outra vez em que se vira frente a frente com um capitão.

Norges martelou a resposta. "Luis, é assim que falam os cubanos que têm autoestima, que se acham dignos. Quanto a você, que tipo de pergunta gostaria de fazer ao vice-presidente?" Um conhecido entrou na conversa: "Luis Lobo, não somos todos militares, nem pensamos todos como militares!". Norges digitou mais uma resposta: "De que outro jeito eu poderia me dirigir a ele? Como 'nosso incomparável vice-presidente'?".

"AVE CAESAR!", debochou outro. Os golpes continuaram para lá e para cá, com comentários e likes de Taylor e de outros blogueiros. Mas Luis Lobo, da polícia de segurança, manteve-se calado.

O DEGELO

Talvez pareça que o destino tinha um plano especial para Linet, pois na mesma semana em que teve alta da terapia uma amiga chegou com a novidade. Essa amiga tinha feito um curso oferecido como parte de um projeto liderado pela igreja católica em Havana, chamado CubaEmprende. Ela fez muitos elogios. Enquanto ouvia a amiga falar, Linet de repente percebeu que a primavera havia chegado e começou a ver as coisas brotarem por toda parte. Quem teria imaginado que aquela mesma terra, que pouco tempo atrás estava fria sob os pés de Linet quando ela viajou à Rússia, de repente estaria cheia de vida? Ela conheceu mais pessoas que haviam largado o emprego público para abrir bares, restaurantes e pousadas e assim ganhar um bom dinheiro. As duas pagavam do próprio bolso quando saíam juntas, e falavam com o tipo de autoestima que se vê apenas em mulheres financeiramente independentes.

Naquele momento ficou claro para Linet que a receita de Cuba também podia ser a receita dela.

O CubaEmprende pretendia capacitar os participantes a abrir um pequeno negócio, totalmente por conta própria. Linet tinha planos de revisitar a própria personalidade à medida que o país fosse reconstruído.

Durante quatro meses ela fizera terapia para lidar com o passado. Naquele momento, estava de volta à vizinhança, planejando o futuro. O CubaEmprende ficava a poucos quarteirões da clínica psiquiátrica, num prédio do século XVII que na época tinha sido erguido pela igreja católica. Mesmo que o prédio fosse antigo, tudo a respeito do CubaEmprende parecia novo. Quando Linet foi se matricular como aluna, já fazia quatro anos desde que as autoridades tinham dado autorização à igreja para abrir o espaço para toda a comunidade. Foi a primeira vez desde a revolução que a igreja pôde abrir uma instituição em Cuba — o Centro Cultural Padre Félix Varela. Antes, as autoridades limitavam a influência da igreja na ilha e proibiam cristãos de se juntar ao partido. O novo centro cultural refletia uma postura mais liberal do Partido Comunista, não apenas em relação aos cristãos, mas também em relação ao grupo que despertava a curiosidade de Linet — os empreendedores.

Linet chegou adiantada, como de costume. Ela era o tipo de aluna que sentava na primeira fila e escrevia o nome com letras cursivas no caderno. Linet não tinha esquecido o conselho do psicólogo, segundo o qual ela precisava encontrar uma coisa só dela, uma coisa da qual realmente gostasse. E ela gostou daquilo. Os alunos tinham aulas de técnicas de vendas e contabilidade, mas também aquilo que os professores chamavam de "desenvolvimento pessoal". O curso era montado para melhorar a autoestima dos alunos e oferecer-lhes uma nova identidade como empreendedores.

Pelas quatro semanas seguintes, Linet tomou nota de tudo o que os professores diziam. A caneta no papel era como uma raiz em solo fértil. Como empreendedora, Linet precisava se colocar numa posição central, porque o recurso mais importante da empresa seria ela mesma, uma pessoa de enorme potencial. "VOCÊ é o sucesso", dizia o título de um dos capítulos na apostila. Era isso o que Linet precisava ouvir. Imaginar que não tivesse compreendido antes — por quanto tempo não ela tinha pensado em transformar o apartamento numa pousada? E por quanto tempo os homens na vida dela não a tinham contido? Por quanto tempo *ela mesma* não tinha se contido?

Os alunos tinham como dever de casa pensar em como gostariam de abrir uma empresa. Para Linet, a resposta era óbvia. Ao abrir uma *casa particular*, como esses estabelecimentos se chamavam em Cuba, ela poderia recuperar o respeito por si mesma e tornar-se mais do que uma simples *muchacha* de Santiago, um acessório de homens cubanos ou mesmo estrangeiros. Como empresária, ela poderia viver bem naquela ilha, com dignidade. Para atingir esse objetivo, Linet precisaria ganhar o bastante para cuidar da própria vida. Seria um esforço e tanto, mas o ganho seria maior ainda, e o timing não poderia ser melhor. Como uma das novas empreendedoras do país, Linet acabaria por se transformar numa mulher independente.

Os alunos apresentavam ideias de negócio — planos de salões de cabeleireiro e escolas de dança, bares e restaurantes. Essa vontade criadora daria força à economia de Cuba. Entre os alunos havia outros que, assim como Linet, queriam transformar a própria casa numa pensão. Dentro de um mês as companhias aéreas norte-americanas abririam rotas comerciais com destino à ilha. Dez milhões de turistas por ano eram esperados do país vizinho ao norte, e Linet estava entre as pessoas dispostas a recebê-los. Ela definiu o público-alvo como jovens viajantes chegados da Europa e dos EUA — do tipo que não pretende tirar férias de luxo, mas simplesmente viver entre cubanos comuns.

Os professores a ajudaram a preparar o orçamento necessário para reformar o apartamento. Aquele era o segundo apartamento dela, conseguido numa troca pelo outro que havia ganhado de Luca. O segundo apartamento era maior, porém estava em piores condições. Por ora, o lugar parecia uma espelunca. As paredes estavam manchadas. Ela tinha uma suíte extra para alugar, mas não tinha a cama necessária. Além do mais, o apartamento praticamente não tinha móveis nem ar-condicionado, e o encanamento não tinha água quente. Linet tomava banho da maneira habitual — esquentando água numa chaleira, misturando-a com água fria e virando o

93

resultado em cima do corpo —, mas sabia que aquilo não seria bom o suficiente para visitantes de países ricos.

Reformar o necessário custaria cerca de dois mil dólares: taxas de registro, uma cama nova, caixas d'água, uma instalação de água quente e uma nova pintura nas paredes. O problema era que Linet não tinha dinheiro. Ela não tinha economias e ganhava trinta dólares por mês como salário no emprego público. Mal dava para sobreviver. Os professores da CubaEmprende ajudaram-na a planejar todo o necessário, mas não disseram nenhuma palavra a respeito dessa parte: de onde ela tiraria o capital?

O estado cubano moderno tinha sido fundado para se opor a negociantes e a empresários, e assim não havia bancos no país dispostos a lhe emprestar dinheiro — tampouco investidores ou bolsas de empreendedorismo. Essa era a herança da década de 1960, quando as autoridades tinham proibido a iniciativa privada e nacionalizado todas as empresas do país.

No fim do curso houve uma cerimônia de formatura. "Não se esqueça da gente", dizia a carta entregue a Linet. "Conte-nos a sua história de sucesso! Torne-se um exemplo para os seus pares e motive a força empreendedora em outras pessoas." Ela foi para casa naquela noite com novos sentimentos de autoestima e disposição no corpo — sentimentos que haviam ganhado força nas últimas semanas. Linet estava pronta para tudo: não havia problema que fosse incapaz de resolver. Ela tinha escolhido um nome para a empresa e receberia ajuda para desenvolver um logo com o nome La Lynette, escrito em letras cursivas brancas sobre um fundo vinho. Já naquele instante, Linet imaginou o crescimento da empresa. Talvez os aluguéis um dia pudessem virar um negócio maior, como um hotel. Linet talvez comprasse uma propriedade fora da cidade, uma casa à beira-mar, para transformá-la em um centro para pessoas criativas, com aulas de yoga e intercâmbio cultural.

94

Mas uma coisa de cada vez. Linet ainda não sabia de onde tirar o capital. Talvez perguntasse a Luca se ele não gostaria de investir e dividir os lucros do aluguel com ela. Os dois ainda mantinham contato esporádico. Por outro lado, essa ideia era contrária à nova mulher que Linet queria se tornar. Ela se deu um prazo de semanas para bolar outro plano.

Quando entrou no apartamento que viria a ser o próprio ganha-pão, Linet sentiu-se inspirada. A história de Cuba estava em movimento, e assim a vida dela própria também se movimentava. Parecia já fazer muito tempo desde aquela manhã em que andava sozinha pelo apartamento de Dimitri na Sibéria, congelada e incapaz de entender o que lhe faltava. Linet havia se transformado em uma nova pessoa.

Mas não se poderia dizer o mesmo sobre Dimitri.

Um ano após o início dos assédios virtuais, continuavam a chegar e-mails de conteúdo sexual para os amigos de Linet. De vez em quando Dimitri também enviava mensagens anônimas diretamente para ela. O russo insistira naquilo mesmo depois que Linet havia trocado de e-mail e telefone e criado um novo perfil nas redes sociais. Certo dia ela recebeu um e-mail no endereço novo. Dimitri devia ter feito várias tentativas até encontrar o e-mail correto, porque no campo de cópias havia vários outros endereços incorretos.

"Oi, é o Jorge", começava o e-mail. "Jorge" dizia que os dois tinham se conhecido através de um site de namoro anos antes, mas desde então haviam perdido contato. Logo ele retornaria a Cuba, e assim gostaria de saber onde os dois poderiam se encontrar. Antes a angústia deixava Linet paralisada, incapaz de responder às mensagens de Dimitri, mas naquele momento ela imaginou o rosto pálido do russo e foi tomada por uma energia violenta. Ela martelou uma resposta e escreveu tudo em espanhol, para que a mensagem saísse exatamente como ela queria. "Dimitri, você ainda não parou com isso?" Linet queria saber por que ele não conseguia tocar a vida para a frente. Será que ele não tinha mais nada com o que se ocupar? Será que não tinha uma filha para cuidar? Será que ela devia telefonar para Vera e revelar que tipo de pessoa era o pai dela? "Já chega", escreveu Linet. Ela ofe-

95

receu três opções a Dimitri. O melhor seria encontrar uma coisa que fizesse sentido para ocupar aquela vida patética e esquecê-la de uma vez por todas. Mas ele também poderia buscar forças em si mesmo para superar o fim do relacionamento. Como terceira alternativa, ela acrescentou, "você pode dar um fim à própria vida". Linet sorriu ao escrever a última linha: os olhos dela reluziam sob o brilho do monitor. "Vá para o inferno, seu merda."

O ciclo fora interrompido. Ela nunca mais receberia e-mails da Rússia. Linet estava pronta para tornar-se uma empreendedora.

A QUEDA

O que realmente aconteceu entre o instante em que o membro da polícia de segurança Luis Lobo escreveu no Facebook que Norges "tinha a boca suja" e a manhã seguinte, quando bateram à porta do apartamento, ninguém jamais vai saber. Do lado de fora estava Claudia, a irmã dele, que estudava canto e trombone no instituto de arte. "Tenho uma notícia para você", disse Claudia. Norges notou que a irmã estava prestes a chorar. Ele a convidou a entrar e fechou a porta.

O namorado de Claudia trabalhava na administração do instituto de arte. Antes, naquele mesmo dia, ele havia contado a ela uma conversa que tinha ouvido. *Eles* tinham feito uma visita à sala do diretor. Para falar sobre um funcionário novo no setor de comunicação. O diretor era um escritor e historiador de destaque, com formação militar e apoiador da necessidade de disciplina social.

"Norgito", disse Claudia. O corpo dela tremia. Norges jamais tinha visto a irmã daquele jeito — ela que era sempre uma mulher cheia de vida e de riso fácil. *Eles* haviam determinado que Norges tinha passado dos limites. Segundo o que a irmã disse, Norges estava prestes a perder o emprego e ser expulso do instituto de arte.

"Eu te amo", Claudia disse em meio às lágrimas. "Não quero que aconteça nada com você!"

Naqueles últimos dias, Norges sentia-se invencível. Ele tinha postado, escrito e comentado, e acessado a internet diversas vezes ao longo do dia em busca de novas discussões. A primeira reação dele foi protestar. Pouco importava quem fossem *eles* — se um capitão militar ou o próprio Fidel Castro.

Como um personagem de história em quadrinhos que pula de um abismo, as pernas continuavam esticadas em pleno ar. Como teriam a *coragem* de demiti-lo? Quando conseguiu o emprego, Norges havia dado informações detalhadas sobre a atividade como blogueiro ao empregador. Ele tinha inclusive feito um convite para que lessem os textos dele. O chefe tinha garantido que a competência em TI e a competência em sistemas de comunicação eram o mais importante para o instituto. E o interesse pela escrita era uma força, não um problema.

Claudia chorava nos braços do irmão. Norges tentou consolá-la.

"Eles não podem fazer isso", Norges disse com a voz tranquila.

A irmã já tinha falado com os pais. Naquele momento o pai telefonou. Quando atendeu, Norges pôde ouvir uma nota diferente naquela voz séria e tranquila que tinha ouvido ao longo de toda a vida.

"Você tem que pensar na Claudia", disse o pai, com a voz mansa, porém em tom peremptório. "Lembre-se de que ela está no último ano dos estudos. Você *não pode* fazer uma coisa dessas." Faltava um ano para os exames finais de Claudia.

"Mas pai", disse Norges. "Eu não fiz nada de errado!" Se necessário, Norges recorreria à justiça contra a demissão. Dane-se. Ele contrataria um advogado e levaria o assunto a um tribunal. Uma decisão como aquela não podia ter respaldo na lei.

"*Hijo*", disse o pai. "Por que você tornaria as coisas tão difíceis para a Claudia?"

Por acaso vocês não veem?, Norges pensou, mas não disse nada. Ele ainda sentia uma certa distância em relação ao pai e à mãe desde que havia saído do armário. Eles não entendiam o rumo que a vida do filho havia tomado, o progresso do qual ele fazia parte.

Mas aos poucos surgia um outro sentimento. Norges olhou para a irmã ainda com o telefone na mão e sentiu o peso da responsabilidade que o pai colocava nos ombros dele. *"Não podemos arriscar os estudos dela."*

No dia seguinte, Norges encontrou Yaima para um debate que Taylor tinha organizado em um centro cultural da cidade. Ele não disse nada sobre o episódio com a irmã. Os dois sentaram-se na fileira mais de trás e ouviram dois professores universitários de história falarem sobre o futuro de Cuba a partir do momento em que os laços comerciais com os EUA fossem restabelecidos. A última novidade era que os dois presidentes — Barack Obama e Raúl Castro — estavam programando um encontro de alto nível no Panamá, que seria o primeiro entre os presidentes de ambos os países desde 1956.

Durante o intervalo o celular de Norges tocou. Era a chefe, contando que um representante do Ministério da Educação havia feito uma visita. Ela perguntou se Norges poderia dar uma passada no escritório mais tarde. Para falar sobre o contrato de trabalho.

Yaima perguntou quem havia ligado. Norges olhou ao redor antes de chegar mais perto dela. Por fim ele falou sobre o que Claudia havia dito, e o rosto de Yaima assumiu uma expressão séria. Ela queria saber mais sobre o que a chefe de Norges havia dito no telefone, mas ele respondeu apenas "Vamos ver o que eles têm a dizer". Norges já imaginava o que estaria à sua espera no escritório da chefe.

Yaima já tinha mencionado um episódio similar após o lançamento do documentário *OFF_LINE*. Um representante da *Seguridad* tinha ligado e anunciado uma visita do órgão. A mãe de Yaima, que trabalhava no Ministério da Educação e era associada ao partido, ficou tão nervosa que chegou a dar instruções para a filha. "Ofereça um café para eles, tá? Não se esqueça de oferecer um café!" Dois representantes tinham aparecido no apartamento de Yaima, e os dois foram surpreendentemente amistosos. Ela mostrou-lhes livros sobre a história do cinema em diversas partes do mundo e falou sobre o cinema como um projeto patriótico. "Sabem, as coisas que eu faço são totalmente normais. São coisas *boas* para os senhores!", ela se arriscou a dizer. Os agentes encararam Yaima com uma expressão séria e perguntaram se ela conhecia aquilo que na União Soviética se chamava de *perestroika*. O trabalho dela se assemelhava bastante ao que tinha acontecido durante a *perestroika* soviética, e as pessoas de lá tinham ficado "muito tristes" com o resultado dessa reforma. Depois os dois agradeceram o café e foram embora.

Naquele momento seria a vez de Norges.

Ele bateu à porta do escritório da chefe e uma voz de mulher pediu que entrasse. Norges esperava que um representante da polícia de segurança também se fizesse presente, mas lá estavam apenas a superiora direta dele — uma figura de fala mansa e figura elegante — e a vice-diretora do instituto de arte, uma senhora corpulenta e branca, que usava *tailleur* e lenço de seda. Norges sentou-se na cadeira em frente à mesa do escritório e levou a mão ao bolso, onde estava o telefone celular. Ele havia feito testes antes, para não ter nenhuma surpresa. O gravador do celular não fazia nenhum barulho.

"Muito bem", disse a vice-diretora. "Os representantes do Ministério da Educação recentemente fizeram uma revisão dos contratos do instituto. Vários erros foram descobertos, inclusive no seu contrato de trabalho, que causou problemas para o setor de RH."

As acusações seguiam uma lógica diferente daquela que Norges havia esperado. Ele tinha se preparado para falar sobre a própria escrita, os artigos críticos, a atividade no Facebook. Imaginava que aquelas pessoas recorreriam à resolução 127, que proibia o uso privado da internet com equipamento estatal. Em vez disso, a chefe fez um monólogo cheio de palavras, mas quase vazio de sentido. Pelo que Norges entendeu, o problema era que a vaga de responsável pela comunicação na verdade exigia formação em jornalismo. Como engenheiro, portanto, não havia embasamento válido para a contratação dele. No início Norges quase não falou — simplesmente ouviu aquela conversa vaga. Mas não havia dúvida nenhuma quanto ao que estava acontecendo. A vice-diretora havia encontrado um motivo técnico para dispensá-lo, uma vez que *eles* tinham decidido que devia ser assim. Se ele precisava ser jornalista para ocupar o cargo, por que não haviam feito essa mesma exigência no momento da contratação?

"Você sabe como são essas coisas", disse a vice-diretora. O tom vago da conversa parecia agradá-la, porque havia força naquele olhar e naquelas palavras. Norges olhou para a chefe imediata, que estava sentada ao lado da superiora.

"Você teria alguma coisa a acrescentar?"

"Você sabe como são as coisas", ela repetiu, erguendo o rosto. Parecia haver um pedido de desculpas naquele olhar.

Norges disse que gostaria de contestar a decisão e levar o assunto ao sindicato de empregados. "É um direito seu", disse a vice-diretora, sorrindo. A voz dela soava mansa e perigosa.

Norges recebeu um prazo de catorze dias para sair do instituto.

Ele estava tão confiante e tão revoltado que não hesitou em gravar a conversa. Queria expor aquele sistema que punia as pessoas dispostas a dizer o que pensavam e cozinhar a vice-diretora em fogo baixo. Mas, quando a porta do escritório se fechou atrás dele, a realidade o acertou com toda a força. A gravação era imprestável; não havia uma palavra sobre o verdadeiro motivo da dispensa — apenas uma conversa mole sobre as condições de contratação.

Ao mesmo tempo, a voz do pai soava na cabeça dele. "Pense na Claudia. *Não podemos* arriscar os estudos dela." Norges assinava embaixo de tudo o que tinha dito, mas não conseguia parar de pensar que talvez houvesse colocado a própria família em risco. Se a irmã fosse expulsa do instituto de arte, a culpa seria dele. Claudia sonhava em ser musicista. *Não podia* acontecer nada com ela. E quanto à mãe, que trabalhava para as autoridades de cultura? Será que ela também não podia ter problemas?

Quando foi preso após o confronto com o capitão Colón, Norges havia sentido uma força enorme. A porta de ferro havia se fechado, mas assim mesmo ele sentia-se livre. Norges tinha agido de acordo com seus princípios, mesmo que o preço tivesse sido alto. Havia se negado a usar a máscara cubana.

Mas naquele momento ele sentia-se vulnerável e desarmado. Norges ficou deitado no apartamento do campus, pensando nos *eles* anônimos que haviam feito uma visita ao instituto, como se uma sombra houvesse batido na porta do diretor.

Queremos falar sobre o compañero *Rodríguez*.

Será que tinha sido resultado do manifesto por internet mais barata? Será que ele já havia ultrapassado os limites por estar na Plaza de la Revolución quando Tania Bruguera foi presa? Ou será que tinha sido o post no blogue a respeito de censura e a discussão com Luis Lobo?

Ao longo de dois anos, Norges vinha se movimentando rumo a uma fronteira invisível. Cada artigo escrito havia lhe dado mais confiança. A oposição o havia fortalecido. Os dinossauros do partido talvez resmungassem e reclamassem, mas a era deles havia chegado ao fim. Yaima tinha oferecido incentivos àquela postura ofensiva. Ela tinha chamado aquilo que Norges fazia de "empurrar o muro". Porém no fim o muro tinha caído em cima dele.

Taylor tentou animá-lo. "Logo tudo vai se ajeitar, *nene*!" O namorado falou sobre lugares para onde eles podiam se mudar, novos trabalhos que ele podia procurar. Havia a chance de voltar para Santiago, nem que fosse por um tempo curto. As famílias apoiavam essa ideia. "Volte para casa, filho", a mãe disse-lhe ao telefone. Norges ficou mais introspectivo. Yaima percebeu. A vontade de lutar havia se recolhido para um canto escuro.

Dois dias após a reunião com a vice-diretora, Yaima chamou os rapazes ao apartamento dela, para que juntos pensassem sobre o que eles podiam fazer. Norges encontrou um assento vago no ônibus que ia até o bairro de Yaima, apoiou a testa no vidro e ficou sentado em silêncio. Ele não tinha dinheiro, não tinha trabalho e não tinha onde morar. As pálpebras pesaram, o olhar procurou a rua. Do lado de fora, Havana fervilhava. Na bodega, as pessoas faziam fila com sacolas de compra trançadas. Na Calle 23 os calhambeques tossiam. No Malecón as ondas quebravam por cima do muro, e o vento espalhava pequenas gotas de água salgada pela cidade. As fachadas dos prédios esfarelavam-se.

EU

Norges tinha acabado de perder o emprego no instituto e estava à procura de um lugar para morar com Taylor. Linet tinha acabado o curso no CubaEmprende e precisava de dinheiro para reformar o apartamento. Catalina queria se demitir do emprego como inspetora. Nesse ponto eu entrei na história.

Fui parar em Cuba por acaso. Tudo começou durante um Natal em que fui visitar minha família no México. Ao fim das comemorações, fomos passar uns dias no litoral. Foi então que a minha namorada sugeriu que pegássemos um avião para Cuba, que afinal era muito perto. Eu tinha acabado de receber uma bolsa para escrever uma tese de doutorado e logo me mudaria para o sul da África para fazer pesquisa em ajuda internacional. Nunca tinha me ocorrido visitar Cuba. Três semanas após os discursos de Fidel e de Obama, aterrissei em Havana com o olhar apaixonado de um estrangeiro — esse olhar que acompanha os carros americanos de uma esquina à outra e que corre por entre os pórticos espanhóis da cidade antiga, que mais parecem ilhas de um tempo passado, sempre à procura de sinais de mudança. Eu também cheguei a Cuba com o ouvido de um estrangeiro, que a todo momento ouve histórias sobre *os novos tempos* e que se deixa convencer toda vez que uma pessoa fala em esperança e mudança.

Ainda tinha muita coisa que os meus olhos não viam e os meus ouvidos não ouviam, mas ao fim de uma semana em Havana eu já tinha visto e ouvido o suficiente para tomar uma decisão importante. O projeto de pesquisa no sul da África não seria mais realizado. Parecia que Cuba estava à beira de uma transformação histórica. Não apenas a inimizade com os EUA havia chegado ao fim, mas o novo presidente da ilha tinha afirmado que a nação precisava se transformar porque o país estava "à beira do abismo".

Cuba era um grande país numa pequena ilha. Após a revolução de 1959 a ilha tinha feito promessas de um mundo melhor — o rosto justiceiro de Che Guevara contra os arcos amarelos do McDonald's. O país era um dos últimos no mundo com instituições moldadas segundo os ideais soviéticos. A partir daquele momento Cuba havia de transformar-se em outro país, e eu tinha a chance de presenciar tudo em primeira mão. Eu queria alterar o meu projeto de pesquisa e me mudar para Cuba a fim de entender aquilo tudo e me tornar parte da grande mudança.

Cinco meses depois eu tinha afiado o meu espanhol e chegado mais uma vez a Havana. Meu trabalho era fazer estudos antropológicos in loco para uma tese de doutorado, mas eu também tinha a ideia de escrever um livro. Eu não tinha a menor ideia sobre o tema do livro, a não ser que seria um livro com uma história real, numa linguagem que os meus amigos de fora da academia também pudessem entender. Anos depois eu concluiria uma tese de doutorado de trezentas páginas sobre as reformas de mercado em Cuba com base nos meus estudos de campo e ênfase nos comerciantes de roupas e sapatos em Havana — mas esse livro seria diferente, porque teria um público além de professores universitários.

O livro falaria sobre pessoas comuns em um momento incomum. Pessoas que eu ainda não tinha conhecido.

Eu estava andando pelo Centro Habana, no meio da rua, como as pessoas costumavam fazer nessa cidade onde sacadas desabavam de uma hora para a outra, quando de repente uma voz de mulher soou às minhas costas.

"Antropólogo!" Eu me virei, e lá estava Yaima. Tínhamos sido apresentados por um professor de antropologia que era orientador dela. Yaima estava na companhia de dois rapazes. Um tinha a pele clara, barba bem-cuidada e cabelos pretos. Ele estendeu a mão com um sorriso no rosto. O outro tinha a pele escura, era um pouco mais alto, e ficou um pouco mais distante. Ele tomou a minha mão com um gesto mais desconfiado.

Foi assim que conheci Taylor e Norges.

Conversamos um pouco. O trio havia saído para ver as obras de arte expostas na bienal de Havana. Muitas das obras expostas naquele ano refletiam a nova relação entre os EUA e Cuba. Yaima disse que eles tinham acabado de ver uma instalação de dez ou quinze hastes de metal jogadas em uma pilha no Malecón. As hastes tinham sido pintadas nas cores das bandeiras cubana e americana, com estrelas e listras, em vermelho, branco e azul. Estava claro que antes tinham sido parte de uma construção, de uma coisa maior que havia desabado, e que naquele instante precisava ser reconstruída.

Antes que nos despedíssemos, mencionei para os três que eu estava à procura de um lugar com preço razoável para morar. Norges e Taylor não disseram nada, eu não sabia que eles tinham acabado de perder o lugar onde moravam, mas Yaima pensou um pouco e disse que falaria com uma amiga que planejava transformar a casa numa pousada. Talvez ela já quisesse um inquilino.

Era de noite quando toquei a campainha, uma dessas noites raras em que a baixa pressão do mar traz frio a Havana e os moradores se vestem com japonas acolchoadas do século passado. Três andares acima pude ver os cachos pretos que surgiram para além da sacada. O chaveiro tilintou ao bater no chão. Abri o portão enferrujado e fui tateando pela escada escura para falar com a amiga de Yaima.

Foi assim que conheci Linet.

Ela estava sentada no sofá em frente à TV quando entrei. Os cachos projetavam sombras na parede manchada, porém os olhos e a boca sorriam de leve. "Bem-vindo!", Linet falou sobre as condições do apartamento, que não eram das melhores. O chuveiro não tinha água quente e o colchão estava afundado, mas eu podia alugar um quarto por um preço razoável: duzentos dólares por mês, com uma duração inicial de quatro meses. Linet precisava do dinheiro para reformar e deixar tudo em boas condições, porque assim que possível queria alugar os quartos profissionalmente. A oferta não podia ser melhor. Se mudar para a casa de uma pessoa que estava naquele momento abrindo um negócio seria a chance de ver em primeira mão o que significava ser um empreendedor em Cuba. Eu era antropólogo social, e o meu trabalho não era simplesmente observar a sociedade cubana: eu precisava me tornar parte dela. Por isso decidi fazer mais uma coisa.

Antes de me mudar para Havana eu tinha ganhado uma bolsa de doze mil dólares para escrever um livro sobre a vida na ilha. Eu queria usar o dinheiro da bolsa para comprar um táxi, uma dessas bestas que tossiam pelas ruas. A ideia era que eu e o carro fôssemos postos em território até então inexplorado, como um farelo de pão num formigueiro. Comprar e vender carros era permitido, e dirigir um táxi era um dentre duzentos e um trabalhos autorizados no setor privado. O problema era apenas que estrangeiros não podiam nem comprar carros nem registrar uma empresa. Eu precisaria de um sócio local. Assim que fiz a mudança para o apartamento de Linet, mencionei a ideia para o meu colega pesquisador em Havana, que se encheu de entusiasmo. A ex-sogra dele trabalhava como inspetora numa rede de hotéis estatais e tinha amigos e contatos por toda a cidade — e o mais importante de tudo: era uma pessoa confiável. Quando liguei para me apresentar, ela já sabia quem eu era e por que eu tinha entrado em contato.

"Todos os meus filhos me chamam de Tita", disse a voz no telefone. "Eu sou a sua Tita, entendeu?"

Foi assim que eu conheci Catalina.

Ao fim da primeira semana no meu novo lar, me sentei na beira da cama com o notebook no colo e tomei notas no diário que eu havia começado a escrever.

Encontrei pessoas com as quais pretendo manter contato de agora em diante. Catalina disse que topa comprar um carro comigo. Ela não tem carta de motorista, mas conhece outra pessoa que pode dirigir comigo. Não sei qual vai ser o resultado, mas estou com um bom pressentimento: amarro os cadarços, fecho os olhos e dou os primeiros passos sem saber onde vou pisar.

Fecho o computador e vou até a sala. O apartamento estava vazio. Linet estava cuidando de outros assuntos, e notei uma luz estranha que brilhava na sacada. Fui até lá para ver o que era. O relógio marcava oito e meia, e o sol havia se posto atrás das nuvens baixas e banhava toda a vizinhança com raios laranja, como se houvessem espremido uma manga madura no céu. Num dos prédios vizinhos alguém assistia a uma novela brasileira na TV. Lá embaixo, na rua, um menino corria atrás de uma bola e uma menina andava de bicicleta meio sem jeito. Uma montanha de músculos chegou do Malecón com duas turistas. Uma senhora caminhava ao lado, carregando um saco de abacates. Mais acima, numa sacada que se delineava contra o céu, um homem barrigudo sem camisa acendeu um cigarro, deixando a fumaça erguer-se rumo ao céu. Essa era a cidade que eu havia de conhecer. A dizer pelo pôr do sol, a continuação seria mágica.

2

A MIGALHA DE PÃO

Eu estava sentado na beira da cama com todo o dinheiro da bolsa para escrever o livro na mão — doze mil e oitocentos dólares, o peso de um tijolo enrolado em plástico — e pensei: será que tinha mesmo sido uma boa ideia? Seria melhor contar o dinheiro mais uma vez. As cédulas de cima estavam novinhas e deslizavam nas mãos como as cartas de um baralho novo. Parecia que não tinham visto a luz do dia antes daquela semana, quando enfim saíram do caixa eletrônico na esquina da Rua J com a 23. Eu já tinha feito dez visitas ao caixa eletrônico e enfiava o dinheiro no saco enquanto olhava ao redor. Por dez vezes a soma havia crescido, até esse momento. As cédulas amareladas no fundo da pilha estavam amarrotadas e ofereciam mais resistência. Eu não sabia quem as havia manuseado, porém sabia no que aquele dinheiro seria empregado.

Nosso Buick Roadmaster tinha sido montado na fábrica da General Motors em Flint, Michigan, no ano de 1952 ou 1953. Os trabalhadores de chapéu e calças largas haviam montado a carroceria, parafusado o motor e colocado os pneus com uma elegante faixa branca. O Roadmaster foi vendido como um carro acessível mas de excelente qualidade, adequado tanto para *business* como também *pleasure*. A imagem no catálogo mostrava um homem sorrindo atrás do volante e uma mulher que limpava os óculos de chifre no banco de trás. Segundo o distribuidor, as portas podiam ser fechadas "com o toque de uma pluma". Havia lugar de sobra para toda a família naquele belo carro. A espuma dos bancos oferecia "conforto flutuante". "Você pode andar milhares de quilômetro sem nenhum cansaço."

Sessenta e três anos depois o carro estava em frente ao apartamento de Catalina — já bastante desgastado. Havia pouco que lembrasse aquilo a que o fabricante havia se referido como "sussurro" do motor. O motor original tinha sido trocado por outro a diesel, mais barulhento mas também mais econômico, fabricado em 1996. As mangueiras tinham sido retiradas de um caminhão de carga, e as engrenagens haviam recebido soldas caseiras. A caixa de câmbio fora retirada de um Mitsubishi. Mas funcionava! O carro era o que os cubanos chamavam de senhora maquiada — e, assim como certas senhoras, ainda conservava parte da beleza da juventude. A pintura verde-menta brilhava ao sol e os assentos originais ainda eram confortáveis, com lugar para três na frente e três atrás. A buzina ainda fazia o som do século passado. Os faróis circulares olhavam para a frente, e entre os dois estava o focinho de aço cromado.

Havia cerca de sessenta mil carros americanos em Cuba. Além disso, as autoridades tinham importado duzentos e cinquenta mil veículos da União Soviética. Mas esses números não eram suficientes para atender às necessidades de onze milhões de pessoas. Cuba tinha menos carros per capita do que praticamente qualquer outro país no mundo. A falta de carros, somada à demanda cada vez maior de pessoas que pretendiam usá-los para ganhar dinheiro, explicava os preços elevados. Tínhamos considerado outras alternativas, entre as quais havia um Chevrolet de catorze mil dólares e um Plymouth com motor de trator e rabo de peixe por doze. Faltou pouco para que eu e Catalina fechássemos o negócio do Chevrolet, mas no fim descobrimos uma diferença entre o preço que o intermediário havia cotado e o preço que o proprietário realmente havia pedido. Quando o intermediário tentou se explicar, Catalina pôs as mãos na cintura.

"Quer saber de uma coisa? Eu trabalho como *inspetora*." E então foi embora. "Com quem eles acham que estão falando? Você viu o meu apartamento. Você viu a minha TV, o meu sofá, como eu vivo. Não, não. Eles erraram feio."

Juan, o proprietário do Buick, foi mais bem-recebido. Ele quis fazer negócio diretamente conosco. Os mecânicos que consultamos nos garantiram que o carro, além de ser uma boa compra por estar em boas condições, também podia ser facilmente consertado quando o inevitável acontecesse e o motor parasse de funcionar. Para os padrões cubanos, o Buick estava em bom estado. As formas arredondadas mantinham-se intactas e o focinho brilhava ao sol — não havia como negar que o carro era bonito.

À base de muito esforço, Catalina tinha convencido Juan a oferecer um desconto de duzentos dólares em cima dos treze mil inicialmente pedidos. Naquele momento o dinheiro estava amontoado em cima da cama — treze pilhas de notas. Eu as coloquei uma em cima da outra, enrolei o plástico ao redor e calcei os sapatos. Meus passos eram leves e eu estava alegre com a perspectiva do que estava por acontecer, mas quando saí à rua notei que eu me sentia inquieto. A soma que eu tinha nas mãos era o equivalente a quinhentos salários cubanos, e assim fazia com que tudo parecesse diferente. Os fios de alta tensão entre a bodega e a padaria, sob os quais eu havia passado todos os dias ao longo de semanas, balançavam-se devagar. Imaginei que o fio se desprenderia e cairia no meu ombro, e que eu jogaria o saco para cima enquanto a corrente elétrica me fritava e cédulas chamuscadas se espalhavam pela vizinhança. Mais adiante, no movimentado cruzamento da San Lázaro, um outro pensamento surgiu. E se eu fosse atropelado? E se uma daquelas bestas perdesse o controle e me esmagasse? O que aconteceria com o dinheiro? O que diriam as manchetes locais? "Autor sacou bolsa em dinheiro — atropelado e roubado em Cuba." E o que diria o comitê que havia me concedido a bolsa, que havia me dado o dinheiro para escrever um livro, quando descobrissem que eu o tinha usado para comprar um táxi?

Eu ainda pensava nessas coisas quando cheguei ao escritório onde Catalina e Juan estavam à minha espera. Catalina usava uma blusa branca e um relógio dourado e um lenço de seda nos cabelos. Ela tinha boa aparência para uma mulher perto dos sessenta, com a pele lisa e os cabelos pretos. Juan era de pele clara e devia estar perto dos quarenta. Como tinha um porte pequeno, as pessoas o chamavam de *Juanito*. Ele me cumprimentou com um aceno de cabeça e abriu espaço para que eu também pudesse me sentar na sala de espera. "Tire uma foto disso aqui", Catalina disse quando me sentei. Ela pegou um recorte do jornal do partido, onde constavam os novos preços para o quilo do frango. Lá estava eu, com quinhentos salários cubanos num saco, e Catalina queria falar do preço do frango? Ao nosso redor havia outras pessoas que também queriam usar os serviços do advogado estatal. Através da porta de vidro, pude ver fileiras de pastas e arquivos que se estendiam rumo ao escuro mais além. Em um lugar qualquer naquela gruta, o nome e o endereço de Catalina seriam ligados ao carro.

"*Señora* Barbosa", uma voz chamou do escritório. Nós dois entramos. No dia anterior, Catalina havia dito ao advogado que estávamos dispostos a pagar-lhe uma taxa extra para não ter que esperar na fila. Catalina falava enquanto eu e Juan ficávamos nas cadeiras mais atrás. Logo os documentos que o advogado preparou começaram a ser carimbados. Catalina olhou para mim e, numa voz suficientemente baixa para que as outras pessoas não ouvissem, disse "*pesooos*". Perguntei "quanto?" com o olhar, e ela apontou cinco dedos para o chão. Catalina pegou as cédulas com um movimento ágil e colocou cinquenta pesos em cima da mesa do advogado.

Juan tinha passado a manhã inteira em silêncio, mas naquele momento se virou e disse: "Apenas para que você saiba, não estou vendendo o carro porque preciso, mas porque vou dar um jeito nisso aqui". Ele apontou para o olho direito, que estava coberto por uma bandagem. Juan havia falado sobre um acidente de cozinha envolvendo óleo quente que havia acabado com seu olho. Porém mesmo após seis cirurgias no sistema público de saúde — cirurgias totalmente gratuitas, a não ser por uma ou outra taxa de pequeno valor —, Juan dizia que a "revolução" lhe havia roubado metade da visão. Quando perguntei o que isso significava, ele simplesmente revirou o olho bom. Pela maneira como Juan falava, era possível notar a amargura comum entre os cubanos decididos a sair da ilha. O plano dele era usar parte do dinheiro da venda para ir à Rússia investir em sapatos e roupas, que ele poderia importar e vender rapidamente em Havana. Depois, Juan pretendia sair do país com o dinheiro. Primeiro iria à Guiana, um dos países do continente para o qual os cubanos podiam viajar sem visto. Depois faria uma longa viagem de ônibus e a pé entre a América Central e os EUA. Lá, com dinheiro suficiente, seria possível encontrar um especialista em olhos capaz de restaurar-lhe a visão.

No fundo havia uma coisa que me perturbava em pessoas como Juan, que abandonavam Cuba cheias de desprezo justo no momento que eu havia chegado repleto de esperança. Será que ele não tinha visto as possibilidades que se abriam? Será que não sabia das boas novas? Naquela época eu ainda não conseguia ver as coisas que Juan via, ainda não conseguia perceber direito o que ele dizia.

Os últimos documentos chegaram à mesa e o advogado perguntou qual seria o valor da venda. Juan disse um preço que mal chegava a dois mil dólares. Era mentira, mas ele queria fazer o negócio assim, para pagar o mínimo possível de imposto. Depois, com os papéis já assinados e os impostos pagos em um banco na mesma rua, fomos à casa de Catalina para contar a soma real. Catalina não disse nada até trancar a porta do apartamento e colocar música para tocar. "Você sabe como é", ela disse, fazendo um gesto em direção à parede. "Os vizinhos." Um CD da antiga coleção do filho começou a tocar, e Juan começou a contar o dinheiro ao som de "Is This Love", de Bob Marley. Catalina foi à cozinha preparar café, mas ao mesmo tempo ficou de olho nas pilhas de dinheiro que se amontoavam na mesa da sala.

Quatro vidas estavam prestes a se transformar em razão do que tinha acontecido. A ideia do carro como um farelo de pão num formigueiro parecia funcionar. O dinheiro me levaria a um território desconhecido e forneceria material para o livro que eu haveria de escrever. Juan faria o percurso contrário e sairia do país. Catalina seria a nova proprietária formal do carro e assumiria a responsabilidade por todos os documentos, pelos impostos e pela distribuição de pequenos agrados aos funcionários públicos, de maneira que tudo corresse bem. O quarto era Arian, um motorista no trabalho de Catalina que passaria a ser o motorista do Buick. Arian tinha trinta e cinco anos e um rosto marcado pela varíola. Era *mulato*, alto, magro e quieto. Até que tirássemos a licença do táxi, Arian queria dirigir à noite e assim juntar dinheiro para os consertos e melhorias necessárias, como pneus dianteiros novos, um novo eixo de transmissão e um novo sistema elétrico. O passo inicial para obter a permissão necessária para operar um táxi era passar por uma vistoria técnica com validade de um ano. Com esse documento em mãos seria possível requerer a licença. Quando chegássemos a esse ponto, Arian pediria licença do emprego público para virar taxista em tempo integral. Para Arian, o Buick era uma chance de ter uma renda melhor, mas para Catalina... eu ainda não entendia direito o que o carro significava para ela. Segundo a pessoa que nos havia posto em contato, não seria a primeira vez que Catalina arranjava um trabalho informal. Era assim que ela operava; Catalina conhecia "todo mundo" e já tinha feito "de tudo", qualquer que fosse o significado disso.

"A quantia está certa", disse Juan. Ele enfiou o dinheiro na mochila e não disse mais nada: simplesmente fez um gesto afirmativo com a cabeça, deixou as chaves em cima da mesa e foi embora. Eu o acompanhei pela janela da escada. Juan deixou o Buick para trás com passos apressados e não pareceu nem um pouco nostálgico.

O SONHO

No apartamento de Linet havia barulho o tempo inteiro. Toda vez que o telefone tocava, o cachorro do vizinho latia como se estivessem arrombando a porta. No andar de cima as pessoas gritavam em três gerações, à mesa de refeição, para o outro lado da rua e para baixo. No andar de baixo o raggaeton estrondeava no aparelho de som. Na rua ouviam-se portas de carro, carrinhos e todas as coisas que eram consertadas ou então se quebravam. Durante todo o tempo vivido naquele apartamento, Linet tinha se irritado com o barulho. Aquilo a lembrava da pobreza e do alcoolismo que estavam gravados nas memórias da infância pobre em El Hoyo, dos barulhos na ilha de que havia fugido ao se mudar para a Rússia. Mas naquele instante, quando estava prestes a recomeçar a própria vida e dar início à reforma, não se deixava irritar com tanta facilidade. Era como se os ouvidos tivessem se acostumado aos sons do que Linet chamava de "selva". Além do mais, ela também começou a fazer barulhos próprios. Com o dinheiro do aluguel, começou a pagar trabalhadores que martelavam e raspavam. Quase sempre quem fazia o trabalho era Julián, um magro e astuto veterano da guerra civil em Angola no final da década de 1970. Uma serra tico-tico havia mutilado uma das mãos dele, porém Julián era um pintor e um marceneiro de primeira classe, e além disso uma pessoa confiável, mesmo que desse umas bicadas numa garrafa de álcool hospitalar durante as horas de trabalho. Ele raspava a tinta e a massa das paredes, martelava e furava. Foi erguido um andaime para alcançar o teto de quatro metros de altura, e logo as primeiras pinceladas foram dadas no quarto de hóspedes.

A mãe de Linet mandou uma cama por trem desde Santiago — uma cama de ferro antiga e elegante que tinha passado anos sem uso. Aquela tinha sido a cama de Pamfila, a bisavó de Linet. Pamfila era a filha de uma escrava liberta do Haiti com um espanhol de olhos azuis que havia se fixado na ilha no fim do século XIX. Os hóspedes de La Lynette dormiriam na cama de uma das últimas escravas de Cuba. Linet também arranjou um animal de estimação — uma gatinha que miava toda vez que o cachorro vizinho latia. Por três dias seguidos ela tinha passado em frente à gatinha, que estava abandonada em uma pilha de lixo no centro da cidade. Por fim ela não aguentou mais ver aquela cena e levou aquela coisinha felpuda para casa. Depois da terapia em grupo e do curso no CubaEmprende, Linet estava mais uma vez disposta a cuidar dos outros, e não apenas de si mesma. Ela sentia-se criativa e decidiu chamar a gatinha de Muse. Aquela seria a musa de Linet, uma força que haveria de inspirá-la durante aquela nova fase da vida. A gatinha pulava nas pernas dos pintores e marceneiros e arranhava os braços do sofá, mas Linet a amava como se fosse uma irmãzinha mais nova. Em meio a esse barulho todo, La Lynette começou a tomar forma.

Por mais um tempo, Linet manteve o emprego público em TI. Ainda era cedo demais para se demitir. Antes ela precisava ver os resultados da atividade como dona de uma pensão. Além do mais, o trabalho lhe rendia vantagens. O salário mensal de setecentos e cinquenta pesos era ridículo — míseros trinta dólares —, mas justamente por isso o chefe era flexível. "Eles fazem de conta que nos pagam", dizia Linet, "e nós fazemos de conta que trabalhamos." Ao fim de poucas horas no escritório pela manhã, ela ia para casa se ocupar com a pintura, cozinhar para os obreiros e arrumar a bagunça. No trabalho Linet tinha acesso grátis à internet, o que seria útil para trocar mensagens com hóspedes estrangeiros.

Quanto a mim, eu estava às voltas com as minhas pesquisas, fazendo estudos de campo no mercado de roupas no centro de Havana e falando com cubanos que tinham acabado de se registrar como vendedores, embora também passasse bastante tempo na casa de Linet, onde eu morava. Ajudei Linet a fazer o anúncio para o portal de aluguéis. Passamos três entardeceres preparando um texto que corresponderia às expectativas dos turistas. La Lynette convidava-os a experienciar "a Cuba autêntica" e viver em meio a cubanos de verdade. "Dance, ande de pés descalços e grite da sacada", escrevemos. "Ouça a música dos vizinhos, converse e aprenda as nossas gírias. Perca-se na arquitetura, tome um ônibus local e participe dos nossos rituais. Venha descobrir a ilha que tão poucos conhecem." Concordamos que o apartamento ficava a "um tiro de pedra" do Malecón, se você fosse bom em atirar pedras. Tirei umas fotos da cama nova, da vista para o mar e das cortinas se balançando ao vento e o anúncio ficou pronto. Quando chegou ao escritório na manhã seguinte para publicá-lo, Linet estava muito entusiasmada. Ela deixou o indicador pairar sobre o botão do mouse e leu o texto mais diversas vezes.

Ainda faltava muito para a casa estar pronta, mas o dinheiro do meu aluguel já tinha dado início às reformas. Ela tinha pagado cem dólares pelo alvará e a partir desse momento passou a ser uma locatária totalmente legalizada. A sala estava pintada, a cama estava feita e o chuveiro tinha um aquecedor. Linet estava particularmente satisfeita com um detalhe: uma plaquinha vermelha comprada no mercado de livros, que foi afixada na parede da entrada. A plaquinha trazia quatro palavras em espanhol: *Prohibido dejar de soñar*.

Linet passava por aquelas palavras todos os dias pela manhã, e gostava de pensar nelas como se fossem uma regra da casa. Dentro daquelas quatro paredes, era proibido perder a confiança em si mesma. Se ela tocasse o negócio da maneira certa, não havia muito que pudesse dar errado: o curso no CubaEmprende havia lhe fornecido a inspiração e o conhecimento necessários. Além do mais, Linet tinha a partir daquele momento um inquilino que pagaria uma soma fixa por mês, e logo os primeiros veranistas também começariam a chegar. Por ora, tudo naquela vida nova parecia muito leve. A esperança que Linet tinha no futuro de Cuba estava concentrada naquele apartamento, e nos aluguéis que lhe dariam a tão sonhada independência financeira.

Dias após a publicação do anúncio aconteceu uma coisa inusitada. Linet encontrou a plaquinha vermelha caída no chão do corredor. A cola havia se soltado com um pedacinho do reboco e deixado um pequeno buraco na parede. Ela se abaixou e sentiu o peso do quadrado na mão. Aquilo não devia ter mais do que umas poucas gramas, mas assim mesmo o cimento não tinha aguentado. Linet tirou o pó, apertou a plaquinha contra a parede e deu um passo para trás. Em seguida pôs-se a ler as palavras: *Prohibido*... A plaquinha caiu outra vez. Linet xingou em voz baixa, pegou uma caneta e escreveu a regra da casa na parede.

RUMO AO CÉU

A escada que subia até o apartamento de Yaima era mais estreita do que Norges lembrava. Era como se Havana tivesse encolhido, e Norges crescido — desengonçado, visível a quilômetros. A cada andar o teto chegava mais perto. Ele se encolheu ao subir os degraus que levavam ao último andar. A porta se abriu como se fosse um alçapão, e lá dentro Yaima o esperava.

Norges não tinha sequer recebido o primeiro salário do instituto quando foi demitido. No total, eles tinham cem dólares no banco — a soma que Taylor havia pegado emprestada com um amigo de Santiago antes da mudança. Os dois sabiam de um lugar que poderiam alugar durante um mês por aqueles cem dólares. E assim conseguiriam o tempo necessário para pensar. Mas Taylor achava que aquela era uma solução ruim, e ele era quem cuidava melhor das finanças. Quando o mês chegasse ao fim, eles estariam sem dinheiro, e mais uma vez teriam que voltar a Santiago — de bolsos vazios. O melhor seria voltar já naquele instante. Em Santiago os dois tinham contatos e família, e poderiam arranjar emprego e um lugar para morar. Na capital, não conheciam praticamente ninguém. Norges concordou.

"Amores! Entrem!"

O apartamento de Yaima era todo decorado. Era um quarto e sala com piso cinza. Na sala havia um desktop, duas estantes abarrotadas de livros e equipamento fotográfico. Na parede havia pôsteres dos documentários feitos por Yaima. Ela tinha emoldurado a pintura de uma câmera de vigilância apontada para uma parede.

Taylor se encarregou de falar, como sempre. Norges brincava, dizendo que Taylor era o chefe de relações públicas no relacionamento, mas naquele dia ele não estava com muita disposição para brincadeiras. Ele sentou-se na cadeira de balanço e olhou para o outro lado da janela, em direção aos telhados, enquanto Taylor falava sobre o que os dois pensavam daquela situação. O melhor seria voltar de uma vez para Santiago, ele disse. Ambos estavam preocupados, inclusive em relação ao que podia acontecer a Claudia, que podia muito bem acabar expulsa do instituto, a exemplo do irmão. Por isso o melhor seria dar um tempo de tudo até que as coisas esfriassem um pouco.

"Ouçam bem o que eu vou falar", ela disse, servindo dois copos d'água. "Vocês não vão a lugar nenhum." O fato de que as autoridades haviam reagido ao trabalho de Norges era no fundo um reconhecimento. Afinal, qual seria a alternativa real àquela vida?

"Olhem para a minha mãe", disse Yaima. Ela tinha um emprego público bom e participava das reuniões do partido. Por isso, tinha ganhado um carro próprio e morava no melhor bairro da cidade. "Mas quem é que vive assim? Os conformistas."

Norges mal escutava o que Yaima dizia. A voz parecia distante, como se ele estivesse ouvindo do fundo de um buraco. "Você não fez nada de errado!", exclamou Yaima. Perder o emprego público não era derrota nenhuma. Pelo contrário: a partir daquele momento, Norges teria o tempo necessário para fazer tudo aquilo que sempre havia sonhado. Claro que era difícil sair do armário duas vezes seguidas — uma como homossexual, outra como opositor do regime —, mas isso também abria muitas portas. Yaima podia ajudá--los a pedir apoio financeiro para qualquer projeto. Norges e Taylor já tinham contatos nas embaixadas estrangeiras da cidade. Imagine os sites que podiam lançar, os filmes que podiam fazer, as organizações que podiam fundar!

Nos últimos anos, Yaima tinha visto muitos amigos sumirem de Havana. Esses amigos tinham começado vidas novas, longe do calor da batalha. Toda véspera de Ano-Novo Yaima percorria a lista de contatos e apagava os números de três ou quatro conhecidos que tinham ido embora porque não aguentavam mais viver em Cuba. A vigilância, as ameaças sutis e a constante necessidade de ir contra o sistema acabavam com a força de vontade. Mas aquilo não aconteceria com Yaima, e tampouco com os dois novos amigos dela. Os rapazes não podiam — *não podiam* — dar meia-volta àquela altura. Voltar a Santiago seria como voltar para o começo de tudo. Foi assim que Yaima deu uma sugestão.

"Mas, veja bem", disse Taylor. "A gente *não pode* fazer uma coisa dessas."

"Claro que podem!"

Taylor lançou um olhar interrogativo em direção a Norges. Nos anos a seguir, Norges pensaria naquele encontro como o momento decisivo em que sua vida havia dado uma guinada. Será que ele voltaria para a casa dos pais e ficaria quieto no que dizia respeito à demissão? Ou será que aceitaria a oferta de Yaima, passaria um tempo morando com ela e denunciaria o tratamento a que fora exposto?

As frases de Yaima foram os golpes de pá que afastaram a dúvida sob a qual Norges estava enterrado.

"O futuro de vocês é aqui", ela disse. "Esqueçam Santiago!" Os dois tinham que se mudar para lá sem nem ao menos esperar os catorze dias que o instituto havia oferecido. Aquelas palavras soaram quase como uma ordem.

Norges acenou lentamente a cabeça. Eles teriam que ficar por lá, pelo menos durante mais uns dias.

Norges conhecia Yaima há menos de um ano, e Taylor há não mais do que uns poucos meses, mas quando os dois se deitaram no colchão extra — um colchãozinho fino e surrado —, foi como se fossem amigos de uma vida inteira. Yaima ficou sentada na cadeira de balanço enquanto Yenier, o namorado dela, lavava a louça do jantar.

122

Yaima levou a mão à barriga e revelou um segredo para os convidados. Ela estava grávida. Ao contrário da maioria das amigas, que faziam de tudo para sair de Cuba e procurariam um aborto se acabassem naquela mesma situação, Yaima pretendia ter o bebê. A aproximação com os EUA, as reformas econômicas e blogueiros como Norges e Taylor — para Yaima eram sinais de que a Cuba do amanhã seria um país incrível. O menino receberia o nome de Ignacio, uma homenagem a Ignacio Agramonte, um dos heróis que havia sacrificado a própria vida na guerra pela liberdade de Cuba no final do século XIX. Yaima lembrou a todos de que, apesar de tudo, o futuro seria brilhante.

Norges não havia esquecido o post escrito para o blogue seis meses antes. O "inverno do autoritarismo" era longo, mas nada seria capaz de impedir a chegada da primavera cubana.

Havia um ritmo no coletivo. Pela manhã, Taylor e Yaima saíam para trabalhar enquanto Norges ficava em casa lendo blogues e notícias que havia baixado. Taylor tinha uma renda pequena, que os dois usavam para comprar o básico — comida, bebida e cartões de internet usados para se conectar nos parques onde isso era possível. Todas as tardes Norges buscava Taylor na Asociación Hermanos Saíz, o centro de cultura estatal onde ele tinha conseguido uma vaga de assessor de comunicação, e depois os dois voltavam em zigue-zague pelas ruas esburacadas. Era assim que eles faziam em Santiago antes de se mudarem para Havana, na época em que a paixão ainda era escondida. Para evitar os olhares na rua, os dois não se davam as mãos, porém andavam próximos o suficiente para de vez em quando se tocarem. Os desvios faziam com que os trajetos fossem mais longos, e assim podiam conversar. Foi num desses passeios que surgiu a ideia da Casa Cubana dos Direitos Humanos.

A ideia tinha surgido quando eles ouviram falar a respeito de uma fundação norueguesa chamada Human Rights House Foundation, que tinha um quartel-general em Genebra e escritórios em vários países mundo afora. Eles haviam conhecido a Human Rights House por meio da embaixada da Noruega em Havana, que organizava cursos e seminários para blogueiros independentes como Norges e Taylor. A ideia por trás dessa organização internacional era criar laços entre ativistas de todas as partes do mundo preocupados em fazer com que os governos de seus respectivos países assumissem as responsabilidades elencadas na Declaração Universal dos Direitos Humanos das Nações Unidas.

Norges e Taylor acreditavam que devia ser possível criar uma organização similar em Cuba. Os dois pertenciam à parcela de vozes moderadas na ilha, com as quais as organizações e embaixadas estrangeiras tinham demonstrado interesse em manter contato. Eles já tinham começado a receber convites para seminários e festas no circuito internacional de Havana. Se realmente fundassem uma organização, será que a embaixada da Noruega ou outros órgãos similares não teriam interesse em apoiá-los? Norges e Taylor já tinham discutido o assunto outras vezes, e depois de se mudarem para a casa de Yaima a ideia de fundar um centro cubano de direitos humanos pareceu ao mesmo tempo um projeto realista e necessário.

Certa tarde, enquanto voltavam para casa, o casal passou por uma casa de alvenaria com vista para o mar. A casa parecia uma ponta de lança no ponto em que a rua se dividia. As janelas estavam pregadas com tábuas. Norges já tinha passado outras vezes por lá, porém nunca tinha notado que haviam pichado uma frase profética na parede que dava para a rua. Ele apontou e leu em voz alta. *"Essa casa um dia vai ser um centro cultural."* Mais tarde, quando todos estavam reunidos para o jantar, ele disse para Yaima: "Encontramos a nossa sede".

Ela achou a ideia de um centro cubano de direitos humanos absolutamente incrível. Norges e Taylor teriam que pensar de maneira mais proativa a partir daquele momento. O trio ficou acordado noite adentro, fazendo planos. Norges tomava notas. O centro trabalharia a princípio com a Declaração de Direitos Humanos das Nações Unidas e estaria "acima de ideologias e governos, sempre voltada para o futuro". Nas anotações, os três registraram nada menos do que dez objetivos para a organização. O centro documentaria violações de direitos em Cuba e formaria uma nova geração de ativistas. Além disso, manteria diálogo com instituições estatais, com "foco especial" em direitos de crianças e pessoas com deficiência, discriminação racial, grupos minoritários, direitos dos homossexuais, direitos climáticos, direitos trabalhistas e "outros tipos de direitos".

Eles começaram a pensar em nomes. Norges gostou da ideia de que a organização poderia funcionar como uma casa para as pessoas que a utilizassem. "Que tal *A sua casa de direitos*?", Taylor sugeriu, desenhando letras retangulares em três linhas com um telhado no alto. Yenier, o namorado de Yaima, que era um ótimo designer, reproduziu o esboço em um programa de computador e em seguida o logo estava pronto no monitor.

Em entardeceres como aquele, os vizinhos do bloco ouviam barulho e risadas noite adentro no apartamento do último andar.

Mas será que a gente pode escrever uma coisa dessas?

Claro que pode!

Juntos, eles fizeram um orçamento para a compra e a reforma da casa à beira-mar. Vinte mil dólares seriam o bastante. O orçamento também incluía verba para dez estantes de livros, sete computadores, cinco fotocopiadoras, além dos custos ligados à manutenção de um site e a contratação de um serviço estável de internet. Um ponto "opcional" no programa eram dois apartamentos de hóspedes com capacidade para quatro ou seis pessoas e dois banheiros "para receber ativistas e intelectuais das províncias". "Não se esqueça do carro", disse Taylor. "A gente precisa ter um carro!" Falou-se em comprar uma Kombi como aquela da turma do Scooby-Doo, decorada com flores e cores vibrantes. Mas isso Norges não escreveu no documento. Os planos tinham que ser realísticos. Assim que o documento ficou pronto foi decidido que aquilo seria apresentado aos contatos de cada um na embaixada da Noruega.

No apartamento de Yaima os dias transformaram-se em semanas, e foi como se Norges recebesse uma injeção de sangue novo. A confiança de Yaima era contagiante, e com a confiança vinha também a vontade de voltar a escrever. Norges ainda se negava a falar sobre a demissão, mas ao fim de duas semanas publicou uma atualização de status no Facebook em que finalmente abordava o assunto. "Queridos amigos, familiares e colegas", ele escreveu. "Nessas últimas semanas não trabalhei no instituto de arte. Fui informado de que, por ser engenheiro de formação, não posso ocupar uma vaga no setor de comunicação. Essa foi apenas uma entre várias outras explicações técnicas. Não fizeram nenhum comentário a respeito do blogue. Os argumentos foram vazios. Em resumo, estou sem trabalho e sem internet." A atualização se encerrava com uma alfinetada nas autoridades e uma promessa de que todos os habitantes logo teriam acesso à internet: "Pelo menos a falta de internet é um problema que imagino estar solucionado muito em breve".

Ao lado das notas sobre o projeto, que no fim recebera o nome de Casa Cubana dos Direitos Humanos, Norges também trabalhava em um post sobre a demissão para o blogue. Em consideração a Claudia, ele não queria mencionar o nome dos envolvidos, mas assim mesmo sentia a necessidade de responder ao que tinha acontecido. Talvez estivesse fora do instituto de arte, mas os vigilantes não teriam a última palavra. Norges passou uma semana reescrevendo o texto antes de publicá-lo. O post começava dizendo que, por muito tempo, tinha esperado que *eles* batessem à sua porta em razão do blogue e do ativismo. Mas nada disso tinha acontecido. Mesmo assim, ele havia percebido que a polícia secreta o observava de longe, "como urubus, com toda a consideração e respeito que esses pássaros merecem". O texto dava a entender que tinha muita coisa estranha na situação que havia levado à demissão, e que além disso ele devia ter um histórico de "mau comportamento".

Norges escreveu que a experiência tinha confirmado tudo aquilo que já sabia, "tudo aquilo que me dói", a saber: Cuba ainda era um país em que as autoridades viam a postura crítica e o interesse em debater questões sociais como um comportamento errado e merecedor de punição. A moral dupla ainda era a principal característica da forma de ser cubana. "Para não perder o trabalho e privilégios mesquinhos, os cubanos se mostram dispostos a abandonar todos os princípios e deixar-se subjugar pelo governo — e por toda a podridão que envolve o governo."

Quando pensou em se mudar de volta para Santiago, Norges estivera prestes a abandonar esses mesmos princípios e a vestir a máscara que tanto abominava. Mas naquele momento tinha certeza de qual era seu objetivo na vida: a luta por uma Cuba livre. Quando fechava os olhos, ele conseguia imaginar a casa à beira-mar com o logo da Casa Cubana dos Direitos Humanos na porta, as salas abertas, iluminadas pelo sol, jovens conectados à internet, participando de debates e expressando-se livremente, como o próprio Norges tinha aprendido a fazer.

No fim do post ele colocou uma fotografia tirada por Taylor, na qual ele aparecia ao lado do muro à beira-mar. Norges usava uma calça jeans e uma camisa turquesa. Estava de costas para o mar e tinha o olhar voltado para a ilha. A boca parecia rugir, e nas mãos, acima da cabeça, ele tinha uma enorme bandeira de Cuba. O tecido vermelho, branco e azul tremulava ao vento. "Em outras palavras, meus amigos", Norges concluía, "nada mudou por aqui. Continuo a me aventurar pela selva virtual. Essa pátria plantou em mim um orgulho enorme."

A ARTE DE RESOLVER

Eram cinco para as sete, e o Buick estava pronto para a vistoria técnica. Antes mesmo do nascer do sol, eu e Arian já havíamos trocado o pneu furado e substituído a fiação dos faróis dianteiros. Naquele momento, entramos no estacionamento em frente às instalações do departamento de transportes e entramos na fila. Todos os táxis de Havana tinham de passar por uma vistoria técnica anual. Havia talvez uma dúzia de carros estacionados — veículos em todos os estágios possíveis de degradação. Um conversível recém-polido reluzia ao sol junto do portão. Um pouco mais atrás estava um Chevy de vidros quebrados. Nosso Buick estava no meio do caminho: desgastado, mas não arrebentado. Com um pouco de sorte, conseguiríamos passar na vistoria, e a minha impressão era de que muitas vezes a sorte estava do meu lado. Essa foi a manhã seguinte àquela em que eu havia despistado a polícia atrás da universidade. A manobra tinha me dado a impressão de estar dirigindo um veículo invencível. Com aquele carro, com aquele time, dificilmente as coisas dariam errado.

Da última vez, Catalina tinha feito planos para tudo. Eu e Arian dirigiríamos o táxi, ele como motorista, eu como *buquenque*, o as-

128

sistente que também dirigia, enquanto a própria Catalina usaria o carro para o negócio dela: vender cabelo. No início dos anos 1990, depois de se mudar de Guantánamo para Havana, Catalina tinha mantido um salão de cabeleireiro ilegal na sala de casa. Em especial mulheres de pele escura frequentavam o salão — não para cortar os cabelos, mas para alisá-los ou fazer apliques. Catalina nunca tinha mantido mais do que uma empregada e duas cadeiras — uma de cada lado da TV. No salão ela vendia perucas e cabelo solto, que era colado ou trançado aos cabelos das clientes. O cabelo solto era sempre de verdade — cabelo cortado da cabeça de mulheres de pele clara, com frequência moradoras do interior, e vendido para as mulheres da cidade.

Nos últimos anos, Catalina tinha vendido cabelo para complementar a renda. De Palmares, Arian a levava para a casa das clientes no carro. Mas, quando sugeri que ela pegasse o Buick duas vezes por semana, Catalina foi bem clara ao dizer que preferia que eu a levasse, sem que na época eu entendesse por quê. Com o Buick, Catalina seria vista como transportadora e vendedora daquele produto tão desejado. E eu seria o motorista dela.

Quando paramos em frente às instalações do departamento de trânsito, o futuro do nosso pequeno time parecia luminoso. Eu estava contente de ter encontrado uma pessoa que estaria ao meu lado enquanto eu explorava as possibilidades sobre quatro rodas em Havana. Se o táxi rendesse bem, Arian pediria demissão do emprego público. E, se as vendas de cabelo rendessem bem, Catalina pensava em fazer o mesmo.

Arian desligou o motor e Catalina desceu. Vestida com uma blusa de seda e calças escuras, usando batom e com um relógio dourado no pulso, ela se destacava em meio aos demais taxistas, que dormiam cada um no seu carro de regata e boné.

"Quem é o último da fila?", ela perguntou a um dos últimos carros. Muita gente havia passado a noite por lá a fim de garantir lugar na fila. Um homem olhou confuso para trás, mas não disse nada. "Espere aqui", disse Catalina. Ela deixou a bolsa em cima do assento e seguiu em direção ao portão, onde estava um segurança. Vários motoristas na fila acompanhavam-na com o olhar. Catalina e o segurança trocaram palavras. Depois ela se virou e fez um gesto pedindo que eu a acompanhasse. Quando cheguei, o segurança parecia estar preocupado.

"*Hombre*, não seja tímido", disse Catalina. Ela balançou o corpo de um lado para o outro, como um boxeador ao procurar uma abertura para desferir um golpe. "Vamos, desembuche."

"Bem", o homem disse em voz baixa, arrastando o pé no chão. "Me deem o que vocês tiverem."

"Não!", bradou Catalina. "Nos dê um número, não tenha vergonha!" Tudo ficou em silêncio. "Cinquenta", ela sugeriu. O segurança acenou a cabeça com um gesto quase invisível, e então voltamos.

"Eu tive que ser dura com ele, mas é assim mesmo. Temos que resolver isso, senão vamos passar o dia inteiro aqui." A palavra *resolver* funciona por aqui mais ou menos como um código para o esporte nacional de Cuba: quebrar as regras. Fosse roubar mercadorias do trabalho, fazer compras no mercado clandestino ou — como naquele instante — subornar um funcionário público para furar a fila. No caminho de volta até o carro passamos em frente a uma mulher que tinha acompanhado a nossa movimentação. Catalina revirou os olhos ao vê-la e disse, como se falasse com uma pessoa conhecida: "Ai, que luta!".

Catalina sorriu triunfalmente no banco de trás quando avançamos na fila.

"Vocês são os terceiros", disse o segurança.

"Agora então somos amigos", Catalina respondeu.

Estacionamos na terceira vaga. Ainda faltava um tempo para que as vistorias começassem. Entreguei cinquenta pesos para Catalina e a acompanhei de volta até o portão. O segurança foi embora, e a guarita ficou vazia. Catalina se acomodou na única cadeira e encontrou a edição diária do jornal do partido em cima da mesa. Ela dobrou o jornal em volta das cédulas. Em frente à guarita, a fila de carros aumentava enquanto vendedores ambulantes ofereciam café da manhã em carrinhos.

"Tudo aqui é negócio", disse Catalina, batendo o jornal contra o joelho. "Até os cachorros aqui fazem negócios." Vira-latas andavam por entre os carros implorando por restos.

Quando voltou, o segurança pediu a Catalina que não usasse a cadeira dele. O diretor apareceria a qualquer momento. "Claro, *mi vida*", Catalina respondeu com um sorriso. Ela se levantou e entregou o jornal ao homem. "Precisamos resolver o assunto", ela cochichou enquanto voltávamos juntos para o carro, "mas não podemos ser indisciplinados." Logo o diretor entrou pelo portão dirigindo um Audi moderno, e assim a vistoria pôde começar.

Ao fim de uma hora tudo estava pronto. Arian voltou com uma mensagem desanimadora: o documento expedido atestava que o carro não estava em condições de trafegar. Das dez falhas elencadas pelo fiscal, três estavam marcadas como *graves*. A caixa de câmbio tinha folgas, as portas de trás não fechavam direito e o volante estava solto. "Me dê isso aqui", disse Catalina antes mesmo que eu pudesse sentir a frustração. Como um cabrito prestes a dar uma cabeçada, Catalina saiu marchando ao encontro do chefe. Ao voltar quinze minutos depois, uma luz dançava nos olhos dela.

"Ah, quanta falta de disciplina", disse Catalina.

Para uma pessoa que trabalhava como inspetora, ela parecia mais do que satisfeita ao enganar o sistema. Catalina era fiscal e rebelde, uma especialista em "resolver assuntos". Combinara com o chefe do departamento de levar o carro para um amigo dele que era mecânico. Se pagássemos bem pelos ajustes, conseguiríamos passar na vistoria seguinte.

Quando voltamos ao centro, Catalina já falava como se o carro estivesse consertado, como se já tivéssemos sido aprovados na vistoria e nossa atividade comercial já houvesse começado. Ela falaria com os importadores de cabelo do interior para dizer que estava disposta a investir. Queria mandar imprimir cartões de visita e colocar um anúncio no Revolico, um site popular de compra e venda.

"Acho que devo mesmo ser filha de Deus", ela disse no banco de trás, "porque Ele me deu tudo o que eu sempre quis."

A PRIMEIRA HÓSPEDE

O dia mal havia clareado quando Linet recebeu o e-mail que tanto esperava. O anúncio estava no ar havia uma semana quando chegou o primeiro pedido de reserva. Ela deu um pulo com o celular na mão e gritou por dentro. Um jovem francês queria passar três noites lá. Por sorte ainda faltavam dois meses até a chegada dele, o que lhe daria tempo de preparar tudo. E já no dia seguinte chegou mais uma reserva. Linet mal podia acreditar: uma mulher da Estônia chegaria em dois dias! Ela tinha a impressão de ter esperado muito pela primeira reserva, mas naquele momento percebeu que teria pouco tempo para ajeitar as coisas. E, assim como o milho estourava numa panela quente — primeiro um grão, depois dois e em seguida vários ao mesmo tempo —, as reservas continuaram a chegar, e o calendário aos poucos foi se enchendo.

O apartamento ainda precisava de melhorias. O mais urgente era o tanque de água novo. Como na maioria dos bairros em Havana, por lá o fornecimento de água não era constante. Os canos da rua enchiam tanques em cada um dos apartamentos. O conteúdo do tanque seria toda a água disponível que os moradores teriam até a próxima recarga. Linet tinha um tonel com capacidade de duzentos litros, mas com hóspedes em casa essa quantidade acabaria bem mais depressa. Além do mais, o abastecimento de água não era regular; às vezes se passava uma semana inteira até que voltasse a escorrer água do cano.

Ficar sem água era um pesadelo. Já tinha acontecido algumas vezes — na última, porque a descarga do banheiro tinha escorrido até acabar com toda a água. Quando acionei a descarga, uma haste metálica no interior do reservatório, que devia puxar a cordinha de volta, se desprendeu. Em pouco mais de duas horas toda a água do apartamento tinha desaparecido, e assim não era mais possível lavar roupas, tomar banho ou dar descarga. O cheiro de xixi e de lixo se espalhou.

Linet saiu à procura de água e visitou pontos de venda estatais, mas todos estavam sem estoque. Ela deu o recado a amigos, mas não adiantou. Aquela não era a época dos tanques de água. Cuba tinha épocas para tudo — não apenas mangas e abacates, mas também produtos como fósforos e papel higiênico. A cada hora que passava, Linet sentia-se mais pálida e mais irrequieta com a chegada da primeira hóspede. Ela imaginava a avaliação implacável na internet, que certamente afastaria outros interessados. Linet sabia muito bem que o apartamento não era nenhum spa. Uma coisa eram gritos e música alta dos vizinhos: isso podia ser vendido como uma "experiência autêntica" em Cuba. Mas não havia maneira bonita de vender um apartamento sujo sem água. Ela ligou para a secretaria estatal de fornecimento de água, Aguas de la Habana, para fazer uma reclamação. O fornecimento de água devia ocorrer em dias intercalados, mas não era o que tinha acontecido no mês anterior. Uma voz anasalada de mulher explicou que cocos tinham obstruído os canos da vizinhança. O sistema receberia melhorias, e era possível que logo começassem obras na rua. No meio-tempo, caminhões-pipa seriam enviados para encher os tanques dos prédios. No dia anterior um caminhão devia ter passado no endereço de Linet. "Mas, *señora*", disse Linet, "não passou *caminhão nenhum*." A mulher disse a Linet que a falta d'água era um problema na cidade inteira, e não apenas no apartamento dela. Disse também que as

133

autoridades estavam a par do problema, e que faziam todo o esforço possível para dar um jeito na situação.

Linet desligou e pôs-se a andar pelo apartamento, praguejando. Como a água era um recurso escasso, era comum que os caminhões-pipa não fossem aos endereços indicados, mas em vez disso vendessem a carga para quem oferecesse o melhor preço. Na empolgação que havia sentido durante as últimas semanas, Linet havia praticamente se esquecido da corrupção e da decadência em Cuba. Como ela poderia limpar o apartamento para deixá-lo em condições? Ao fim de dois meses de luta, era difícil acreditar que tudo poderia ir pelo ralo simplesmente porque uma haste de metal havia se desprendido.

Mais tarde, Linet recordaria o episódio como um aprendizado. Uma vez que as condições materiais em Cuba eram frágeis ao extremo, mesmo os problemas mais triviais podiam desencadear uma crise.

Linet avaliou as alternativas. Provavelmente devia pedir baldes d'água emprestados para o prédio ao lado e explicar a situação da melhor forma possível para a hóspede. Claro que ela também ofereceria um desconto e imploraria para não ser detonada na avaliação. Linet ficou zanzando de um lado para o outro, como uma mosca presa dentro de um frasco, até que um barulho distante a levou a parar. A princípio era um som fraco, como se alguém estivesse tomando banho no apartamento vizinho. Linet ficou escutando. Depois o som veio mais forte — ah, não havia dúvida: a água estava subindo pelos canos, enchendo o tanque que ficava junto à porta da cozinha. Uma onda de alívio tomou conta dela; Linet chegou a se esquecer dos pensamentos obscuros e suspirou aliviada, como se tocasse uma flauta. Depois abriu as torneiras e começou a encher baldes. Logo ela cantarolava com uma escova na mão enquanto deixava o apartamento impecável.

PERTURBAÇÃO DA ORDEM

Norges, Taylor e Yaima não tinham imaginado que os diplomatas na embaixada da Noruega trocariam olhares preocupados ao receber o projeto da Casa Cubana dos Direitos Humanos. Quem mantinha contatos entre os blogueiros era o diplomata Dag Nagoda, que já os havia convidado para eventos organizados pela embaixada. Ele sentia uma parcela de responsabilidade pela demissão de Norges. Claro que Nagoda já o tinha advertido de que esse tipo de coisa podia acontecer, de que as autoridades podiam não gostar da ideia de que jovens mantivessem contatos nas embaixadas de outros países e frequentassem eventos sobre direitos humanos e ativismo social. Norges podia receber a pecha de opositor.

A embaixada tinha sido informada sobre a demissão de Norges e estava analisando como poderia ajudá-lo. Mas o projeto da casa de direitos humanos foi uma surpresa. Em primeiro lugar, o projeto era irreal. A ideia era convidar opositores e intelectuais oficiais para que oferecessem cursos e seminários. Norges, Taylor e Yaima tinham preparado uma lista com pessoas que se consideravam inimigas mortais, e que jamais aceitariam dividir um espaço.

Além disso, a ideia era perigosa. Um centro para a promoção de direitos humanos, com o apoio de uma embaixada estrangeira, seria fechado por qualquer pretexto, como a existência de uma fotocopiadora. Será que os três não percebiam contra que tipo de força estavam lutando?

Nagoda disse para Norges que seria melhor analisar o projeto numa outra ocasião. Num primeiro momento, o diplomata aconselhou-os a buscar apoio para participar da sétima Cúpula das Américas, que seria realizada no Panamá dali a dois meses. Mesmo que Barack Obama e Raúl Castro já tivessem feito declarações públicas sobre o novo contexto das relações entre os EUA e Cuba, os dois líderes ainda não haviam se encontrado num evento político oficial. A primeira oportunidade para o aperto de mãos histórico seria esse evento no Panamá. E, durante a cúpula, representantes da sociedade civil de toda a América Latina participariam de uma conferência paralela. Norges e os amigos pediram credenciamento como "jornalistas e blogueiros independentes", e em dois dias receberam o e-mail com o aceite. A embaixada da Noruega cobriria os custos de viagem e ofereceria ajuda na obtenção do visto.

Foi assim que, naquela primavera, Norges, Yaima e Taylor fizeram as malas para viajar ao Panamá como representantes da sociedade civil em Cuba. Essa denominação soava melhor do que "opositores". A sociedade civil representava o que se costumava chamar de "terceira via". Era o tipo de ambiente que os diplomatas estrangeiros consideravam interessante naquele novo contexto, em que EUA e Cuba haviam deixado a inimizade para trás. Aquelas pessoas estavam preocupadas com o futuro e adotavam uma postura crítica em relação ao governo, mas não se encaixavam numa versão simplista da história de Cuba. Não apenas se distanciavam dos poderes constituídos, mas também da oposição mais tradicional, como a Unión Patriótica de Cuba ou as Damas de Blanco — grupos que falavam cheios de raiva sobre a "ditadura de Castro" e dos "tiranos" no poder. A organização Las Damas de Blanco tinha sido fundada após a "primavera negra" em 2003, quando setenta e cinco opositores cubanos foram presos e as esposas deles começaram a marchar na frente de uma igreja em Havana usando roupas brancas. Essas mulheres faziam protestos com slogans e panfletos em que denunciavam o regime autoritário, e com frequência também acabavam presas.

Assim como essas organizações, Norges lutava pela mudança — porém com a crença de que tudo devia acontecer através de reformas e do diálogo. A impressão era a de que uma era de pragmatismo havia começado em Cuba. Se não fosse pelo que aconteceu pouco antes da viagem.

Um mês antes da cúpula no Panamá, o chefe de Taylor, um homem magro de rosto anguloso chamado González, chamou-o para uma conversa. O vice-diretor da Asociación Hermanos Saíz, onde Taylor trabalhava, havia mencionado que Taylor passava muito tempo na companhia de Norges e Yaima. Além do mais, depois de começar o relacionamento com o blogueiro de Santiago, Taylor havia criado um blogue próprio, chamado Vísperas.

Taylor entrou na sala do chefe com um mau pressentimento. González começou perguntando o que ele achava de Yaima Pardo, que aos poucos estava se tornando uma diretora conhecida. "Eu considero ela uma pessoa muito legal", Taylor respondeu. O tom do chefe era manso, porém Taylor farejava uma acusação.

"Tome cuidado", aconselhou-o o vice-diretor. Muita gente via Yaima como uma contrarrevolucionária. O chefe perguntou se os três estavam fazendo "mais alguma coisa" juntos além dos blogues. Taylor não entendeu direito o que González podia querer com aquela pergunta. "Isso que vocês estão fazendo pode ser perigoso", ele o advertiu.

A conversa foi mais um episódio estranho entre a demissão de Norges e a viagem ao Panamá. Um dia Taylor descobriu que e-mails enviados a ele por Norges já tinham sido abertos. E uma bela manhã, quando chegou ao trabalho, uma pessoa do departamento de TI estava com o notebook dele no colo. Disse que estava fazendo atualizações de software.

137

Porém dias mais tarde o chefe chamou Taylor mais uma vez. O tom foi mais direto. Ele tinha recebido informações de que Taylor se credenciara para a cúpula no Panamá com uma organização que não a Asociación Hermanos Saíz, que também pretendia enviar uma delegação própria. Taylor não conseguiu sequer pensar em como o chefe podia saber disso, uma vez que a informação não era pública. González exigiu que o empregado escolhesse um lado. Afinal, estava contra ou a favor da revolução? Queria integrar a delegação oficial ou a oposição?

Taylor enfureceu-se. Ele nunca tinha gostado muito de González, porque o considerava um desses covardes que só havia conseguido uma posição de liderança porque estava sempre disposto a obedecer a ordens. Taylor respondeu que não estava de "lado" nenhum: simplesmente era uma pessoa independente e queria ir à cúpula no Panamá por conta própria. O chefe se levantou. Não existia uma posição "independente", disse aos brados. Taylor havia entregado as cartas na mão do "inimigo". Se escolhesse "o outro lado", ele criaria uma situação muito difícil no ambiente de trabalho. Nas entrelinhas, o chefe acusou Taylor de tomar o partido da oposição. Quando Taylor se virou em direção à porta, o chefe comentou: "Eu sei por que o Norges perdeu o emprego". Ele não queria que o mesmo acontecesse com Taylor. Nesse momento Taylor explodiu. "Eu não vou me afastar do Norges, se é isso o que você está pensando!", ele exclamou. Por fora, Taylor parecia durão. Se não confiavam nele, então que tratassem logo de o demitir. Mas, quando saiu à rua e pegou o caminho da casa de Yaima, ele começou a chorar. Taylor compreendeu que perderia o emprego.

Assim Norges e Taylor tiveram o mesmo destino, e talvez parecesse que a vida de ambos seguiria um padrão comum em Cuba. Aqueles que se expressavam ou se engajavam de formas não aceitas pelo regime eram punidos e perseguidos. Mas assim mesmo Norges e Taylor estavam convencidos de que a nova Cuba não era a mesma de antes. A esperança que havia despertado não seria frustrada.

Dias após a demissão de Taylor, ele, Norges e Yaima foram à embaixada do Panamá em Miramar, um dos bairros mais bonitos de Havana, para buscar os vistos necessários à viagem. Os três estavam aguardando na fila quando o celular de Norges tocou. Era um número privado. Um policial se apesentou e explicou que havia um "problema" com o passaporte de Norges.

Norges pediu mais informações e perguntou por que haviam se dado o trabalho de ligar para ele. Além do mais, ele tinha acabado de conferir o passaporte, e tudo parecia estar em ordem. A voz explicou que estariam mandando uma viatura para buscá-lo, e Norges desligou. Minutos depois, quando os três saíram da embaixada, havia uma viatura policial estacionada na rua. Um jovem policial pediu que os três apresentassem os documentos de identificação. O colega dele esperava logo atrás. Por rádio, os policiais tinham recebido informações de uma ocorrência de "perturbação da ordem pública" nos arredores da embaixada. Um dos policiais levou os cartões de identidade para o interior da viatura. Yaima deu um passo à frente. "O que está acontecendo, afinal de contas?" O policial olhou para trás, sem nenhuma expressão no rosto. Yaima chamou o segurança que estava na porta da embaixada e pediu que ele dissesse à polícia se havia presenciado qualquer problema relacionado à perturbação da ordem pública. O segurança disse que não tinha acontecido nada de anormal nos arredores da embaixada naquela manhã. Quando o policial devolveu os cartões de identidade, uma voz no rádio disse: "Pode liberá-los".

A polícia foi embora e o trio achou um táxi que seguia na direção do apartamento de Yaima. No banco de trás, Norges pegou a mão de Taylor. "Não é estranho?", ele perguntou um pouco adiante, olhando pelo vidro de trás. Os três se viraram. Então era aquilo que esperava os perturbadores da ordem pública? Norges, Taylor e Yaima olharam para um Lada branco que os acompanhava de perto no caminho.

A PRIMEIRA CORRIDA

O diretor de vistorias técnicas cumpriu o acordo feito com Catalina. Esperamos três dias pelos consertos e pagamos um preço mais alto do que seria razoável, mas quando nos encontramos no órgão pela segunda vez o carro foi aprovado. Com esse documento em mãos, o passo seguinte era pedir uma licença de táxi. Era para ser uma coisa simples: bastava ir ao escritório da autoridade local, chamado Consejo Popular, levando a identidade de Catalina, a carta de motorista de Arian e a documentação da vistoria. Em tese, não havia mais do que formalidades antes que pudéssemos operar o táxi legalmente, e Arian queria pedir uma licença do trabalho para dirigir o táxi em tempo integral. Mas, quando Catalina ligou e perguntou que papéis devíamos levar, descobrimos que Arian precisava de uma carta de motorista especial, obtida ao final de um teste em que todos os motoristas de táxi precisavam ser aprovados. Na pior hipótese Arian, que havia trabalhado a vida inteira como motorista, teria que fazer mais uma prova de direção. Catalina nos garantiu que não seria problema nenhum. Ela faria umas ligações e logo tudo estaria resolvido. Nesse meio-tempo, eu e Arian podíamos dirigir o táxi ilegalmente.

140

"Vamos lá", Arian disse no banco do passageiro. "Pisa fundo, *viejo!*"

Era a nossa segunda noite juntos e a minha primeira vez no banco do motorista. Dirigir táxi em Havana era como aprender a dirigir outra vez, e Arian era um professor exigente. Ao fim de poucas centenas de metros eu passei por cima de uma cratera em frente ao estádio. Estava escuro, e quando vi o buraco já era tarde demais. O chassi raspou no asfalto e rangi os dentes. Ou furamos um pneu, pensei, ou então quebramos alguma coisa. Arian simplesmente apoiou a cabeça no vidro e disse: "Ande, *viejo!*".

Viejo era um bom apelido. Aumentei a velocidade.

Assim como a maioria dos taxistas, eu e Arian dirigíamos táxi por rotas, o que se chamava de *colectivo*. Mas, ao contrário dos carros que tinham licença para operar, o Buick não tinha nenhuma identificação na janela. Mesmo assim, havia taxistas informais como nós em número suficiente para que as pessoas estivessem acostumadas a fazer sinal mesmo para carros sem nenhuma identificação. Cobrávamos dez pesos nas rotas fixas. Arian preferia a rota G, que ia do centro a La Víbora, um bairro no sudeste de Havana. A rota G era uma das mais curtas, e sempre tinha vários pagantes por quilômetro. Além disso, a volta tinha várias descidas, e assim podíamos deixar o carro em ponto morto e economizar diesel.

Arian nunca passava por cima dos buracos: ele dirigia muito bem, mesmo que tivesse pouca experiência com carros antigos. Nos últimos anos ele tinha dirigido um Renault 2008. Arian tinha conseguido o emprego em Palmares ao fim daquilo a que se referia como "dois anos jogados fora" como motorista de um general do exército. Ele tinha sido uma pessoa confiável e nunca tinha dito nada, nem mesmo quando o general pedia serviços de caráter pessoal. Como agradecimento, Arian conseguiu um emprego na maior cadeia de hotéis do país, mantida pelos militares. Foi lá que ele conheceu Catalina, a chefe dos inspetores.

Um dia Catalina puxou Arian para o lado e perguntou por que ele nunca ia buscá-la pela manhã. Arian compreendeu que aquilo era uma sugestão de trabalho conjunto e na manhã seguinte esperou-a na porta de casa. A partir daquele dia, Catalina e Arian começaram a cuidar um do outro. Como liderança intermediária e mais alta representante do partido no local de trabalho, Catalina sempre conseguia dispensar Arian quando necessário. Ela tomava cuidado para que ele sempre atingisse os objetivos que lhe renderiam um bônus no final do mês. Arian buscava Catalina em casa todas as manhãs e a levava para resolver assuntos de todos os tipos, dentro e fora do expediente.

Os dois se beneficiavam, mas com o tempo passaram a ter um cuidado quase fraternal um com o outro, apesar da diferença de idade de vinte e cinco anos. Se Catalina parecia muito voluntariosa, Arian por vezes disparava: "Eu não sou seu motorista!". "Muito bem", respondia Catalina, e logo tudo ficava em silêncio no carro. Mas na manhã seguinte tudo estava esquecido, e Arian aparecia como sempre para buscá-la.

Arian tinha ganhado um papel mais importante na vida de Catalina depois que Omar, o filho dela, havia se casado e se mudado para o exterior. Quando Catalina operou as costas, foi Arian quem a acompanhou de volta para casa e a levou nas costas até o apartamento no quinto andar. Arian significava mais para Catalina do que ele mesmo imaginava — e, caso imaginasse, talvez não se achasse à altura daquilo.

Nos últimos tempos, quando eu e Arian arranjávamos serviço com o Buick durante o dia, Catalina sempre encontrava um pretexto para que ele não precisasse comparecer ao trabalho. Às vezes buscávamos passageiros no aeroporto para Linet, mas na maior parte do tempo operávamos como táxi à noite. Por ora, seria o mais seguro. O carro já fora aprovado na vistoria técnica, mas ainda não tínhamos a licença, e à noite havia menos viaturas pela cidade.

Na época eu não pensava muito nos riscos ligados a operar um táxi sem licença. Além do mais, eu ainda sentia um pouco da emoção que havia sentido na vez que despistei a polícia — aquele sentimento de que, a despeito do que fizesse, tudo acabaria bem. Eu estava ansioso por começar, e Arian, que tinha uma esposa e um filho de sete anos para cuidar, precisava do dinheiro extra. O carro também lhe dava um motivo legítimo para sair à noite. "Preciso respirar um pouco", Arian disse com uma expressão travessa no rosto.

142

Logo após a cratera perto do estádio a estrada ficou totalmente escura. Havia faltado luz na rota G. Eu me agarrei ao volante e olhei à procura de novos buracos que poderiam explodir sob as rodas como minas terrestres. Um jovem iluminado pelos faróis fez sinal para nós. "Me deixem no Ómnibus", ele pediu ao entrar no banco de trás. Fiz um gesto afirmativo de cabeça e fingi que eu me lembrava onde era a rodoviária. Uns quarteirões adiante o homem cutucou o meu ombro com uma cédula enrolada. Eu já estava ocupado o suficiente na direção; Arian pegou o dinheiro e deu o troco para ele.

"Pare", Arian disse à meia-voz, e então eu comecei a frear. "Freie aqui, *viejo*. Aquiii." O passageiro não ficou nem um pouco satisfeito de ter que voltar trinta metros e bateu a porta com força.

Aumentei a velocidade e percebi duas mãos que acenavam no fim da Plaza de la Revolución. Mais uma vez acionei o freio, mas até que as rodas respondessem aquelas pessoas já haviam ficado cinquenta metros para trás. No espelho, vi que uma delas gesticulava com os braços. Olhei para Arian. Será que eu devia voltar para buscá-las? Ele balançou a cabeça.

"Siga em frente, *viejo*."

Eu ainda tinha muito a aprender, e ainda havia muitas coisas que não entendia. Na noite seguinte Arian trabalharia sozinho. Quando terminamos, pedi que ele me deixasse na casa de Linet antes de estacionar o carro na casa dele. Porém no mesmo instante uma expressão preocupada surgiu no rosto de Arian e ele perguntou: "Você já falou a respeito disso com *la madrina*?".

Madrina era o apelido de Catalina.

Catalina tinha pedido que Arian guardasse o Buick sempre em um estacionamento no bairro dela à noite e deixasse a chave comigo ou com ela antes de voltar para casa. Achei que essa era uma solução pouco prática: Arian tinha um caminho de mais de vinte minutos pela frente ao sair do estacionamento, e assim eu disse que ele podia estacionar o carro em casa.

Quando liguei para Catalina na manhã seguinte, ela ofereceu uma explicação críptica para o método. "Você nunca sabe o que as pes-

143

soas vão fazer", disse Catalina. "É como eu sempre digo: confiança é bom, mas controle é melhor." Ficamos os dois em silêncio por um instante, porém a sua voz logo se enterneceu e ela disse: "Mas é você quem decide. Se você quer deixar que o Arian estacione em casa, fique à vontade".

Todo o projeto tinha por base a confiança mútua entre Catalina e Arian, e por um tempo imaginei que ela o visse praticamente como um filho. Mas naquele momento de repente tive a impressão de que ela não confiava nele.

Confiança é bom, mas controle é melhor.

Eu ainda não entendia de onde essas palavras teriam vindo.

UMA MÁ IDEIA

A primeira hóspede de Linet deixou cinco estrelas e uma avaliação excelente. "Me senti em casa o tempo inteiro", ela escreveu. "Linet é caprichosa e organizada, o apartamento é mais bonito do que parece nas fotos e além disso ela é uma pessoa incrível." A estoniana também recomendou a comida e descreveu a vizinhança como "autêntica em tudo". Linet já estava preparando as coisas para o hóspede seguinte. Julián havia consertado o mecanismo de descarga para que o tanque não se esvaziasse outra vez. E, pelo menos naquele momento, o fornecimento de água estava funcionando. O calendário estava todo reservado pelos dois meses seguintes, e assim me mudei para um colchão num quartinho extra que Linet ainda não tinha reformado.

Linet se mostrou uma anfitriã nata. Ela era pontual e simpática, e sabia fazer os hóspedes sentirem-se especiais. Além do mais, tinha uma risada genuína, que compartilhava generosamente. Linet trabalhava duro, e nos primeiros meses fez sozinha todo o trabalho da casa. Quando não estava falando com os hóspedes, estava trabalhando: lavando louça, varrendo o chão e torcendo roupas. Todos os dias pela manhã ela ia ao mercado comprar frutas frescas para o café, e raramente ia para a cama antes da meia-noite. Todo esse esforço tinha um custo, mas também a enchia de motivação. Linet gostava de beber café com os hóspedes e de ouvir histórias sobre os países ricos de onde aquelas pessoas vinham — lugares onde os jovens trabalhavam no ramo de comunicação ou coaching, ou simplesmente viajavam pelo mundo por seis meses a passeio. Mas na maior parte do tempo eram os hóspedes que faziam perguntas a Linet. As conversas podiam ser entrevistas sobre transporte e vida ao ar livre, sobre os lugares onde se poderia comprar charutos e com frequência sobre "O que você acha do Fidel?" ou "O que você acha das mudanças em Cuba?". Linet nunca sabia ao certo o que responder — era como se os viajantes esperassem que ela abrisse os braços e convocasse uma nova revolução. Na verdade ela ainda não sabia direito o que aconteceria com as reformas econômicas, e sabia ainda menos o que aconteceria com a nova vida que havia começado.

Por ora, a impressão era que aquele modelo de negócios tinha agradado aos turistas. Passado um mês, Linet virou *Star host* no portal de aluguel — um título dado a anfitriões e anfitriãs com avaliações excelentes. Linet despertava a simpatia dos viajantes, e em especial as mulheres um pouco mais velhas solidarizavam-se com ela. Quando contava a própria história, ela não mencionava que tinha recebido dinheiro de um namorado italiano para comprar o apartamento, mas falava abertamente sobre o sonho da independência financeira. Nessas horas os olhos dos hóspedes brilhavam. Era como se aquela jovem decidida fosse a própria encarnação de tudo aquilo com que Cuba havia sonhado. Uma hóspede de cabelos azuis chegada de São Francisco ficou tão mexida com a história de Linet que decidiu lançar uma campanha online para arrecadar dinheiro para a reforma do apartamento.

A popularidade de Cuba como destino de viagem e os talentos de Linet garantiam-lhe a renda. Quando levava os hóspedes a um clube noturno, ela pagava a própria entrada na porta. Poder se afirmar dessa forma era bom — ela já não era qualquer uma. Linet pensava pouco nos homens a quem havia dedicado tanta energia.

Ao mesmo tempo, havia um elemento incômodo naquela existência nova, uma coisa que a preocupava. Ser empreendedora não significava apenas ter muitas responsabilidades; ela também gostaria de ter uma vida confortável. Mas quando a noite chegava, o corpo dela estava doído de tanto andar de um lado para o outro e de tanto limpar. Linet não tinha nem a metade do tempo livre que havia imaginado. Mesmo que os primeiros meses tivessem lhe trazido a renda tão desejada, ela não conseguia abandonar a ideia de que o projeto como um todo estava prestes a fracassar. Volta e meia faltava luz, e ela ainda nunca sabia se a água estocada aguentaria até o próximo fornecimento. Sempre havia uma coisa ou outra que quebrava. Quando o banheiro foi arrumado, a geladeira parou de funcionar, e quando a geladeira foi consertada o ventilador do quarto quebrou. O carrossel não parava nunca. Esses problemas triviais constantes davam a Linet a impressão de que o projeto como um todo, bem como toda a existência que ela tinha imaginado em Havana, talvez fossem irreais. Linet sabia que precisava tomar cuidado com esses pensamentos, e assim sempre ligava para os técnicos na primeira oportunidade quando uma coisa quebrava.

O técnico que arrumou a geladeira acabou virando um rosto conhecido na casa. "Está consertado!", ele declarou com um jeito triunfante após a tentativa de número três. Porém uma hora depois a água já estava mais uma vez escorrendo do congelador, e a geladeira zumbia como a turbina de um avião na pista de decolagem. O homem voltou no dia seguinte com um colega que supostamente era especialista naquele modelo da década de 1990. Por fim a máquina começou a fazer os barulhos que devia fazer, e Linet pôde guardar as comidas refrigeradas. Naquela noite eu a encontrei dormindo meio deitada na cadeira da cozinha, com o notebook no colo. Uma folha com o planejamento financeiro mensal de La Lynette estava na frente dos olhos fechados de Linet. Comecei a preparar um café e ela acordou.

"Será que você não devia tirar umas férias?", perguntei.

"Ah, seria uma ótima ideia", ela resmungou, como se eu não estivesse falando sério. Mas estava. Em dois dias eu ia encontrar amigos e dormir uma noite nos rochedos perto de Canasí, um vilarejo a uma hora de carro de Havana. Mencionei a água azul-turquesa e falei sobre os peixes que pretendíamos grelhar na fogueira, mas Linet simplesmente balançou a cabeça. Um novo hóspede estava a caminho — o francês que havia feito a primeira reserva. E Linet precisava limpar o apartamento para recebê-lo. Eu não concordava com aquilo. Será que ela não podia pedir a Milén que preparasse tudo? Milén era uma amiga de Linet que já tinha se oferecido para ajudar com os aluguéis. Como funcionária pública, ela precisava complementar a renda. "Você não pode continuar desse jeito", eu insisti, dizendo que poderia levá-la e trazê-la de carro. Uma estadia como aquela era tudo o que ela precisava, uma lembrança de que a vida que havia preparado para si mesma não precisava ser uma faina. Além do mais, o plano era a prova de erro: não precisávamos sequer dormir lá, e Linet estaria de volta antes que o francês chegasse. Nesse meio-tempo, Milén podia limpar e preparar tudo.

"Mas eu preciso estar de volta *a tempo*", Linet disse em tom categórico, e por fim sorriu.

A empreendedora podia se permitir férias, afinal de contas.

Minha promessa de levá-la de carro foi a primeira a ir para o saco. O motor não quis dar a partida, e o Buick nem ao menos saiu da vaga no estacionamento. Por sorte descobri na noite anterior, e assim pude oferecer um plano alternativo de transporte. Linet tinha começado a se empolgar com o passeio, e logo aceitou ir a Canasí de ônibus e caminhão.

A viagem para sair da cidade deu certo, e logo foram nos buscar perto dos rochedos. O sol ainda estava alto no céu quando bebemos, comemos e tomamos banho de mar. Linet passou mais de uma hora nadando com a máscara de mergulho, porém à tarde os pensamentos dela voltaram-se para o apartamento e para o hóspede francês que estava a caminho.

Ela ligou para Milén, que deu uma má notícia. O quarto de hóspedes estava pronto e a limpeza do apartamento estava quase finalizada, mas ao encher o último balde d'água ela descobriu que o tanque estava vazio. Mais uma vez o vaso tinha esvaziado todo o suprimento de água. Naquele momento não havia uma gota sequer em toda a casa, e Milén não tinha conseguido lavar o banheiro. "Merda", disse Linet, e logo uma expressão terrível se espalhou pelo rosto dela. Linet olhou para a trilha que atravessava a floresta e de repente se arrependeu de ter feito aquele passeio. Os olhos dela começaram a dardejar, e em seguida ela tropeçou. No caminho de volta ela ligou para o vizinho e pediu a ele que chamasse um *pipero* — um motorista do serviço de águas — que aceitava suborno para aparecer com o caminhão-pipa e encher os canos. Linet estava disposta a pagar para que enchessem o prédio inteiro, se fosse necessário.

Fomos ao ponto da estrada onde se pegava carona com os ônibus turísticos para ir à capital, mas naquele momento praticamente não havia veículos na estrada. Ao fim de meia hora uma pessoa que chegou a pé disse que a ponte mais adiante estava fechada, talvez porque estivesse prestes a desabar. Os ônibus estavam trafegando por outra rota. O homem sugeriu que fôssemos a um outro vilarejo na direção oposta, de onde podíamos arranjar carona em um caminhão para voltar à capital. Um caminhão nos levou até o vilarejo, onde passamos outra meia hora esperando até que um táxi por fim nos levasse à ponte fechada. O sol já estava se pondo quando nos juntamos ao fluxo de pessoas a pé que andavam pelo gramado a fim de chegar ao outro lado, onde a estrada continuava.

"Ele deve ter aterrissado por agora", Linet disse quando entramos em mais uma fila de ônibus. Ela ligou para os vizinhos do térreo e pediu que ficassem de olho num europeu que estava prestes a chegar. Por fim chegou um caminhão, de um modelo construído para transportar passageiros. O caminhão não estava indo para Havana, mas pelo menos tomaria a direção certa. Uma hora depois chegamos a Guanabo, um balneário onde centenas de cubanos levemente alcoolizados e com os corpos polvilhados de areia faziam sinal para os táxis a caminho da capital. Linet tinha passado um bom tempo sem dizer nada. Ela ficou parada à beira da estrada sem mexer um músculo sequer enquanto os carros passavam depressa. O rosto pequeno tinha uma expressão fixa: somente os lábios se mexiam de leve. Deles saíam as palavras mais feias que Linet conhecia. Pouco

149

ajudava que fosse enérgica e dedicada: em situações como aquela ela sentia-se impotente.

Por fim um ônibus parou e pudemos começar a terceira etapa daquela tarde. O ônibus serpenteou ao longo da costa sob a luz dos últimos raios de sol antes de entrar em Alamar, um loteamento com arquitetura soviética. Os blocos erguiam-se em meio às palmeiras. Era como se as construções suassem, porque a pintura desprendia-se das paredes de concreto. Quando o ônibus voltou à estrada, finalmente foi possível ver Havana. Nuvens de tempestade encobriram o céu acima do mar e o tempo fechou. Logo um raio iluminou o rosto de Linet. Ela piscou.

Ao fim de cinco horas e seis etapas de transporte, por fim ela pôde subir os degraus que levavam ao apartamento, onde encontrou um homem careca que a esperava na sala com a bagagem. "Seja muito bem-vindo!", exclamou Linet, como se fosse ele, e não ela, que tivesse acabado de chegar. O francês se apresentou e disse educadamente que tudo havia dado certo na viagem de avião. Linet o levou até a cozinha e discretamente abriu uma das torneiras enquanto seguia conversando. Ela comemorou por dentro ao ver que havia água. O suborno do vizinho havia funcionado. Mas, quando Linet falou sobre o chuveiro, o hóspede ficou em silêncio. Foi como se quisesse fazer um comentário, mas não tivesse coragem. Em vez disso ele fez um gesto em direção ao banheiro. Quando abriu a porta e viu o que estava no chuveiro, Linet ficou muda. Depois ouviu uma voz no interior da cabeça: "Eu queria que a terra se abrisse, se abrisse e me devorasse viva". Muse, a inspiração de quatro patas naquela casa, havia deixado três grandes toletes nos azulejos.

PRETO E BRANCO

Era o primeiro dia na Cúpula das Américas. Gritos soavam dentro do hotel onde Norges e Taylor fariam suas apresentações. Os dois estavam chegando na companhia de Yaima quando um homem se aproximou como se estivesse fugindo de um prédio em chamas. "É uma cilada!", ele disse, e logo saiu correndo. Foi nessa hora que eles ouviram os gritos.

"Traidores, fora daqui! Viva Fidel!"

Norges tinha imaginado o Foro de la Sociedad Civil, a conferência que aconteceria paralelamente à Cúpula das Américas, como um agradável encontro com presidentes que apareciam de carro com flâmulas tremulantes e representantes de trinta e cinco países dispostos a trocar ideias e contatos. Os organizadores tinham dado três minutos a Norges e três minutos a Taylor num painel em que se discutiria de que maneira os governos podiam usar as tecnologias digitais para promover a democracia. Os dois haviam treinado e cuidado o tempo um do outro no quarto de hotel. Norges falaria sobre o que o estado poderia fazer, e Taylor falaria a respeito das autoridades locais. Por semanas a imprensa internacional vinha escrevendo cheia de expectativa a respeito do encontro no Panamá. A grande novidade era que aquela seria a primeira vez que Cuba participaria do evento com os EUA também presentes. Fazia mais de sessenta anos desde a última vez que um presidente americano em exercício havia encontrado o homólogo cubano. Os líderes tinham se falado por telefone pouco tempo atrás, e havia boatos de que os EUA e Cuba logo abririam embaixadas na capital um do outro. Os investimentos na ilha enfim poderiam começar.

Na opinião de Norges, o desenvolvimento na arena internacional também significava que uma nova era havia chegado para a ilha. Era uma lógica atraente. Se as autoridades haviam feito as pazes com o inimigo externo, o momento do diálogo também devia ter chegado para os grupos internos de Cuba. O Foro de la Sociedad Civil teria a participação de grupos da oposição, como o Las Damas de Blanco. Lá também estava a delegação oficial de Cuba, com setenta representantes de organizações como a Unión de Jóvenes Comunistas e representantes oficiais da cultura. Norges tinha imaginado encontrar conversas duras, que no entanto também dariam espaço para reflexão e perspectivas variadas, uma vez que os participantes ouviriam uns aos outros de maneira respeitosa, como acontece nos encontros internacionais.

Ele não estava pronto para a visão que se ofereceu no lobby do hotel: corpos jogados uns por cima dos outros, braços e pernas engalfinhados, bandeiras, cartazes e vozes ríspidas. Uma batalha. Num dos lados estavam aqueles que, segundo Norges imaginou, representavam a oposição cubana. Deste lado havia cartazes onde se lia: *DEMOCRACIA É RESPEITO*. Bem à frente, tão perto que era possível sentir o cheiro de suor, ou atingir o outro lado com um soco, estavam os apoiadores do governo. Esses saltavam em um ritmo conjunto e agitavam bandeiras de Cuba enquanto gritavam: "TRAIDORES! ASSASSINOS!". A oposição respondia: "Li-ber-da-de! Li-ber-da-de!". Um homem de terno, o líder da oposição Guillermo Fariñas, brandiu o cartaz com *DEMOCRACIA É RESPEITO* até que o papel se enrolasse todo no pulso dele.

Yaima sumiu na multidão com a filmadora no pescoço. Taylor e Norges no início ficaram parados na entrada, de boca aberta, mas logo se viram obrigados a seguir em frente, e assim precisaram atravessar a massa suada para chegar à sala onde falariam. Cerca de trinta participantes — jornalistas, ativistas e outros envolvidos de diferentes países sul-americanos — já os aguardavam. Havia muita gente interessada em acompanhar a discussão sobre formas democráticas de governar. Norges reconheceu uma jovem jornalista cubana do jornal do partido, que também mantinha um blogue. Ele sorriu e se aproximou dela. "Olá. Você talvez se lembre de mim", ele disse estendendo a mão. Os dois haviam participado juntos de discussões no Facebook. A mulher respondeu com fogo no olhar. "Sim, Norges Rodríguez, eu sei *muito bem* quem você é." Norges olhou para Taylor com uma expressão de perplexidade.

A sala continuava a se encher de pessoas. Eles trocaram cartões de visita com uma mexicana que trabalhava para uma organização que lutava pelos direitos das crianças sequestradas. Norges e Taylor tinham mandado imprimir cartões para a ocasião. *Blogueiro e jornalista freelance*, dizia o texto escrito sob o nome. No palco, uma voz os cumprimentou e desejou boas-vindas. Mais pessoas continuavam a chegar trazendo pequenas bandeiras de Cuba nas mãos. O mediador pediu a todos que se acomodassem. Mas foi naquele instante que tudo começou. A delegação cubana não tinha nenhum plano de se acomodar: todos se juntaram no fundo da sala e começaram a gritar: "Viva Cuba! Viva Fidel!".

"Veja!", disse Taylor, apontando o dedo. González, o vice-diretor da Asociación Hermanos Saíz que havia demitido Taylor em Havana, estava pulando em meio ao grupo. "Não existe *nenhum* diálogo possível!", declarou uma mulher que trajava uma camiseta verde de Che Guevara. Yaima tinha acabado de entrar, filmando a manifestação. "Tem assassinos de aluguel nesta sala!", gritou outra voz. *"Asesinos!"* Outros xingamentos comparavam os representantes da oposição aos mercenários que o governo dos EUA tinha pagado na invasão de Cuba em 1961. "Viva a Cuba Livre!"

Os participantes estrangeiros trocaram olhares confusos — não era daquela forma que as pessoas se comportavam numa confe-

153

rência internacional. A mexicana ergueu a voz. "Afinal, *o que vocês estão fazendo*? Falem um de cada vez, por favor!" Como os gritos continuaram, a mulher fez um gesto de resignação e saiu da sala. Um participante do Brasil se aproximou da mesa e gritou o mais alto que podia: "Eu estou aqui para participar de um diálogo! Deixem a gente conversar!".

Finalmente houve silêncio. Depois um cubano respondeu da fortificação de participantes embandeirados: "Não existe *nenhum* diálogo possível com assassinos de aluguel!". As bandeiras foram erguidas como lanças na direção dos participantes da oposição, e os gritos se ergueram mais uma vez: "Cu-ba! Cu-ba!".

A participação dos cubanos na conferência já tinha ganhado fama. Na manhã anterior, a abertura tinha sido postergada em razão dos mesmos protestos. Bill Clinton, que na época de presidente tinha idealizado a Cúpula das Américas, faria o discurso de abertura. O ex-presidente dos EUA precisou esperar mais de uma hora antes de subir ao palco. Os cubanos também haviam latido em frente à embaixada do país na cidade. Um grupo que se intitulava Asamblea de la Resistencia Cubana havia colocado flores ao lado do busto do herói nacional José Martí enquanto dezenas de compatriotas encontravam-se por lá. No vídeo exibido nos telejornais de todo o continente era possível ver como a situação havia escalado. Primeiro os gritos e os punhos no ar. Depois a briga generalizada. Homens de terno chutavam a barriga uns dos outros e saíam distribuindo pancadas, mesmo com os adversários caídos, enquanto gritavam: "Viva Cuba!". Um representante oficial subiu no teto de um carro e se jogou em cima de um compatriota como se fosse um lutador de luta livre a saltar de um dos cantos do ringue.

Naquele momento o conflito em Cuba havia se espalhado até a conferência, inclusive para o interior da sala onde Norges e Taylor haviam de falar. As palavras de ordem ecoavam pelas paredes. Será que estavam fazendo tudo aquilo para outras pessoas com ideias similares? Olhos desvairados encaravam-nos do grupo embandeirado.

"Assassinos de aluguel! Fora daqui!"

Em tudo o que via e escrevia, Norges tentava desenvolver uma visão pragmática, que incluísse tanto a oposição como as autoridades oficiais, tanto os que gritavam "ABAIXO FIDEL" como os que respondiam "VIVA FIDEL". Mas na conferência não havia uma posição intermediária. Antes que os dois viajassem, o chefe de Taylor havia dito que era preciso "escolher um lado". Naquele momento eles compreenderam o significado dessas palavras.

O embaixador de Cuba na Áustria foi muito educado ao cumprimentá-los, porém os comentários que fez levaram Norges a sentir nojo. "Nós acompanhamos de perto tudo o que vocês escrevem." Mais uma vez esse *nós*, que os definia como um perigo a ser evitado. Yaima vivenciou a mesma situação. Ela fazia uma pausa sozinha numa mesa quando um rapaz se aproximou. "Você sabe quem eu sou?", ele perguntou. Pelo sotaque ela notou que o homem era cubano, mas não o conhecia. Yaima balançou a cabeça. O homem sorriu e disse: "Bem, eu sei quem você é". Aos olhos das autoridades, Norges, Taylor e Yaima não eram participantes independentes, mas parte *deles*, dos círculos contrarrevolucionários de Cuba.

Norges sentiu que a respiração aos poucos ficava mais ofegante. Era como se não houvesse ar no auditório. Ele pegou a mão de Taylor e disse: "Temos que sair daqui". Ao lado da porta estava um homem que o havia empurrado e quase derrubado. Norges respirava com dificuldade, e saiu do auditório aos tropeços. Havia um banco em frente ao hotel, onde ficou sentado por uns minutos sem dizer nada. Os gritos continuavam a soar nos ouvidos dele, como um alarme de incêndio.

As autoridades provavelmente haviam planejado uma ação coordenada durante a cúpula, pois no mesmo dia em que a conferência teve início Yenier, o namorado de Yaima, recebeu um telefonema estranho da mãe dela em Havana. A mãe havia chorado e dito que um representante da polícia de segurança tinha acabado de ligar. "A sua filha é uma traidora da pátria", disse a voz no telefone. Yaima tinha ido "para o outro lado". "Ela nos traiu!", a mãe dela repetiu ao telefone para Yenier. O pai de Norges também havia recebido comentários críticos sobre a participação do filho no evento no Panamá. "Soubemos que o seu filho é um dissidente", disse um colega que ocupava uma posição importante no partido. "Ele devia tomar mais cuidado."

Na praça em frente ao hotel, uma senhora dirigiu-se a Norges e a Taylor. "São vocês que estão fazendo essa gritaria?" O crachá mostrava que ela era colombiana. Os rapazes lamentaram o episódio e explicaram que não tinham sido eles a estragar o evento. "Não somos assim", Taylor disse enquanto tentava abrir um sorriso amistoso. Quando a mulher seguiu em frente, Norges virou o crachá de participante para que o nome e a nacionalidade dele não ficassem visíveis. Era uma sensação nova: ele tinha vergonha de ser um representante de Cuba.

Os dois haviam se preparado muito para falar no evento. Seria a primeira vez de ambos num fórum internacional. Mas naquele momento eles compreenderam que o encontro tinha sido cancelado simplesmente porque os cubanos não conseguiam falar entre si. Os cubanos eram a vergonha da conferência. Norges olhou para Taylor, que tinha o olhar vazio. Logo as lágrimas começaram a escorrer, umedecendo a barba recém-cuidada.

"*Nene*", disse Norges, pegando a mão de Taylor. Quando Norges havia perdido o emprego, Taylor e Yaima o haviam colocado para cima. Naquele momento, cabia a Norges não deixar a peteca cair. Eles não podiam perder a coragem. Ele lembrou o namorado do que aconteceria na cúpula dali a dois dias. O presidente dos EUA encontraria Raúl Castro pela primeira vez. Essa seria uma situação impensável poucos meses atrás. Os arruaceiros que protestavam no hotel estavam no lado errado da história: eram os últimos remanescentes da Cuba do passado. Norges mobilizou as forças restantes para convencer Taylor — e a si mesmo — de que eles tinham razão: o antigo regime estava chegando ao fim, e era preciso lutar agora que a história estava acontecendo, agora que uma nova Cuba era possível, uma Cuba melhor, mais tolerante e mais livre. Era assim que *tinha* que ser.

Como sempre, foi o riso que os salvou. A redenção veio num shopping center, na véspera da volta para casa. O Albrook Mall vendia tudo a preços muito baixos, de imitações de sapatos de marcas famosas a utensílios de cozinha e pacotes de ração de cachorro tamanho família. Norges e Taylor acharam uma TV de tela plana que poderiam comprar com as diárias da conferência para depois revender em Cuba. O lucro permitiria que pagassem as contas por meses.

Enquanto andavam entre as prateleiras do shopping center, os dois perceberam um detalhe estranho. Muitos dos cubanos que haviam gritado uns com os outros durante a conferência naquele momento andavam lado a lado, em busca de mercadorias que não existiam no país natal. De vez em quando eles trocavam olhares. Norges teve a impressão de que chegavam a acenar a cabeça quando trocavam palavras. No fundo, todos eram cubanos, habitantes da ilha da escassez. A briga ganhou ares de teatro. No shopping center, todos haviam tirado a máscara e mostrado quem de fato eram. Yaima riu ao vê-los e começou a imitar a voz característica de Fidel. *"Viva la revolución!"*, ela bradou no interior da loja. "Às compras!" Norges e Taylor quase explodiram de tanto rir, e além disso sentiram um certo alívio. O conflito entre os cubanos parecia encenado.

Eles precisavam trabalhar melhor aquela vivência no Panamá. Norges tinha planejado escrever um post para o blogue sobre a conferência, porém mal conseguia pensar no assunto. Era doloroso ter que enfrentar aquela realidade, na qual todos queriam brigar uns com os outros e ninguém queria o diálogo. Acima de tudo ele queria esquecer o episódio. Taylor escreveu um post com o título "O fim de um capítulo". No texto, ele dizia que era desnecessário falar mais sobre "o que tinha acontecido" no encontro, e a seguir tentava destacar aspectos positivos — como todas as mensagens de apoio que havia recebido de outros cubanos que tinham acompanhado as notícias pela TV e pela internet. Essas representavam o grande contingente de pessoas moderadas, que se assustavam com o comportamento dos grupos mais extremos. "Como todos sabemos", escreveu Taylor, "quando sairmos das trincheiras para trabalhar juntos, a Cuba com a qual sonhamos vai estar mais próxima a cada dia." Norges e Taylor insistiam em dizer que o futuro era promissor.

Havia indícios de que eles tinham razão. Mesmo que o Foro de la Sociedad Civil houvesse fracassado, o encontro entre os chefes de estado tinha sido um sucesso. Ao fim de uma conversa de uma hora com Raúl Castro, o presidente dos EUA declarou que estava pronto para "seguir adiante" nas relações com Cuba. "Concordamos em discordar de maneira respeitosa e civilizada." Mesmo que ainda restassem diferenças importantes entre os países, Obama afirmou que as ideologias não podiam impedir a criação de novas possibilidades em Cuba. "Os EUA não querem ser um escravo do passado. Estamos olhando para a frente." O presidente de Cuba fez um pronunciamento similar. As autoridades estavam prontas para dialogar com os EUA sobre "todas" as questões pertinentes ao relacionamento entre os dois países, inclusive direitos humanos e liberdade de imprensa. Raúl Castro deu ao presidente dos EUA uma surpreendente demonstração de confiança. "Tenho a impressão de que o presidente Obama é um homem honrado."

Norges tinha isso em mente quando entrou no avião que os levaria de volta a Havana. A aproximação com os EUA continuou. O trabalho deles ganhou um novo horizonte. Os diplomatas da embaixada da Noruega escreveram um e-mail dizendo que a ideia da Casa Cubana dos Direitos Humanos era ambiciosa demais, mas que estariam dispostos a colaborar em outros projetos. Eles acreditavam que vozes como as de Norges e Taylor seriam muito importantes a partir daquele momento em que a ilha aos poucos entrava numa era de profundas reformas.

Mas depois da viagem ao Panamá Norges também sentiu outra coisa. Ele não sabia ao certo qual seria a melhor palavra para descrever o sentimento, mas quando fechava os olhos e imaginava os rostos com baba espumante no hotel da conferência, quando pensava em toda aquela conversa a respeito de "escolher um lado", um desconforto indefinido tomava conta dele.

158

A PÁTRIA E A MORTE

Bem antes de eu conhecer Catalina, antes mesmo que ela se envolvesse com o táxi, antes mesmo que o filho dela se mudasse para fora do país e ela acabasse sozinha, muito antes de tudo isso, ela tinha imaginado uma outra vida. Foi no verão de 1991. Catalina estava grávida de vários meses. O enjoo havia passado. Ela andava pela vizinhança em Guantánamo com a paz interior que somente as mulheres que esperam uma nova vida conhecem. Omar, de nove anos, alegrava-se com a ideia de ganhar um irmãozinho. O berço encomendado ao marceneiro logo estaria pronto, e as roupinhas já estavam todas a postos. Nino, o pai da criança que logo nasceria, havia deixado a ex-esposa e a filha do casal para ir morar com Catalina e começar uma vida nova.

Catalina conhecera Nino na central estatal de suprimentos para agricultores em Guantánamo, onde ela trabalhava como assistente do diretor no final da década de 1980. Nino era quatro anos mais velho, um homem espadaúdo e barbado que integrava o partido, andava de moto e tinha um carro próprio. Ele era chefe de transporte da central de suprimentos. Catalina tinha arranjado um emprego novo; passaria a trabalhar como caixa no restaurante do Hotel Guantanamera. A transição da administração agrícola para a administração hoteleira refletia as mudanças pelas quais Cuba passava.

O Hotel Guantanamera era parte da resposta das autoridades à crise que se espalhou após o colapso da União Soviética. Desde o início da década de 1960 Cuba trocava açúcar por combustível soviético e outras mercadorias. Os russos tinham oferecido condições favoráveis e mantido a economia cubana artificialmente saudável, mas de uma hora para a outra todo o comércio com o bloco oriental foi cortado; os navios e aviões já não iam mais a Cuba. A arrecadação do estado ruiu por completo. Nas ruas mal se viam carros: eram apenas homens e mulheres famintos, à procura de comida, em bicicletas. Fidel Castro decretou o início do "período especial" na história da revolução e convidou companhias estrangeiras para construir hotéis em Cuba. Para Catalina, isso significou um novo emprego.

O Hotel Guantanamera erguia-se acima da necessidade que dava o tom nas ruas. O restaurante onde ela trabalhava era decorado com palmeiras, chafarizes e canapés. O hotel tinha cinco estrelas, e em cada andar havia uma obra de arte na parede. Um elevador reluzente levava os hóspedes até o bar do nono andar, onde era possível tomar um drinque com uma vista bonita da cidade. Em teoria, o trabalho no caixa estava abaixo do trabalho anterior de Catalina, na administração agrícola. Mas, embora o salário fosse mais baixo, parecia também mais chique, mais conforme aquilo que os cubanos chamavam de *la búsqueda*.

Um dia, enquanto Catalina registrava uma refeição no caixa, uma colega lhe cochichou: "*Toma y pasa*". Esse era um código para que ela não fizesse o registro, mas simplesmente ficasse com o dinheiro. Os turistas raramente pediam o cupom fiscal. Esses métodos de ganhar um dinheirinho extra existiam em todos os setores do hotel. O pizzaiolo preparava massas finas e levava parte da farinha para casa. O pessoal da lavanderia vendia toalhas na vizinhança. Os colegas trabalhavam aos cochichos e acenos de cabeça para conseguir vantagens, e era assim que todos os hotéis do país funcionavam. Esses pequenos roubos eram tão comuns que os hotéis precisavam incluí-

-los nos orçamentos — e em certos casos chegavam a representar cinquenta por cento do consumo. A maioria dos turistas no Hotel Guantanamera vinha do Canadá ou da Europa, mas às vezes também apareciam famílias abastadas da Jamaica ou da República Dominicana. Nessas horas, Catalina mandava o pequeno Omar para o bufê. "Coma tudo o que você puder", dizia-lhe a mãe. "Carne, verduras, sobremesa, bolo e sorvete!" O menino de pele escura misturava-se aos hóspedes. Todos os dias ao final do expediente havia sobras de comida nas mesas: pão que ninguém havia tocado, ou então garrafinhas de azeite. Os colegas revezavam-se para levar essas sobras para casa.

Ao mesmo tempo, o trabalho de Nino no setor de transporte oferecia mais uma vantagem. Nino cuidava para que sacos e caixotes de verduras e legumes dessem um jeito de chegar à casa onde morava, especialmente durante a gravidez de Catalina. A família comia bem, a despeito da penúria generalizada. E, assim como a própria mãe havia feito na década de setenta, Catalina passou a distribuir comida na vizinhança. "No lugar onde eu morava eu era Deus", ela dizia. Como a maioria das pessoas, naquela época Catalina levava uma vida cheia de contradições. Apesar disso, essas contradições foram reconciliadas numa unidade que logo se tornou mais importante: a vida em família com a criança que logo chegaria. Catalina animava-se ao pensar naquela criança, que aproximaria Nino, Omar e ela própria.

No sétimo mês de gravidez Nino foi chamado para um exercício militar. Além de ser um comunista ferrenho — nas palavras de Catalina: "Nino mijava e cagava comunismo" —, ele também era líder de um batalhão da reserva e participava de exercícios regulares na selva. Era o que se esperava de homens fortes como ele. Os generais repetiam as palavras de ordem de Fidel: *A pátria ou a morte!* E Nino obedecia. Catalina não gostava que o marido participasse desses exercícios, pois não havia como telefonar para ele quando estava na selva: a única coisa a fazer era esperar. O dever revolucionário chamava. Naquela manhã, ao ver Nino sair de casa num veículo militar, Catalina não fazia ideia de que a vida que tinha imaginado logo sofreria uma reviravolta.

Poucos dias mais tarde, ela teve uma sensação estranha na barriga. Catalina tinha acabado de tomar uma injeção por causa de uma infecção urinária. Porém com a injeção as coisas começaram a piorar. Ela sentiu uma pressão na barriga, e a mãe a acompanhou ao hospital. Uma água vermelha começou a escorrer de dentro dela. Os médicos disseram que precisariam fazer um parto de emergência. A mãe e as enfermeiras a consolaram e ofereceram-lhe apoio: "Você é forte!", disseram. As horas passaram enquanto Catalina fazia força, gritava e chorava. Por fim a criança veio: um filho, que saiu primeiro com as pernas. A enfermeira cortou o cordão umbilical, limpou o muco e o sangue e encarou Catalina. Na verdade aquilo não era permitido, mas... será que ela gostaria de vê-lo? A mãe, o médico e a enfermeira a encararam. Catalina fez um gesto afirmativo com a cabeça. A enfermeira segurou a cabeça da criança a poucos centímetros da cabeça dela. Pezinhos gorduchos, dois olhos e mãos com cinco dedinhos cada. Porém quando Catalina os tocou, eles não se agarraram ao dedo dela. O recinto ficou em silêncio.

A MADRINHA

Depois que a enfermeira levou o bebê inerte, tudo ficou envolto por uma névoa. Catalina mal se lembrava do que tinha acontecido. Lembrava apenas que Vilma — uma das enfermeiras — a havia puxado para um lado e dito: "Eu posso ajudar você". Mais tarde Catalina pensaria naquele momento. "É nessas horas que se aproximam, quando você está mais vulnerável."

Vilma apresentou Catalina a uma *madrina* disposta a ajudá-la. Sabina era uma mulher corpulenta de olhos asiáticos e pulseiras douradas que mostravam que ela era devota de Oxum, a deusa da fertilidade. Desde a primeira vez que as duas se falaram, Sabina deu a entender que sabia por que Catalina havia perdido o bebê. Alguém — provavelmente a primeira esposa de Nino — tinha enviado o espírito maligno de um morto para interromper a gravidez. Para obter respostas e se proteger contra novos ataques, Catalina precisaria de ajuda sobrenatural.

Nos meses seguintes, Catalina foi apresentada ao mundo secreto da santería — um mundo repleto de espíritos e rituais, oferendas e símbolos capazes de explicar a perda dela e devolver o filho de que fora privada. Mas, para conseguir a ajuda dos deuses, Catalina precisaria fazer oferendas. Ela foi aconselhada a arranjar frutas, flores, temperos e óleos que seriam usados para fazer a leitura dos espíritos mortos e assim resolver todos os problemas. Catalina não usava roupas nem joias que a identificassem como adepta da santería, mas assim mesmo carregava na bolsa pedras mágicas e amuletos recebidos da madrinha. Foi por volta dessa época que a santería tornou-se uma das crenças mais populares em Cuba. Mesmo assim, era uma religião secreta, que funcionava sem instituições formais, sem títulos e sem nenhum reconhecimento por parte das autoridades. Tinha sido assim desde a época em que os escravos haviam trazido a religião da África Ocidental. Quando o estado e todas as outras instituições sociais fracassavam era possível obter ajuda espiritual na santería. Mais tarde Catalina, assim como outros cristãos, passou a encarar a santería como uma crença herética.

Mas, quando se aprofundou naquele mundo revelado pela madrinha, estava claro que Catalina sofria. Ela não conseguia estar ao lado de um bebê sem começar a chorar ou sentir tremores pelo corpo inteiro. Rosa, a mãe de Catalina, ficou preocupada com a filha e disse que talvez ela estivesse perdendo o juízo. Mas em relação a Nino Catalina não demonstrou nenhuma fraqueza: nada disse sobre os rituais de que participava.

Antes que Nino voltasse do exercício militar Catalina havia vendido parte das coisas dele como castigo por não estar ao lado dela naquele momento difícil. Para sempre ela guardaria mágoa das autoridades, daquele *eles* sem rosto que havia convocado Nino para um exercício militar no momento que ela mais precisava dele, e de Nino, que havia obedecido a ordem. Apesar de tudo, Catalina não abandonou a esperança de ter uma família. Mas após o parto daquela criança morta ela percebeu um detalhe preocupante. Havia começado a passar mais tempo com a família anterior, e a sumir durante períodos cada vez mais longos. A ex-mulher de Nino tinha se inteirado daquele novo relacionamento. Um dia, quando Catalina estava no carro com uma colega, uma moto bateu atrás do carro delas. Era a ex-mulher de Nino, furiosa.

164

Catalina tornou-se a mais importante aprendiz da madrinha, e logo passou a fazer tudo o que ela pedia. "Eu simplesmente entrei num transe", ela diria anos mais tarde. Um dia Sabina pedia-lhe um buquê de girassóis, outro dia pedia-lhe uma galinha viva para jogá-la ao mar. Catalina conseguiu flores e animais no hotel onde trabalhava, e depois entregou tudo na casa da madrinha. Porém no caminho de volta Catalina percebeu que havia esquecido a bolsa e pegou um táxi de volta. Quando chegou, a madrinha estava depenando a galinha para o jantar daquela noite.

Sabina continuou a dar tarefas a Catalina. Pediu que seduzisse um conhecido que era casado e tinha filhos, mas que talvez fosse um bom pai para o filho de Catalina. A aprendiz passou a desconfiar cada vez mais das ordens da madrinha. Certa noite Sabina pediu para entrar no bar localizado no último andar do hotel onde Catalina trabalhava. Na época, o acesso aos hotéis turísticos do país era reservado aos hóspedes estrangeiros; cubanos não podiam entrar. Mas Catalina registrou a madrinha como hóspede pagante e cuidou para que a deixassem entrar no bar com mais três pessoas. Ao longo da noite, Catalina observou envergonhada a forma como Sabina e o marido se embebedavam no meio dos hóspedes estrangeiros.

Ela não disse nada, mas começou a procurar uma maneira de sair daquela situação. Procurou Nino e sugeriu que os dois se mudassem e fossem morar com a família dela em Havana. Antes, Nino havia dito que os dois poderiam começar uma vida juntos assim que tivessem um filho. Mas naquele momento ele disse que não queria abandonar a família anterior. Catalina fez as malas e foi morar na capital com o filho, a mãe e uma nova maneira de enxergar a vida. A madrinha, a gravidez, Nino — nada tinha correspondido às expectativas dela. Catalina prometeu a si mesma que jamais se deixaria enganar outra vez. Era verdade o que diziam nos círculos do partido: *confiança é bom, mas controle é melhor*. Neste mundo não se pode confiar em ninguém além de si mesmo.

165

PRECISAMOS DE ÁGUA

A nova vida de Linet não correspondeu ao que ela havia imaginado. Claro que parte das metas foram atingidas: ela passou a ganhar o suficiente para cuidar de si mesma, e além disso conseguia enviar dinheiro para a avó em Santiago todo mês. Mesmo assim, esses pequenos avanços pareciam insignificantes perto da paz interior que pretendia conseguir ao tornar-se empreendedora. Toda vez que uma coisa quebrava no apartamento, ou que o tanque d'água se esvaziava, era como se o próprio reservatório de autonomia de Linet também desaparecesse. A consciência de que a qualquer momento as coisas podiam dar errado estragavam a alegria trazida pelo sucesso dos aluguéis. Aos poucos os pensamentos que a tinham atormentado antes da terapia começaram a retornar. De que servia afinal todo aquele esforço? O que ela conseguiria com aquilo tudo?

"Aqui estou eu", disse Linet certa tarde quando voltei para casa, "esperando pela volta da água." Ela estava sentada na ponta da cadeira da cozinha, tinha os cotovelos apoiados nos joelhos e olhava para o tanque d'água. Os últimos litros tinham sido usados para cozinhar o feijão que estava no fogão. Na sala, Julián logo terminaria as reformas daquele dia. O apartamento estava sem água pela segunda vez na mesma semana. Para manter o negócio funcionando, Linet dependia de uma vizinha que morava no quarteirão seguinte e a deixava encher baldes por lá. Antes naquele mesmo dia ela tinha encontrado um motorista do serviço de águas na rua. O homem estava ocupado, enchendo os canos de outro prédio, mas prometeu dar uma passada no prédio dela mais tarde para fazer um abastecimento de mil litros. Naquela altura o preço já havia dobrado. Linet amaldiçoou a falta de vergonha de todos os que trabalhavam naquela cidade, mas deixou o pagamento a postos. As horas passaram, o caminhão-pipa não apareceu e ela decidiu telefonar.

"*Señor*", disse Linet, em tom do mais absoluto respeito. "Ainda estamos esperando pela água. Será que vai demorar muito?" Uma voz masculina respondeu e Linet desligou. Ela largou o telefone em cima da mesa com um gesto vagaroso.

"O que foi que ele disse?", perguntei.

"Ele disse: '*Señora*, eu não posso falar, porque estou preso'."

A vizinha do primeiro andar mais tarde contou o que tinha acontecido: ela vira tudo. Quando o motorista apareceu para reabastecer o prédio, a polícia estava à espera dele. Linet imaginou que talvez a denúncia tivesse sido feita por Celia, uma viúva que passava os dias bisbilhotando a vida alheia. Era o tipo de pessoa que denunciaria o próprio filho.

"Me sinto impotente", disse Linet, desabando na cadeira da cozinha. O que ela poderia fazer a seguir? Ligar para a polícia e oferecer suborno para que soltassem o motorista? Julián chegou da sala e serviu-se de arroz e feijão. Em geral ele fazia gracejos com Linet enquanto todos comiam, mas naquele momento não disse nada. O marceneiro pertencia à parcela da população que não gostava de ouvir críticas a Fidel ou à revolução. Ele tinha sido membro do partido durante a vida inteira.

"Eles querem que a gente trabalhe e ajude o país, mas não nos dão sequer a chance de começar!", disse Linet. "Quando essas coisas acontecem eu entendo por que as pessoas querem sair daqui. Eu mesma estou tentando me reerguer..." Nessa hora o velho marceneiro ergueu o rosto.

"Mas lembre-se", disse Julián, "que o problema não está no projeto." Ele falou devagar e enfatizou a palavra *proyecto*. "O *projeto* é uma boa ideia."

"Mas, Julián", Linet respondeu já meio sem paciência, "me diga: qual é afinal o *projeto*? Me dê um exemplo."

"Por exemplo...", ele disse, enchendo a boca de feijão. "Por exemplo, agora a gente pode ligar e fazer reclamações. Temos um sistema para esse tipo de coisa."

Linet balançou a cabeça de leve e serviu-se de comida. Todos nós passamos um bom tempo sem dizer nada. Muse apareceu e começou a pedir comida, mas Linet a enxotou. Quando pôs a louça suja na pia, ela estava rosnando.

"Estamos cercados", ela disse. "E não me refiro à água."

Eu já tinha ouvido essa forma de se expressar outras vezes, em especial de cubanos que não tinham mais nenhuma confiança nas autoridades e sentiam-se "cercados" por políticos corruptos, pela polícia e por *eles* — as pessoas que tomavam decisões. Os cubanos que falavam dessa forma tinham desistido de resolver os problemas que os afligiam e sonhavam apenas com o dia em que enfim poderiam deixar a ilha para trás. Mas a Linet que eu conhecia não era uma dessas pessoas.

E, assim que Julián foi embora, Linet decidiu levá-lo ao pé da letra. Se o "projeto" cubano de fato incluía reclamações às autoridades, ela trataria de escrever uma carta ao Partido Comunista de Cuba. Linet sentou-se em frente ao notebook para escrever e começou a embalar o corpo de um lado para o outro enquanto teclava e redigia.

Linet pretendia mandar o texto como um artigo a ser publicado no *Granma*, o jornal do partido. Por esse motivo, ela se esforçava por fazer uma crítica objetiva. O texto abria com um cumprimento aos líderes da nação e um pedido de que levassem a queixa dela a sério. "A insatisfação e o desespero das pessoas está aumentando", Linet advertiu. Ela explicou metodicamente os problemas que a afligiam e escreveu sobre a falta d'água e as datas em que havia contatado o serviço de águas e de fornecimento via caminhão-pipa. Será que essa falta crônica de água na cidade seria um tema abordado no

168

próximo congresso do partido? Era doloroso que Cuba, um país que havia feito progresso admirável nos campos da saúde e da educação, não fosse capaz de fornecer água à população. "Não me refiro a um problema trivial", escreveu Linet. "Estou falando da necessidade de tomar banho em um calor de trinta graus. Estou falando do mau cheiro no banheiro, das plantas que morrem. Estou falando de pegar o ônibus para o trabalho e feder como um bicho, e de terminar o dia de trabalho subindo quatro andares com cinco litros d'água em cada mão — para não falar do problema da minha vizinha de setenta anos que mora no quinto andar."

Linet leu parte das formulações para si mesma na escuridão, em voz baixa. O tom da carta era frio e contido, mas ao chegar no fim ela não conseguiu evitar o profundo desprezo que sentia. Linet encerrou o texto com uma referência ácida ao último texto de Fidel publicado no jornal do partido, no qual advertia a população contra as "palavras bonitas" empregadas pelo presidente dos EUA para dirigir-se ao povo cubano. A advertência era um contraste e tanto ao lado do tom conciliatório adotado por Raúl Castro em relação aos EUA. Fidel era conhecido pelo ceticismo em relação aos EUA e à atividade empresarial, e especialistas nas políticas internas de Cuba temiam que o antigo líder quisesse interferir em todo o processo de reforma. "Somos capazes de produzir toda a comida e todo o bem-estar de que precisamos", Fidel havia escrito no jornal do partido. "Não precisamos que o império nos dê nada."

Na carta, Linet respondeu: "Talvez não precisemos que outros países nos deem nada. Talvez possamos resolver tudo nós mesmos. Mas precisamos de água", acrescentou.

Era quase meia-noite quando Linet deu o texto por encerrado. Ela queria ir ao parque enviá-lo por e-mail no dia seguinte. Era um alívio botar tudo aquilo para fora: pelo menos as autoridades não poderiam alegar que não sabiam do problema. Talvez o texto de Linet desse início a um debate no jornal, ou pelo menos a um debate interno no partido. Enquanto Linet pensava essas coisas todas, finalmente a água voltou aos canos, e o sorriso também voltou ao rosto dela. "Muito bem", disse Linet, para então fechar o notebook e levantar-se. Ela foi ao corredor com a roupa a lavar. Na manhã seguinte o apartamento estava limpo e quatro fileiras de roupa estavam penduradas no corredor. Pôr aquela queixa no papel havia despertado uma voz em Linet, uma voz sem a qual não poderia mais viver, que lhe dizia *não desista* e prometia que, apesar de tudo, o amanhã seria melhor do que ontem. Parar de sonhar continuava a ser proibido naquela casa.

A CIDADE SEM IGUAL

ra para ter sido um transporte simples. Um dos hóspedes de Linet, turista do México, havia pedido para ir a uma casa de praia nos arredores da cidade. Já havia se passado um mês desde a vistoria bem-sucedida na autoridade de trânsito, e continuávamos à espera da licença de táxi. Eu e Arian já havíamos feito a rota G algumas vezes, porém sem ganhar muito dinheiro — apenas cerca de quinhentos pesos para dividir. Cada uma dessas viagens exigia muito trabalho antes e depois de darmos a partida no motor. As estradas esburacadas faziam com que volta e meia tivéssemos um pneu furado. As portas precisavam ser ajustadas em razão do grande número de passageiros que as abria e fechava. Em razão disso, a disposição da pessoa hospedada por Linet a pagar trezentos e cinquenta pesos por uma única viagem era um atrativo e tanto. Cem ficariam com Linet, que tinha arranjado o trabalho, cem ficariam com Arian e o restante ficaria guardado para futuros consertos.

Como sempre, Catalina havia dado um jeito para que Arian tivesse folga do trabalho. Ela tinha mencionado ao chefe um estranho barulho no carro da firma e sugerido que o carro fosse levado a uma oficina. "Você me conhece", Catalina disse mais tarde ao telefone

171

em tom apologético. "Eu sou cristã e não posso mentir, mas *qué va*, é muito difícil ser cristã em Havana."

Minha tarefa era simples. Eu devia pegar o Buick no estacionamento e buscar Arian para que depois fôssemos juntos apanhar a pessoa do México na casa de Linet. O carro ficou estacionado no lugar de sempre — em frente ao Hotel Inglaterra, a cinco quadras do apartamento de Catalina. Arian o havia limpado pouco antes ao entardecer, como tinha por hábito fazer quando transportávamos turistas. Apertei o botão que ligava o aquecedor do motor, contei até dez e girei a chave. O motor roncou e cumprimentei o guarda do estacionamento ao sair. Precisávamos de mais trabalhos como aquele: dinheiro rápido com pouco risco. Quando saí do estacionamento e passei em frente à entrada do hotel, vi uma família estrangeira fazendo o check-in no lobby. Aquele trabalho podia ser o primeiro de muitos. Cuba era naquele momento um dos principais destinos turísticos no mundo. Na vizinhança a dois quarteirões de onde Linet morava havia uma equipe americana que estava filmando cenas para o *Velozes e furiosos 8*. Era a primeira vez desde 1960 que Hollywood invadia Havana, e muitas ruas estavam fechadas. Cuba estava na moda como nunca havia estado. Com o táxi, estávamos numa boa posição para aproveitar a guinada econômica. Catalina, por sua vez, estava satisfeita com a venda de cabelo que havia começado. Uma vez por semana transportávamos cabelo para as clientes dela — uma rede de mulheres de classe média em Havana que Catalina tratava por *amiguitas*.

Meu envolvimento com a venda de cabelo seria uma coincidência biográfica. Desde que registrei o meu primeiro endereço de e-mail com o meu sobrenome, Wig, eu tinha começado a receber e-mails com ofertas de perucas e cabelo. *Dear sir*, os e-mails por vezes diziam. *We can see that you are active in the wig business. Can we interest you in a special offer on virgin hair from Romania? Free shipping in Europe!*

Esses e-mails continuaram a chegar mesmo depois que fui para Cuba, e então comecei a rir comigo mesmo, porque eu estava começando a me envolver com esse ramo de verdade. Através de Catalina, conheci os importadores e aprendi o jargão necessário. Os comprimentos eram medidos de maneira aproximada, em distâncias que compreendiam o espaço entre um indicador estendido e o polegar. A cor mais procurada era loiro. O cabelo chegava a intervalos regulares do importador, um rapaz musculoso com duas correntes de ouro no pescoço chamado Frank. Frank afirmava "colher" os cabelos de cerca de quarenta mulheres que moravam na província de Oriente e os cortavam regularmente. A regra nesse mercado era que o cabelo não podia ser tratado. Quando Frank colocava os tufos no chão da sala de Catalina, o apartamento se enchia de um cheiro de fazenda. Catalina pegava as cores e os comprimentos que tinham o melhor potencial de venda e colocava anúncios na internet. Eu fazia a entrega das mercadorias.

O projeto como um todo dava a impressão de se encaminhar para o sucesso — se não fosse o cheiro de outra coisa naquele dia, quando eu saí do estacionamento próximo ao Hotel Inglaterra.

Assim que passei em frente à entrada do hotel, senti um cheiro de borracha queimada. De repente começou a sair fumaça do painel, e o carro se encheu como uma câmara de gás. Eu me virei para o lado e abri a porta. Em meio à fumaça ouvi o barulho das pessoas que chegavam pela calçada aos gritos. Abri o capô o mais depressa que eu podia. Foi como abrir a tampa do caldeirão de uma bruxa: tudo faiscava e borbulhava lá dentro, e as chamas lambiam cabos e engrenagens. Atrás de mim uma voz gritou: *"La batería, la batería!"*. Havia uma garrafa de cinco litros d'água no porta-malas. Corri até a parte de trás do carro e em seguida virei o líquido em cima das chamas. O homem que havia gritado chegou correndo e puxou um dos cabos da bateria. Logo as chamas se acalmaram. "Hombre!", disse o homem, um sujeito forte e barrigudo de regata. "O carro podia ter explodido!" Outros homens se aproximaram e logo começaram a falar sobre todos os estragos que o motor teria sofrido. A seguir vieram análises detalhadas sobre as peças que precisariam de substituição. Todos falavam como se conhecessem a construção e a personalidade do carro. Ouvi em silêncio enquanto os especialistas discutiam paredes dos cilindros, virabrequins e outras palavras que eu não conhecia. "É simples", um dos homens disse por fim. Depois todos foram embora. Uma água preta escorria do motor e formava pequenos córregos no asfalto. O carro tinha a boca aberta na minha direção, como se fosse uma vítima de tortura.

Quinze minutos depois Arian chegou a pé. O cheiro de plástico queimado pairava no ar, e toda a rua fedia a derrota. Sugeri que empurrássemos o Buick até a oficina mais próxima, a sete quarteirões de onde estávamos, mas Arian balançou a cabeça e apontou para a pequena inclinação até o semáforo. "Esse animal pesa uma tonelada, compadre." E assim ficamos parados na rua enquanto tentávamos parar outros carros que pudessem nos guinchar. Arian ofereceu cem pesos a um taxista, sem sucesso. "Por cem pesos não vale a pena!", disse um observador da calçada. "Vocês têm que oferecer cento e cinquenta!" Arian balançou a cabeça e balbuciou: "Essa cidade não tem igual". Uma organização suíça tinha acabado de conceder o título de "cidade sem igual" a sete cidades do mundo — entre as quais estava Havana, em razão da "atração misteriosa" que a cidade exercia, bem como do "calor, receptividade e carisma" da população.

Por fim batemos em retirada. Empurramos aquela besta ladeira abaixo e voltamos ao estacionamento. Quando saímos de lá, olhei para trás, em direção ao carro que ainda gotejava e que minutos antes funcionava de forma muito promissora. Eu não sabia como dar a notícia a Catalina. A vistoria tinha acabado de concluir que o Buick estava em perfeitas condições. Ela estava à espera de um grande carregamento de cabelo do interior.

Quando liguei mais tarde, a princípio ela ficou em silêncio, mas depois falou. "Escute bem o que eu vou dizer, rapaz." O tom soava muito assertivo: era a personalidade invencível dela que falava. "Logo vamos sair dessa. Pode ter certeza de que tudo vai acabar bem."

Eu já não sabia mais se acreditava em Catalina. Nem se ela acreditava em si mesma.

NASCE UM MENTIROSO

Linet tinha enviado a carta ao jornal do partido e estava à espera de uma resposta, Norges e Taylor tinham voltado da viagem ao Panamá, o Buick tinha acabado de pegar fogo e eu, Catalina e Arian tentávamos descobrir qual oficina poderia consertá-lo. Foi nessa época que começaram a acontecer coisas que eu não compreendia por completo. Primeiro foi o negócio com o telefone. Um dia, depois de falar com uma parente na Europa, ela me disse que a nossa conversa havia tocado outra vez depois que eu havia desligado. Houve um clique e logo todas as palavras se repetiram. A mesma situação repetiu-se outras vezes. Yaima riu quando a procurei para entender o que seria aquilo. Ela se embalou na cadeira de balanço, cruzou as mãos em cima da barriga de grávida e explicou: "É um dos truques deles. Querem mostrar para você que as conversas estão grampeadas. Mas não se preocupe", ela me consolou. "Não esqueça de cumprimentá-los ao falar. Eu sempre faço isso." O tom dela não era dramático, não havia nada de surpreendente na constatação de que o meu celular estaria grampeado, afinal era uma rotina das autoridades de comunicação no que dizia respeito a estudantes estrangeiros. Não havia motivo para preocupação. Mais tarde me lembrei da tranquilidade que eu havia sentido após falar com Yaima em razão do que aconteceu logo a seguir.

Foi pela manhã; o Buick ainda fedia no estacionamento, e eu estava na fila do ônibus em San Lázaro quando o meu celular tocou. Era Manuel, o orientador que me fora atribuído no Centro Cultural — a instituição acadêmica que estava me registrando como estudante. Era preciso ter vínculo com um centro de pesquisa em Cuba para que eu pudesse estender a duração do meu visto para um mínimo de um ano e meio, conforme eu havia planejado. Manuel tinha me ajudado com a papelada, e tudo parecia estar bem encaminhado. Eu já tinha participado de um seminário organizado pelo Centro Cultural e tinha sido apresentado ao diretor do centro, uma pessoa de grande destaque no campo de pesquisas ligadas à cultura. Dias antes, Manuel havia dito que logo eu poderia voltar ao centro e buscar a minha identificação. Em razão disso, eu não estava pronto para ouvir o que ele disse.

"Houve um problema", disse Manuel.

"Um problema?", perguntei, imaginando que aquilo fosse uma brincadeira. Nós dois sempre usávamos um tom amistoso ao falar.

"É bem... constrangedor..." Manuel começou a fazer pausas entre as palavras, e por um instante achei que ele fosse desligar. O problema, segundo Manuel explicou, era que a cota anual de estudantes internacionais no Centro Cultural já tinha sido atingida naquele momento. Por isso seria preciso cancelar o nosso compromisso. Eu nunca tinha ouvido falar numa cota para os estudantes internacionais. Minha impressão era justamente o contrário: que o centro gostaria muito de trabalhar comigo, inclusive porque a cada novo trimestre eu pagaria centenas e mais centenas de dólares em taxas. Além do mais, o projeto de pesquisa já não estava registrado e aceito pelo Ministério da Cultura?

"Não sei o que dizer", respondeu Manuel. "Eu mesmo também estou muito surpreso."

Ele sugeriu que eu procurasse outra instituição acadêmica onde pudesse fazer minha pesquisa e mencionou dois ou três nomes. No fim, me desejou boa sorte e desligou.

176

O meu trabalho mal havia começado, mas sem a extensão do meu visto não havia futuro para mim em Cuba. Naquele instante ainda me restavam cinco semanas. Ao fim desse período eu teria que voltar para casa. Comecei de imediato a fazer telefonemas para encontrar uma nova instituição disposta a me receber. Eu precisaria de sorte para conseguir toda a documentação necessária antes que o meu visto expirasse. Mas as respostas que recebi não foram promissoras. Muitas instituições diziam ter suspendido os programas de intercâmbio internacional. Eu já tinha entendido que as autoridades que chancelavam pedidos de pesquisa feitos por estrangeiros viam o tema da minha pesquisa — a atividade econômica em Cuba — como um assunto sensível. Nos últimos anos, boa parte da atividade econômica fora legalizada, mas a ilha continuava a ser governada pelo Partido Comunista. Pesquisadores como eu em geral recebiam autorização para pesquisar temas mais inofensivos, como a religião ou as tradições musicais da ilha, mas estudar a economia popular de Cuba era um assunto complicado mesmo para os pesquisadores cubanos. Dias se passaram sem que eu conseguisse nada, e logo comecei a perguntar se o motivo para o cancelamento da nossa colaboração não poderia ser outro que não a "cota" mencionada por Manuel. Talvez já corresse no ambiente acadêmico a notícia de que as pessoas por um motivo ou outro não deviam trabalhar comigo.

Os problemas com o visto surgiram no exato momento em que imaginei ter um plano garantido para a minha permanência em Havana. Eu tinha morado seis meses na casa de Linet e planejava me mudar para um novo apartamento, como havíamos combinado, porque ela queria aumentar a capacidade de receber turistas. Por um tempo falei com Norges e Taylor sobre dividirmos um apartamento. Eles moravam num apartamento minúsculo no outro lado do porto e estavam à procura de outro, mais perto do centro. O casal parecia entusiasmado com a ideia, mas poucos dias depois do telefonema de Manuel aconteceu uma coisa inesperada. Norges e Taylor pararam de atender o telefone. Eu sabia que eles ainda estavam procurando um lugar, e assim comecei a me perguntar se os dois não estariam me evitando. Será que eu tinha sido muito intrometido? Afinal, os dois já deviam estar suficientemente ocupados com a vida particular e os projetos de cada um. Ser rejeitado daquela forma, primeiro pelo Centro Cultural e depois por Norges e Taylor, fez com que eu me sentisse inseguro.

Quase dois meses se passaram até que a situação do visto fosse resolvida. Mas antes precisei viajar de um lado para o outro no México para conseguir um novo visto de turismo. No fim, para meu alívio, consegui uma parceria com a Fundación de Folklore, um dos centros indicados por Manuel. Quando apareci na Fundación com a minha documentação, um jovem e ágil burocrata deu uma conferida rápida na descrição do meu projeto e decidiu que reformas de mercado seriam um tema demasiado sensível. Precisei eliminar palavras sensíveis como *atividade comercial*, *reformas* e *setor privado* e dizer que eu pesquisaria questões ligadas a identidade, tradição e música no contexto dos vendedores ambulantes. Enviamos descrições censuradas da pesquisa para o Ministério da Cultura e finalmente o pedido de visto foi aprovado. Atribuíram-me um novo orientador e me deram uma nova identidade cubana com uma autorização de residência temporária.

No dia que coloquei essa identidade no bolso eu comemorei por dentro. Finalmente tinha conseguido um motivo legal para a pesquisa e para a permanência no país. Ao mesmo tempo, notei que eu havia me transformado num mentiroso. A cada três meses eu teria que escrever um relatório para a instituição de acolhimento — e para o Ministério da Cultura — sobre o meu estudo acerca das tradições musicais entre os vendedores ambulantes. Era um tema que despertava a minha curiosidade, e assim não foi difícil escrever os relatórios que o centro me pedia. Mas assim mesmo eu compreendia, ainda que nenhum dos meus contatos houvesse dito de maneira direta, que esses relatórios não deviam conter a verdade sobre o tema da minha pesquisa. A partir daquele dia, nunca mais consegui me livrar do sentimento de que eu tinha coisas a esconder.

A primeira recusa do Centro Cultural também me levou a fazer inúmeras perguntas. Segundo os meus novos colegas da Fundación

178

de Folklore, não existia nenhuma cota para estudantes internacionais. Nesse caso, o que teria parado aquele outro processo? Será que eu tinha dado azar com os burocratas, com uma pessoa em especial que não havia gostado do meu tema de pesquisa? Talvez os problemas estivessem ligados ao grampo no meu telefone. A certa altura descobriram que eu também estava escrevendo um livro e que eu dirigia táxi. Ou seriam as minhas amizades com Yaima, Norges e Taylor que haviam criado problemas no sistema?

Eu continuava sem nenhuma notícia a respeito de Norges e Taylor, mas semanas depois de conseguir a autorização de residência eu topei com Manuel na rua. Manuel era um homem magro e calvo, do tipo que não causa nenhuma impressão muito forte quando visto de perto. Ao se aproximar de mim, ele abriu um sorriso largo e disse: *"Estoll, el antropólogo!"*. Manuel apertou a minha mão com força enquanto falava sobre a alegria de me reencontrar e de saber que no fim tudo havia dado certo com o meu visto. Mais uma vez ele lamentou o fato de que o Centro Cultural tivesse cancelado a nossa colaboração. Passamos um tempo falando sobre outros assuntos, conhecidos em comum e um novo periódico que ele havia começado a editar. Mas, antes que nos separássemos, dei a entender que eu ainda não tinha entendido muito bem qual era o *problema* que ele havia mencionado aquele dia ao telefone. Nessa hora Manuel adotou uma expressão sofrida.

"Eu não sei de mais nenhum detalhe..."

Foi como se os olhos dele tentassem contar uma história que os lábios poderiam apenas insinuar, mas no fim Manuel pareceu decidido a contar mesmo assim. Ele apontou um dedo para cima e disse: "Alguém *lá em cima* ligou e disse que não podíamos trabalhar com você".

Uma risada breve e reveladora escapou da minha boca, como se eu tentasse demonstrar a estranheza de saber que alguém pretendia vigiar e impedir o meu trabalho. Mas não tinha nada de cômico naquilo que Manuel havia me contado. Ele abriu um sorriso meio sem graça, e ficamos os dois em silêncio. Quem poderia ser esse *alguém*? Onde seria *lá em cima*? Essas perguntas ficaram rodando na minha cabeça, mas achei melhor não fazer mais perguntas. Manuel deu a

impressão de estar desconfortável. Era como se o nosso relacionamento não suportasse o peso daquilo que ele havia me contado. Des-
pedimo-nos, Manuel desapareceu ao dobrar uma esquina e eu fiquei
para trás com a sensação de ter estado num daqueles momentos que
marcam um "antes" e um "depois".

O ÓLEO E O MECANISMO

Depois que o motor do carro pegou fogo, eu e Arian o rebocamos até uma oficina. Arian conseguiu uma van no trabalho e eu fui atrás, dirigindo o Buick. Era uma tarde chuvosa, e a água entrava por uma fresta na porta. As rodas rangiam quando eu pisava no freio, e eu estava preocupado com o que o mecânico diria. Gustavo era um sujeito grande de oitenta anos, com barba branca por fazer e aparência cansada. Quando explicamos o que tinha acontecido ele assentiu com um gesto consternado e deslizou um pedaço de papelão para baixo do carro. Depois entrou lá embaixo e começou a fazer o diagnóstico, com a mesma confiança de um médico. A parte elétrica era a menor das nossas preocupações. "A bomba de diesel está cheia d'água. Me alcancem o alicate!" Ouvimos barulhos embaixo da carroceria, e a seguir uma nova mensagem: "O motor está soprando ar!". Teríamos que voltar outro dia.

Arian não disse praticamente nada; como de costume, falou mais com o olhar do que com a boca. E naquele momento, só de ver, ele percebeu que o mecânico não sabia ao certo qual era o problema. De fato, os dias foram passando sem que tivéssemos mais notícias de Gustavo. Notei que eu não havia me importado muito com aquela in-

182

terrupção temporária no trabalho com o carro. O Buick causava mais problemas do que resolvia. Ser responsável por um carro em Cuba era mais ou menos como ser responsável por um cavalo, e foi isso o que escrevi no meu diário. *Mais um pneu furado*, escrevi certa noite.

Já nem sei mais quantos pneus eu furei. Mas devem ter sido uns dez. Hoje aconteceu outra vez. Eu tinha pensado em levar junto o estepe do apartamento, mas no fim mudei de ideia — apenas para descobrir, ao passar em frente à bodega perto da casa de Catalina, que o pneu direito no lado do carona estava furado. Um parafuso, que devia estar preso ao pneu, havia se mexido e furado a superfície. Consegui um macaco emprestado de um rapaz que estava na esquina. Com a ajuda desse e do meu próprio macaco antigo, que o rapaz imaginou ser "da época antes da guerra", ergui o carro, tirei o pneu e o levei até a oficina na Infanta sob um sol escaldante. Eu estava cheio de óleo e de sujeira, porque o carro tinha ficado na rua. O problema de sempre. Quando cheguei à borracharia, os borracheiros não tinham o equipamento certo para me ajudar. Tive que pegar um táxi e levar o pneu a uma oficina na Calle 23. O táxi custou dez pesos, e o conserto do pneu cinquenta. Ninguém se importa com os preços oficiais que constam na tabela. Na oficina, me disseram que provavelmente o prego de uma ferradura havia ficado preso no pneu, mas quando o rapaz encontrou o problema, o que ele removeu foi um parafuso, um parafuso comum, com a cabeça desgastada, sujo e cheio de resquícios de borracha. Guardei o parafuso no bolso e voltei de táxi. Metade do dia já havia se passado. Que ruas de merda, que carro de merda, puta que pariu!

Comparada à atividade como taxista, minha pesquisa sobre os mercados ia bem. Eu tinha começado as pesquisas de campo meio por acaso. Um dia, caminhando por uma rua comercial, ouvi histórias a respeito de um lugar onde supostamente era possível comprar "de tudo", e onde quase não havia turistas. A Calzada de Monte saía da cidade antiga e seguia por quase dois quilômetros em direção a Cuatro Caminos, o antigo mercado onde mercadores cubanos se reuniam há séculos.

Fui a Monte e encontrei um microcosmo de Cuba.

Cantinas estatais que serviam pão com manteiga e sopa aguada conviviam lado a lado com cafés e bares sofisticados, tocados pelos mais novos empreendedores do país. Ferragens estatais existiam em meio a comerciantes ilegais que cochichavam as ofertas para os pedestres. Vendedores de frutas elogiavam a qualidade excepcional das laranjas. Técnicos mexiam em isqueiros e telefones celulares. Vendedores de equipamento de som exibiam a qualidade dos produtos aumentando o volume ao máximo e tocando as faixas mais populares de reggaeton, com letras vulgares que todos pareciam saber de cor. O cruzamento entre Monte e Cienfuegos era conhecido por todo o país como um lugar onde se podia comprar sexo. Poucos quarteirões adiante, era comum ver os protestos das Damas de Blanco. As mães e esposas de presos políticos raramente conseguiam fazer mais do que gritar "Abaixo a ditadura!" e jogar um monte panfletos para cima antes de serem levadas pela polícia.

Monte era um lugar sem regras, onde apesar de tudo as autoridades tentavam impor regras. Uma das tentativas de criar "ordem", como diziam os líderes do partido, eram os sete centros comerciais que as autoridades tinham aberto em anos recentes. Lojas estatais tinham sido fechadas para dar lugar a pequenos empreendedores particulares, que podiam alugar bancas e vender sapatos, roupas e outros produtos de consumo, desde que tivessem a papelada em ordem.

Sem pensar muito, um dia entrei num desses centros comerciais e comecei a falar com os vendedores a respeito da minha pesquisa. Eu queria aprender o máximo possível sobre como as pessoas envolvidas com o comércio em Cuba viviam e sobreviviam, e sobre como a atividade econômica funcionava.

"Diga, meu amigo", respondeu um rapaz no corredor entre as bancas. "Quanto tempo você tem?" Riqui regulava de idade comigo, devia ter uns trinta e poucos anos, e usava gel nos cabelos. "Você pode me perguntar o que bem entender."

Compreendi que Riqui era um dos pequenos reis naquele mercado. Ele vendia sapatos e deixou que eu o ajudasse, primeiro dispondo a mercadoria na banca pela manhã, e mais tarde confiando a mim outras partes da atividade comercial. Atravessamos a cidade transportando carga e encontramos importadores e parentes dele que tinham feito viagens a Moscou, ao Panamá e a outros lugares do mundo para comprar as mercadorias levadas a Cuba em malas. Aos poucos me ocorreu que Cuba era uma economia à base de malas. A maior parte dos bens de consumo — roupas, telefones celulares e tudo que as pessoas queriam — era levada à ilha na bagagem, em aviões de passageiros. As companhias estatais importavam somente uma fração ínfima daquilo que as pessoas queriam; a maior parte era transportada por importadores privados e os ajudantes deles, chamados de *mulas*. Nesse contexto, uma mula era um passageiro que tinha como tarefa colocar parte do peso da bagagem permitida à disposição de um importador. As mercadorias acabavam nas mãos de pessoas como Riqui, que as vendiam nos centros comerciais. Dizer que posso ter sido útil para as pessoas que conheci seria um exagero. Mas eu as encontrava todos os dias e as ajudava a organizar, embalar e vender os produtos. Quando os fiscais à paisana apareciam, o alarme corria de boca em boca entre os vendedores — *inspección!* — e todos os que tinham mercadorias ilegais à venda apressavam-se para escondê-las. Eu e Riqui enfiávamos falsificações de tênis Nike e Adidas em sacos, que por sua vez eram trancados no armazém; frascos de espuma de barbear Gillette, escovas de dente e outras quinquilharias da China também desapareciam de um instante para o outro, pois tudo era tratado como contrabando. Legalmente, era possível vender roupas, sapatos e outros produtos feitos artesanalmente pelos vendedores.

Poucos vendedores tinham uma boa explicação a dar sobre o *motivo* da proibição de outras roupas, sapatos e produtos que os cubanos desejavam comprar. Simplesmente era uma coisa que "as pessoas" que governavam o país haviam decidido.

O problema era que a maioria dos cubanos, e em particular dos cubanos jovens, não tinha interesse nenhum em usar camisetas ou sapatos feitos artesanalmente. Todos queriam se destacar com marcas e produtos da moda, como os jovens em qualquer outro lugar do mundo. Em razão disso, pessoas como Riqui acabavam num dilema. Era preciso escolher entre um modelo econômico legal que renderia pouco dinheiro ou um modelo econômico ilegal que daria mais dinheiro.

Dar aos comerciantes permissão para vender apenas produtos que as pessoas não tinham interesse em comprar era uma contradição. Mas Cuba era a ilha das contradições. Governado por um partido comunista, o país era um dos últimos a ser considerado uma economia planejada. Apesar disso, naquele momento eu era parte de um ambiente comercial totalmente desregulado no centro da cidade. Lá não havia nenhum tipo de conversa sobre salário-mínimo, férias ou pausas durante o horário de trabalho, nem qualquer tipo de legislação que protegesse os direitos dos trabalhadores. Em especial as pessoas mais pobres que arranjavam um emprego informal nos ramos de venda e limpeza acabavam sujeitas a toda sorte de abuso. Os jovens do interior iam tentar a sorte em Havana e acabavam trabalhando seis dias por semana em troca de uma renda que mal superava os salários estatais. Que tudo isso ocorresse no coração do socialismo estatal, ao lado dos pôsteres com propagandas do Partido Comunista, não parecia chamar a atenção de muitos cubanos.

Riqui, o meu novo amigo, explicou que "o tipo de socialismo que temos aqui sempre foi culpado de traição com o capitalismo". E Riqui acrescentou que eu devia acreditar naquilo, porque ele entendia de traição.

As semanas passaram-se e eu me tornei um rosto conhecido no centro comercial. O armazém passou a ser minha base para explorar outros aspectos da vida econômica em Cuba. Semanas mais tarde eu estava vendendo laranjas em frente ao mercado com um comerciante de ferro-velho aposentado de Matanzas. Depois passei a acompanhar uma vendedora de chiclete que atendia pelo apelido "Rai-Fai". Rai-Fai era uma mulher um pouco mais velha, de costas largas, que andava em meio à multidão em Monte. A voz anasalada e inconfundível dela soava em meio ao barulho como um alarme: "A

Rai-Fai chegooou!". O nome tinha sido retirado de um comercial inglês de chiclete — o nome, claro, era *Rainfire*, e o sabor era *fresh menthol*. A vendedora de chiclete tentava imitar o comercial e tinha até mesmo criado uma musiquinha que ela cantava enquanto andava pela rua. Toda vez que aquela voz soava — "Rai-fai-wita-*fresh* mentato-to-fow" —, as pessoas sabiam quem estava chegando.

Fiz amigos e passei a ter conhecidos pela vizinhança, e aos poucos também comecei a estender minhas pesquisas rumo a outras áreas da cidade. Aos sábados eu ia ao mercado imobiliário, que em Cuba não era apenas um conceito abstrato mas um lugar físico, situado à sombra das árvores do Paseo del Prado, onde comerciantes de carros e imóveis se encontravam.

Não era fácil entender como as diferentes peças do quebra-cabeça se encaixavam, mas aos poucos eu comecei a ter uma visão mais ampla. Todo entardecer transferia novos dados para um computador: anotações que fazia em papel, entrevistas e experiências vividas ao longo do dia. Meu mergulho na economia cubana um dia haveria de se transformar numa tese de doutorado, porém minhas experiências no centro comercial em Monte também me ajudavam a entender outras experiências que eu tinha em Cuba. Por toda parte eu encontrava cubanos que viviam como Catalina e que pareciam estar fartos de leis e regras difíceis de compreender, ou que simplesmente paravam de se importar com essas coisas. Aos poucos entendi que não era anormal flexibilizar ou quebrar as regras nesse país — muito pelo contrário: o mercado clandestino e artimanhas como as de Catalina eram a própria base do sistema econômico. A corrupção e os pequenos subornos eram o óleo que fazia com que o mecanismo funcionasse; cédulas e "presentes" eram o que levava burocratas e fiscais a fechar os olhos, de maneira que nada realmente funcionava, mas apenas continuava aos trancos e barrancos.

E assim foi também com o Buick. Três semanas depois da nossa primeira visita o mecânico Gustavo telefonou e pediu que eu e Arian fôssemos até lá para que ele pudesse nos atualizar. Ele jurou que o motor estava *quase* dando a partida. A questão era que a bateria estava morta. Arian fez uma chupeta com o carro da firma. Gustavo pediu que eu me sentasse no banco do motorista e virasse a chave quando ele desse sinal. "Agora, compadre!", exclamou o velho, como um general dando a ordem para a canhonada. Todos esperávamos pelo ronco do motor, mas não adiantou. O mecanismo tossiu como um gato com uma bola de pelos presa na garganta.

Os problemas continuavam. Precisávamos de uma nova bomba de diesel, mas por semanas foi impossível arranjar essa peça — nem os melhores importadores do mercado clandestino puderam nos ajudar. Quando por fim conseguimos uma peça sobressalente, Gustavo precisou mandá-la para um conhecido que tinha o que ele chamou de "laboratório", onde era possível adaptar a bomba para o motor do nosso carro. Dois meses ainda se passariam até que recebêssemos boas notícias.

Gustavo ligou, e naquele momento a voz dele soou como se tivesse partido para a ofensiva. Quando eu e Arian dobramos a esquina, ele já estava sentado no banco do motorista, encarando-nos com um jeito orgulhoso. "Escutem isso aqui", disse Gustavo, girando a chave. Arian, que raramente demonstrava sentimentos, não conseguiu se conter quando o motor do Buick se pôs a roncar.

"Estoll!", ele exclamou com uma expressão radiante. "Que som *incrível*!"

Como Arian, eu tinha aprendido a curtir aqueles momentos raros em que o óleo e o mecanismo roncavam em harmonia, e tentei me convencer de que talvez a pane seguinte fosse demorar.

CONTROLE É MELHOR

Os consertos haviam levado mais tempo do que o esperado, e quando o carro enfim deu a partida Arian pareceu ansioso por voltar a fazer corridas à noite. Em razão do trabalho de pesquisa, eu não tinha mais tempo para acompanhá-lo nas corridas da tarde. Estava trabalhando no mercado de roupas e ocupado escrevendo entrevistas e fazendo observações de campo nesse horário. No fim combinamos que a partir daquele momento Arian pagaria pelo combustível, guardaria quinhentos pesos pelas horas trabalhadas e colocaria o restante no caixa da oficina. Ele pareceu satisfeito com esse arranjo.

Mas Catalina não.

À tarde, depois que o carro deu a partida, eu a convidei para ir a um restaurante fazer planos e comer pizza, e quando a comida chegou Catalina me disse que havia uma coisa a incomodá-la. Ela estava preocupada com a parceria que eu havia feito com Arian. O problema, para ela, era um acordo segundo o qual ele podia estacionar o carro em casa ao final do trabalho noturno. O carro deveria ficar no estacionamento do hotel; não podíamos confiar que Arian não fosse usar o carro para os mais variados assuntos pessoais. Catalina suspeitava que Arian estivesse usando contatos feitos através das vendas de cabelo para tocar um negócio próprio de transporte com o carro ilegal da firma sem dividir os lucros.

"Você sabe o que dizem", falou Catalina. "Confiança é bom, mas controle é melhor."

Enchi a boca com meia fatia de pizza na tentativa de arranjar tempo para uma resposta. Ao pensar sobre o assunto, imaginei ter notado sinais de que a relação entre Catalina e Arian houvesse esfriado. No caminho entre a oficina e o estacionamento, Arian tinha dito que *la madrina* queria "controlar tudo". Catalina insistiu em dizer que Arian precisava nos entregar a chave e os documentos do carro quando não estivesse trabalhando. Para não dar a impressão de que eu estava do lado de Arian, respondi que eu entendia a preocupação dela. Mesmo assim, não era razoável pedir que Arian caminhasse vinte minutos a pé entre o estacionamento e a casa dele ao fim de cada uma das noites dirigindo o táxi. Ele devia ter o direito de estacionar o carro em casa, eu disse. Por um tempo, nada mais foi dito.

Para mudar de assunto, perguntei a Catalina se ela tinha planos de participar do desfile de Primeiro de Maio. Logo o dia dos trabalhadores seria comemorado. Por toda a cidade, pôsteres e cartazes anunciavam o desfile. "Viva o Primeiro de Maio!" "Todos na praça." Segundo o jornal do partido, a classe trabalhadora chegaria à Plaza de la Revolución "cheia de cores e vontade de lutar" para mostrar ao mundo "a força invencível da revolução cubana".

"Eu vou", Catalina respondeu.

"Por quê?"

Catalina me encarou como se eu tivesse perguntado por que ela tinha dois braços e duas pernas. Fez-se silêncio.

"Para mostrar que estamos do lado do governo", Catalina por fim respondeu.

"Mas, Tita, você está mesmo?", eu perguntei. Nessa hora Catalina chegou mais perto de mim e baixou a voz, como os cubanos têm por hábito fazer ao falar das autoridades do país.

190

"Eu não fui no ano passado", ela disse em um cochicho. "No trabalho, eu disse que iria com o comitê do meu bairro, mas não fui. Fiquei em casa e vi tudo pela TV."

Depois ela se reclinou na cadeira e desviou os olhos. "Eu tive um problema nas costas, sabe? Não pude ir."

Tive dificuldade para entender como as duas respostas se relacionavam. Como seria possível ter duas posições opostas na cabeça e manter-se fiel a ambas? Continuei a perguntar.

"Mas a participação no desfile é opcional, não?"

"É opcional, sim", Catalina respondeu. Depois ela tornou a baixar a voz, chegou mais perto de mim e apresentou outra versão.

"Sabe, eu não fui ao desfile nenhuma vez nos últimos três anos." Catalina erguia o punho fechado, numa imitação do gesto feito pelas pessoas que compareciam à praça: *Viva! Viva!* "É claro que também não vou este ano. Você está achando o quê, que tenho um cérebro de galinha?"

O chefe dela não tinha uma opinião muito diferente, mesmo que comparecesse aos desfiles. Pedro tinha família nos EUA e vivia bem com o dinheiro que lhe mandavam de lá.

"Ah", Catalina disse, referindo-se mais uma vez ao caráter voluntário do comparecimento, "mas se você não vai, eles retiram o seu bônus."

Catalina sempre recebia o bônus e a nota *superior* na avaliação interna do trabalho. "Eu não poderia fazer as coisas que faço se não estivesse no partido. No trabalho me chamam de *la liberada*, porque faço o que me dá na telha."

Há tempos eu tinha aprendido a gostar da mulher sentada à minha frente e a admirar a maneira como ela enfrentava as dificuldades oferecidas por Cuba. Catalina tinha uma solução para tudo. Um dia, quando mencionei que uma amiga minha — Linet — estava à procura de toalhas para um quarto de aluguel, Catalina prontamente me passou o contato de uma pessoa que trabalhava no hotel e vendia toalhas de algodão da mais alta qualidade. Além disso, Catalina também era muito protetora. Fazia comida para mim, me chamava de *mi hijo* e fez uma cópia da chave da própria casa para que eu pudesse entrar e sair quando bem entendesse. Ao mesmo tempo eu também me perguntava quanto devia custar o estilo de vida dela, que era ao mesmo tempo inspetora e infratora, integrante do partido e rebelde, e uma mulher à procura de amizades, porém avessa a confiar nos outros.

Acompanhei Catalina de volta até em casa e, quando chegamos, ela voltou a falar sobre Arian. Mostrou-se inconformada com a ideia de que ele pudesse fazer as corridas noturnas sozinho e estacionar o Buick em casa. Sugeriu uma outra solução. E se pesquisássemos quanto um taxista realmente ganhava por noite com um táxi? Assim teríamos uma base para saber se os valores que Arian nos entregava correspondiam à realidade. Eu a assegurei de que já sabia a resposta, porque tinha passado várias noites ao lado de Arian. Mas, para tranquilizá-la, eu disse que podíamos ir junto uma noite para averiguar essa questão. Nessa hora Catalina sorriu.

Até então, todo o envolvimento dela com o táxi fora ocasional, quando a transportávamos durante o dia. Pode ser que ela não quisesse apenas saber: talvez achasse que estava de fora da parte divertida. Combinamos que eu a buscaria no sábado seguinte. Eu seria o motorista, e ela seria a minha *buquenque*. Catalina ficou radiante com a ideia de ser minha assistente: em Havana, esse era um trabalho raríssimo entre as mulheres. Quando chegamos à porta, ela se virou, me deu um beijo no rosto e disse: "Eu já sei o que vou vestir".

MATEO

inalmente tive notícias de Norges e Taylor. Os dois tinham encontrado outro lugar para morar, e eu também havia encontrado um apartamento. Eles me convidaram para um almoço — uma refeição digna de um rei. Taylor arranjara queijo e pinoli — uma raridade — e preparado um pesto. Durante a refeição, Norges olhou para Taylor, que por sua vez explicou por que eles não tinham atendido o telefone durante aquele período.

"Sabe", disse Taylor, constrangido, "nós achamos que talvez *a gente* fosse o motivo para os problemas que você estava tendo com o visto." Taylor pediu que eu não os levasse a mal. "A gente só quis fazer a coisa mais garantida."

Concordamos que talvez eles tivessem exagerado. No fim eu havia conseguido a minha autorização de residência, e todos havíamos conseguido um novo lugar para morar. Era desagradável pensar que talvez houvesse uma relação entre a nossa amizade e os problemas com o meu visto, mas assim mesmo fiquei contente por ter notícias deles e resolvi não pensar mais a respeito do assunto. Aquele era um problema que tinha deixado de existir.

Meu novo apartamento era um quarto e sala numa das ruas comerciais da cidade, em Centro Habana — um cafofo espaçoso com água quente no chuveiro e uma geladeira confiável. Como o prédio era alto para os padrões de Havana, dava para ver toda a cidade do telhado. A oeste ficavam os parques de Vedado, a leste ficava a parte antiga da cidade, a sul ficava o monumento em honra a José Martí, o herói nacional, a norte ficava o mar — o cinturão azul que dava a volta na ilha.

Na primeira tarde que subi para observar a vista a porta rangeu às minhas costas e um homem alto e magro entrou mancando. O rosto dele parecia sofrido. Ele tinha cabelos pretos com fios grisalhos, barba de três ou quatro dias e um bigode tão afiado que parecia feito de agulhas. O homem estendeu o braço e sorriu com os olhos. "Mateo."

Mateo morava no térreo com a esposa. Como zelador extraoficial do prédio, ele tinha como responsabilidade lubrificar o motor do elevador de sessenta anos de idade, que por milagre ainda transportava os moradores para cima e para baixo. Além disso, cuidava também do sistema hidráulico, que tinha bombas no porão e caixas-d'água no telhado. Ao chegar das corridas de táxi com Arian ao entardecer, eu costumava subir ao telhado para tomar um ar. Com frequência encontrava Mateo por lá. Às vezes ele estava com os cachorros de um vizinho, outras vezes estava sozinho com um cigarro no canto da boca e um copinho de rum. Nessas horas, aproveitávamos para conversar. E assim Mateo passou a fazer parte do meu dia a dia.

Ele tinha formação como ferreiro. Nos anos 1980, havia trabalhado como operador de grua. Como ele mesmo disse: "Naquela época, realmente *construíamos* coisas aqui em Havana". Mas, quando a economia entrou em colapso com a queda da União Soviética, o trabalho na construção civil parou por completo, e Mateo passou a trabalhar como taxista informal. Ele tinha herdado um Pontiac, e assim começou a fazer viagens à província vizinha de Matanzas, cobrando dez dólares por cabeça. Dava para tirar um bom dinheiro, mas um dia ele bateu depois de uma bebedeira, destruiu o carro e o pé. Era por isso que mancava.

Parte de mim sabia que o contato com Mateo era um risco. Além de ser zelador, ele também era líder do comitê revolucionário do bairro. No papel, Mateo não fazia parte da Cuba oficial, mas assim mesmo funcionava como intermediário entre o que acontecia na vizinhança e *eles* que vigiavam e governavam. Por eu ser um estrangeiro envolvido em pesquisa e trabalho informal como taxista, seria uma boa ideia manter-me longe desse tipo de pessoa. Os problemas com o meu visto ainda eram uma memória recente, porém Mateo transmitia um sentimento de confiança. Quando eu disse que era estudante, ele não pareceu interessado em saber mais nada. Talvez *não quisesse* saber mais nada.

Durante um entardecer no telhado Mateo apontou para um prédio onde uma senhora estendia roupa. Por anos ela tinha sido presidente do comitê da vizinhança, mas de uma hora para a outra havia "trocado de lado", disse Mateo — virando a mão no ar. A senhora começou a apoiar Las Damas de Blanco. "Acho que ela cansou", disse Mateo, dando de ombros. "Ela é uma *luchadora*, e eu a admiro por isso."

Mateo não parecia dar especial atenção às regras. Certa manhã no corredor topamos com dois sujeitos que iam de andar em andar vendendo peixe roubado. Mateo desaconselhou-os a bater às portas do terceiro andar, porque lá morava um tenente-coronel que sem dúvida os denunciaria. Ele fez um gesto de cabeça em direção à escada e segurou o punho, para dar a entender que aquele vizinho poderia colocá-los na prisão. Os dois o agradeceram e foram embora no mesmo instante.

Esses episódios me levaram a crer que não haveria problema falar com Mateo sobre o Buick estacionado em frente ao prédio. Por acaso uma manhã estávamos indo os dois para o mesmo lado e eu perguntei se ele não queria uma carona. Quando Mateo viu o carro, o rosto dele se enterneceu. Ele passou os dedos de leve sobre o capô como um cavaleiro à moda antiga passaria a mão num cavalo. "Que coisa mais linda, *compadre*. Espero que você cuide bem dessa beldade."

Por um motivo ou outro, Mateo parecia querer me proteger dos perigos que havia na vizinhança. Ele me disse em quais seguranças de estacionamento eu podia confiar, e quais tinham fama de abrir a boca. Em especial Paco, o mais velho e o mais tagarela, devia ser evitado a todo custo.

Uma tarde eu estava sozinho no telhado quando Mateo chegou com os cachorros. Ele jogou uma perna por cima da mureta como se aquilo fosse um sofá e apontou para baixo. "Você está vendo aquilo?" Senti um frio na barriga ao inclinar o corpo para a frente. Lá embaixo estavam os restos do prédio vizinho, que havia desabado anos atrás. "Imagine", disse Mateo. "A velha que morava lá sobreviveu. Ela estava sentada no vaso quando tudo desabou."

Eu conheci essa senhora: o nome dela era Martica, e naquele momento ela morava em um puxadinho na rua, onde vendia chicletes e isqueiros. Atrás do puxadinho, uma escada subia em direção a lugar nenhum — ou melhor: em direção ao andar onde ela tinha morado. Quando eu disse que cumprimentava Martica todas as manhãs, Mateo ergueu o indicador e, para a minha surpresa, disse: "Cuidado com a Martica. Ela é cagueta".

Fez-se silêncio. O céu escuro pairava acima de nós como um cobertor. Mateo jogou o cigarro nas ruínas lá embaixo e suspirou.

"Amizade e moral são coisas que não existem mais por aqui."

APRENDIZADO

Catalina saiu da porta quando já estava escuro e sentou-se no banco do passageiro usando um blusão preto de gola alta. Nos cabelos ela tinha uma fita de seda; nas orelhas, brincos de ouro; e na bolsa, batom e spray de pimenta. Ela colocou tudo no painel. Eu tinha decidido que faria uma rota simples, do túnel no fim do Malecón até San Lázaro, passando pelo Capitolio. No caminho de volta, seguiríamos pelo Neptuno, daríamos meia--volta e começaríamos tudo outra vez. Era tarde de sábado, dia dos pais — uma tarde em que todo mundo ia a bares, festas de família e clubes noturnos, para depois voltar para casa.

Nossos primeiros clientes foram um casal jovem que fez sinal em San Lázaro. Eles ofereceram o pagamento a mim, porém Catalina pegou as cédulas estendidas e disse: "Hoje sou *eu* que me encarrego do troco". O papel de *buquenque* era desempenhado à perfeição: ela gritava e oferecia informações para os pedestres interessados em pegar o táxi.

"Isso mesmo, para o centro! Pode entrar."

"Ao chegar no túnel a gente dobra!"

"Ei, feche a porta aí... cuidado!"

Quando um rapaz entregou sete pesos a Catalina em vez de dez ela perdeu a paciência. *"Hombre,* aqui faltam três pesos!" O homem se desculpou, pagou a diferença e desceu cabisbaixo.

Comparado à minha primeira corrida com Arian eu estava dirigindo melhor. Eu já conhecia o ritmo do tráfego, sabia quando acelerar para aproveitar o semáforo verde e quando frear antes de chegar ao semáforo amarelo ou vermelho. Mas, ao fim de uma hora, descobri uma coisa nova. Nas corridas com Arian, nós dois tínhamos nos revezado ao volante.

Naquele momento eu dirigia sozinho, e o suor começou a escorrer da minha testa. O turno mal havia começado, mas a minha bermuda já parecia uma banheira. Seria o motor o responsável por todo aquele calor? Ou aquele era o calor natural da noite? As janelas estavam abertas, mas no interior do carro devia fazer trinta graus. Catalina, por outro lado, parecia estar muito confortável no banco do passageiro, de onde acenava para os passageiros e os orientava.

Logo a minha navegação tornou-se mais lenta. O volante começou a deslizar nas minhas mãos suadas, e eu comecei a me atrapalhar com o câmbio de marcha. Num dos cruzamentos no Malecón precisei usar todo o peso do corpo na direção para não bater contra o muro que dava para o mar. No mesmo ritmo do meu cansaço, o nível do consumo de álcool também aumentou. Mulheres e homens com roupas festivas enchiam copos plásticos com aguardente, como zumbis marinados em rum.

Atrás do Capitolio, pegamos dois rapazes que iam ao clube noturno mais popular da cidade, chamado La Fábrica. Quando chegamos, os dois mal conseguiram sair do carro. O primeiro se arrastou para fora e se virou em direção ao amigo, que logo o acompanhou. O amigo abriu a porta sem olhar. A borda de metal acertou a cabeça do primeiro a sair, que foi nocauteado na mesma hora. Segundos depois ouvimos um gemido na rua. "Está tudo bem... podem ir!"

Outros passageiros pediram que ligássemos o som. "Mais alto, *compadre*! Hoje é dia dos pais!" Os pais acomodavam-se no banco de trás, cheirando a suor, cigarro e rum. Um deles trazia o filho de arrasto e ficou repetindo a mesma frase durante todo o percurso. *"Hijo*, o que você quer comer quando a gente chegar em casa?" O menino não respondia. "Sorvete ou pizza? Você pode escolher entre sorvete e pizza. O que vai ser?"

Quando escapei de bater contra uma mureta próxima ao túnel, parei o carro e sugeri a Catalina que encerrássemos as corridas. Contamos o dinheiro. Em pouco mais de quatro horas tínhamos ganhado o salário mensal de um cubano: setecentos pesos. Era uma boa notícia, porém deixei de comentar o óbvio: a quantia era a mesma que Arian dizia ter ganhado por noite. Para mim aquele foi um aprendizado útil, e acho que Catalina deve ter pensado o mesmo: que podíamos acreditar no que Arian dizia, que ele merecia a confiança dela após a fase de controle. Mais tarde eu me daria conta da minha ingenuidade, mas na hora eu não disse nada: simplesmente empurrei quinhentos pesos para o lado de Catalina e a deixei em casa.

Quando cheguei à minha casa tinha a impressão de ter carregado pedras o dia inteiro. Eu me atirei na cama de roupa e tudo. A camiseta de baixo fedia. Seria possível torcê-la se os meus braços não estivessem colados ao colchão como espaguete cozido. Quando fechei os olhos, continuei a sentir os movimentos do carro no meu corpo, como as ondulações da água ao fim de um dia inteiro de mergulho. O motor vibrava nas minhas pernas, o tráfego pulsava na minha lombar. Sob o pé direito eu continuava a sentir o acelerador, e sob o pé esquerdo a embreagem. O corpo ronronava, como um gato.

De madrugada sonhei que eu continuava a dirigir por Havana noite adentro. A rota era a mesma, as esquinas, os parques, os cruzamentos. Quando cheguei a Galiano, os roncos do motor ecoaram por entre as colunas. Um luar de prata iluminava as construções, que me encaravam boquiabertas, como gigantes mudos. Fiz uma curva em direção ao Malecón. O calçadão estava deserto. As ondas respingavam na estrada, e não havia ninguém à vista. Naquele momento compreendi: a ilha fora abandonada, e só eu tinha ficado para trás.

A SOMBRA

Já era o início da noite em Havana quando ouvi Mateo com os cachorros no telhado e me lembrei de que ele tinha dito que gostaria de falar sobre um assunto importante comigo. Eu o encontrei sentado num tijolo de concreto com um cigarro na boca. Os cachorros andavam de um lado para o outro e faziam xixi e cocô no escuro. "Você queria falar comigo?"

Mateo fez um sinal para que eu me aproximasse, mas em vez de falar ele foi mancando até a porta e a fechou. Depois baixou a voz e disse: "A polícia esteve aqui perguntando por você".

Após mais de um ano de estadia em Cuba, imaginei que as autoridades estivessem me acompanhando. Eu sabia que um funcionário da imigração ligava regularmente para Linet com perguntas sobre o estudante internacional que ela tinha recebido. Todas as vezes, Linet falava sobre a minha pesquisa relacionada à música e à tradição das ruas. Semanas antes, Yaima também havia descoberto que o meu telefone estava grampeado. Eu tinha me acostumado à ideia de estar sob uma certa vigilância, mas descobrir que a polícia havia procurado o líder do comitê do bairro para fazer perguntas a meu respeito era diferente.

"O que eles queriam?", perguntei, tentando manter a calma.

Segundo Mateo, um rapaz à paisana tinha batido à porta e mostrado um distintivo que o identificava como investigador. Ele estava fazendo a *verificação* de um morador do prédio. A conversa, da forma como Mateo a narrou, tinha sido mais ou menos assim:

"Por acaso tem um estudante estrangeiro morando no apartamento 54?"

"Vários estudantes moram aqui. Tem um no terceiro andar..."

"No número 54."

"Sim."

"O senhor sabe se ele recebe *visitas*?"

"Visitas?"

"Por acaso havia cubanos *naturales* entre essas pessoas?"

Mateo compreendeu que o homem estava procurando cubanos suspeitos, e assim disse que já tinha visto amigos chegarem e saírem, mas sem nenhuma atitude suspeita.

"E esse estudante... é verdade que ele tem um carro?"

"Pelo que vi, ele anda a pé."

Nessa hora Mateo me encarou com uma expressão séria.

"Para começar, não conte para ninguém que eu lhe disse essas coisas. Eu vou para a cadeia se você abrir a boca, entende?" Ele segurou meus pulsos com força.

Fiz um gesto afirmativo com a cabeça.

"E a partir de agora não fale mais com os seus amigos ao telefone. Tome cuidado, em especial com pessoas amistosas. E não falo apenas da polícia, mas de quem quer que seja. As pessoas fazem de conta. Mas, *compadre*, não é nada disso. As pessoas estão simplesmente falando e sorrindo. Mas esqueça, porque no fim acabam pegando você..." Mateo fez dois gestos rápidos com as mãos no ar, como se capturasse moscas em pleno voo. "E depois..." Ele não completou a frase, mas simplesmente espremeu os dedos.

Nós dois passamos um bom tempo em silêncio, e fiquei pensando no que aquela espremida poderia significar. Será que eu poderia ser interrogado pela polícia? Será que poderiam revogar a minha autorização de residência, ou fazer coisa ainda pior? Será que o carro poderia ser apreendido? Será que eu seria expulso do país?

Não era a primeira vez que eu pensava dessa forma. Eu sabia muito bem que Cuba era uma sociedade vigiada, mas nos últimos tempos, e em especial depois do episódio no Centro Cultural, meu corpo havia começado a registrar as reais implicações disso. Eu tinha adquirido certos hábitos. Ao visitar Norges e Taylor, olhava ao redor antes de entrar no prédio, de um lado para o outro, como as pessoas fazem antes de atravessar uma rua movimentada.

Uma leve paranoia aos poucos havia tomado conta de mim, e de uma forma tão discreta que eu mal havia percebido — o insight veio apenas naquele momento, quando eu estava no telhado ouvindo os conselhos de Mateo. Uma sombra desenhou-se na minha existência, e o funcionamento dos meus sentidos foi alterado. Quando eu conversava com seguranças de estacionamento ou vendedores de fruta na esquina, às vezes era como se tudo ao meu redor silenciasse. Meus lábios se mexiam, a conversa fluía, mas eu também ouvia uma voz que perguntava: *será que você pode mesmo confiar nessa pessoa?* Essa transformação foi involuntária e inconsciente. Num dos meus sonhos recorrentes, eu era Cachinhos Dourados na fábula dos três ursos. Eu me servia de mingau, experimentava as cadeiras e me deitava nas camas dos ursos. Os animais voltavam para casa e me encontravam dormindo, como uma intrusa atrevida. Quando o urso grande abria a boca para falar, eu sempre acordava sobressaltado. A advertência de Mateo fez com que eu voltasse a me angustiar, a nutrir um sentimento de ser perseguido enquanto dormia. Um olho que me via, mas que para mim era invisível.

"Isso aqui é uma merda completa, *compadre*", Mateo disse ao fim de uma longa pausa, enquanto olhava para a cidade. Da rua vinham os barulhos do carrinho de um vendedor ambulante. Ao longe o motor de um ônibus roncava.

Como em muitas outras vezes, *eles* passaram a ser o assunto da conversa.

"Estão fechando a porta cada vez mais, sabe? Todos os dias a porta se fecha um pouco mais. Pense em todos os que foram embora daqui. Para não falar dos que — ah, Deus que me perdoe..." Mateo de repente começou a cochichar, e eu mal conseguia ouvir as palavras dele — "... para não falar das que *desapareceram*... O que terá acontecido com o Camilo?"

Camilo Cienfuegos era um querido líder de guerrilha morto num acidente de avião em 1959, dez meses depois da revolução. Segundo boatos, na verdade Fidel era quem estava por trás daquele desaparecimento, uma vez que Camilo havia discordado do rumo que a revolução deveria tomar. Esses boatos tinham pouco crédito junto aos historiadores, mas continuavam a viver aos cochichos em conversas na mesa de almoço e nos terraços.

Mateo se levantou de repente e sorriu. Foi como se precisasse executar um movimento físico a fim de pensar noutra coisa. "Vamos ver como está a água." Em seguida ele subiu para olhar dentro da caixa. Eu me levantei para ir. Quando cheguei à porta, Mateo assoviou para mim. Ele tinha uma mão na escada, enquanto a outra prendia os lábios. Por fim ele movimentou os lábios, sem usar a voz: *nem uma palavra.*

A FORÇA DO POVO

Mais de um ano se passara desde que eu havia me mudado para Cuba. Quando comecei a notar coisas que tinham passado despercebidas e a ouvir coisas inéditas, passei a notar também algo de novo em Linet. Eu via a exaustão naqueles olhos sorridentes quando ela falava com os turistas, ouvia a impaciência que aos poucos se instalava nela quando precisava dedicar um longo tempo a tarefas básicas, como arranjar comida ou consertar uma coisa que tivesse estragado. Essas coisas rebaixavam as ambições de Linet. Ao terminar o curso no CubaEmprende ela tinha falado sobre como a empresa dela ia crescer. Sobre como um dia teria um negócio grande, um hotel, talvez uma agência de viagens na praia. Essas ideias de repente pareceram ridículas.

Semanas haviam se passado desde que Linet havia mandado a carta para o *Granma*, o jornal do partido, mas ela não recebeu sequer um agradecimento. "Devem ter limpado a bunda com a minha carta", ela um dia rosnou. O texto, que Linet havia se esforçado para escrever da forma mais objetiva e convincente possível, não tinha servido para nada. Ser ignorada dessa forma era pior do que ser atacada. O silêncio da redação do jornal fez com que Linet insistisse na ideia de provocar uma reação. Devia haver no sistema alguém que se importasse com o fato de que as autoridades não forneciam água à população. Talvez ela pudesse reclamar para a Canal Habana, a emissora de TV local, e sugerir uma reportagem sobre a vizinhança. Ou talvez Linet devesse enviar a carta para uma das páginas críticas ao governo e assim criar uma polêmica nas redes sociais. Mas no fim ela teve uma ideia melhor. Havia um canal oficial que ainda não havia tentado. O Poder Popular era a única instituição no sistema político de Cuba formada por representantes eleitos pelo povo. Em cada bairro havia um escritório, que servia como um canal para ouvir as necessidades das pessoas. De lá, as necessidades deviam ser levadas ao parlamento. Por outro lado, todo mundo sabia que só um tipo de questão era discutido pela elite política do país. No último encontro de representantes no parlamento havia dois temas para discussão. O primeiro, que supostamente vinha das profundezas do povo, era "A importância de estudar a história de Cuba". O segundo dizia respeito à sujeira e à decadência nas ruas da cidade, e tinha por título *La indisciplina del pueblo*.

Talvez uma queixa ao Poder Popular não tivesse grande efeito, mas ao menos serviria para que Linet tivesse a impressão de estar tentando. Não havia problema se os representantes no escritório não se importassem: pelo menos teriam de ouvir o que Linet tinha a dizer. Ela queria ser ouvida. Então foi ao escritório do Poder Popular com a bolsa pendurada no ombro enquanto pensava na melhor forma de apresentar o problema. Linet queria falar de maneira contida sobre a falta d'água, num tom que desse a entender a raiva que sentia, porém de maneira calma e venenosa, como na carta. Reclamar talvez fosse inútil, mas uma mulher independente não poderia deixar aquilo de lado.

O asfalto cozinhava ao sol quando Linet bateu à porta de vidro onde se lia Poder Popular, Cayo Hueso, Centro Habana. No lado interno do vidro havia um pano verde estendido, para que não se pudesse ver o que acontecia lá dentro. A princípio ninguém atendeu, e Linet pensou em voltar para casa, porém logo a porta se abriu de leve e um rosto enrugado de cabelos desgrenhados e feições asiáticas apareceu. De repente Linet sentiu-se insegura. Será que tinha batido na porta certa? Aquele seria mesmo o escritório do Poder Popular? O homem a encarou com uma expressão de surpresa.

"Ah, sim!", ele disse, sorrindo. Foi como se o homem tivesse recordado o nome de um parente distante. "O Poder Popular!" Linet acenou a cabeça, cheia de expectativa e pronta para entrar. "Não é mais aqui." O escritório havia se mudado. Naquele momento, o local funcionava como alojamento para habitantes da cidade que tinham sido evacuados de prédios em risco de desabamento. O homem não sabia onde o Poder Popular tinha se instalado, mas apontou para o outro lado da rua, indicando o apartamento de uma pessoa que supostamente poderia dar mais informações. Depois ele se despediu e fechou a porta.

Linet havia se preparado para falar com um burocrata apático, ou talvez até mesmo começar um bate-boca, mas aquilo a havia pegado de surpresa. Ela deu um passo para trás e olhou para mim: eu a tinha acompanhado até o escritório. "Você tá vendo isso aqui?", ela perguntou, fazendo um gesto com o rosto em direção à janela ao lado da porta. "*Você tá vendo isso aqui?*" Mesmo que o escritório não funcionasse mais lá, alguém tinha pendurado cartazes de propaganda do Poder Popular. Um trazia informações sobre um programa de auxílio chamado "Eduque os seus filhos". O outro informava que o escritório estaria fechado durante as cinco semanas a seguir por causa das festividades ligadas ao aniversário de noventa anos de Fidel Castro. As festividades incluíam atividades infantis e esportivas, um desfile de moda, exposições artísticas e "um programa literário". Linet pôs a mão na cintura e se virou para a rua. Depois se virou novamente em direção à janela para ler os cartazes mais uma vez. Em suma, os representantes do povo tinham decidido compartilhar informações, mas não informar qual era a localização do novo escritório, se é que de fato existia. A raiva tomou conta de Linet, e ela apertou os lábios. O olhar dela tornou-se preto; era como se tentasse enxergar uma coisa a centenas de quilômetros. Se ao menos houvesse uma pessoa lá com quem pudesse gritar, uma pessoa que ela pudesse agarrar pelo pescoço e sacudir! Como ela tinha sido idiota de pensar que alguém estaria disposto a ouvi-la, de imaginar que alguém se importava com o que teria a dizer!

Anos depois, ao se lembrar desse primeiro ano no negócio de aluguéis, Linet recordaria aquela porta fechada como um momento de virada. Ela não bateu no vizinho que, segundo o homem no albergue, teria mais informações sobre o novo endereço. Nunca ligou para o canal de TV para sugerir uma reportagem sobre a falta d'água. Ao ver que a carta para o jornal do partido continuava sem resposta, nem ao menos enviou a carta para páginas críticas ao governo. Em vez disso, Linet continuou como se nada tivesse acontecido. Molhava a mão dos motoristas de caminhão-pipa toda vez que faltava água no apartamento. E continuou a alugar e a limpar o apartamento. A cozinha ganhou uma mesa nova, o quarto de hóspedes ganhou um ar-condicionado moderno de mais de seiscentos dólares. O que antes era um apartamento decadente com paredes manchadas e mobiliário espartano de repente se transformou num apartamento cheio de estilo com móveis e eletrodomésticos modernos. Ao mesmo tempo que as aparências melhoravam, por dentro Linet sentia-se fraca.

De que adiantava todo aquele esforço para turistas que tiravam fotografias em Cuba e voltavam para o conforto e a previsibilidade? De que adiantavam todo o esforço e todas as qualificações positivas? Para que servia aquilo tudo? Cuba andava em círculos. Filas e prateleiras vazias, portas fechadas e canos secos — todas essas impressões que Linet tinha aprendido a tolerar de repente tornaram-se pesadas, tão pesadas que ameaçavam destruir a crença na própria vida que ela havia construído.

RENIER

Por volta dessa mesma época, a vida de Norges parecia um case de sucesso. Depois que voltaram do Panamá, ele e Taylor começaram a organizar um seminário sobre internet e economia na embaixada da Noruega em Havana. Especialistas na região vindos de vários países se reuniram para discutir de que maneira Cuba poderia usar as tecnologias digitais para melhorar o país. O seminário foi um sucesso. Norges e Taylor ganharam uns trocados e conseguiram bons contatos entre especialistas e diplomatas. O seminário funcionou como uma tacada dada contra um triângulo de bolas de bilhar: e-mails e cartões de visita foram postos em movimento, e a partir daí os dois foram convidados a participar de outros encontros e conferências. Taylor passou a trabalhar para a página Havana Times, que lhe pagava duzentos e cinquenta pesos por artigo. Ele também conseguiu dinheiro de uma organização tcheca para fazer um curso de fotografia de duas semanas em Praga. Norges foi entrevistado pelo *New York Times*. As citações apareceram num artigo de destaque, segundo o qual já estava "na hora de pôr Cuba na internet". O jornal trazia um link para o Salir a la Manigua e descrevia Norges como um "engenheiro e conhecido blogueiro em

Havana". A entrevista rendeu milhares de novos leitores para o blogue. Norges aproveitou a atenção e começou a escrever posts que explicavam em detalhe o que o governo poderia fazer para oferecer acesso à internet para toda a população. Norges queria muito acreditar que as coisas estavam indo bem, mas era impossível: foi bem nessa época que Renier apareceu.

Na verdade o nome dele talvez fosse Cesar, ou então Yunier. Eles nunca souberam ao certo, porque ele se apresentou de várias maneiras ao longo dos meses a seguir. A primeira aparição foi no controle de passaporte no aeroporto de Havana, na tarde em que Taylor voltou do curso de fotografia em Praga, quando se apresentou como Renier. O sujeito parecia a gentileza em pessoa, tinha a mesma idade que eles e era um pouco baixo. O nariz reto e a pele cor de areia indicavam a origem indiana, o que era raro em Cuba. Renier tinha cabelos lisos e escuros, com mechas alouradas que pareciam fios de espaguete penteados para trás.

Renier convidou Taylor para uma conversa numa salinha ao lado do controle de passaporte e disse que estava curioso para saber o que ele tinha feito em Praga. Disse que eles conheciam muito bem a organização tcheca People in Need, que tinha organizado o seminário. E perguntou que tipo de trabalho haviam pedido que Taylor fizesse em troca quando ele voltasse para casa. Taylor explicou que havia participado do curso simplesmente para aprender a tirar fotos melhores e disse que não tinha nenhuma missão secreta e nenhuma tarefa adicional. Disse que trabalhava por conta própria e estava planejando várias reportagens fotográficas — uma delas sobre a recém-inaugurada sala de concertos em Havana.

Renier ouviu-o enquanto falava num tom amistoso, como um tio se dirige ao sobrinho. Chamou Taylor de *amigo* e perguntou se ele sabia que a organização tcheca era financiada pelos EUA. Havia muitos órgãos estrangeiros à procura de pessoas inteligentes como

Taylor. A intenção era voltá-los contra a revolução, porque todos conheciam a força que tinham pessoas como ele.

O encontro no aeroporto foi amistoso, mas Norges e Taylor compreenderam o que tinha acontecido. A partir daquele momento eles teriam aquilo que os cubanos chamam de *el compañero que me atiende*. Semanas depois, Taylor estava andando sozinho pela rua quando de repente o celular dele tocou. Renier disse que gostaria de reencontrá-lo, se possível naquele mesmo dia. Taylor achou que não passaria daquele encontro no aeroporto — uma advertência sutil. "Hoje eu não posso", ele respondeu. "E amanhã também não, porque vou a Santiago comemorar o Ano-Novo." A voz desejou um feliz Ano-Novo a Taylor e acrescentou: "Quem sabe não nos encontramos por lá?". Quando Taylor relatou a conversa, Norges disse que com certeza tinha sido apenas uma tentativa de assustá-lo; o sujeito jamais o seguiria até o outro lado da ilha.

Os dois comemoraram o Ano-Novo na casa da mãe de Taylor em Dos Caminos, um bairro tranquilo nos arredores de Santiago. Estradas de chão esburacadas cruzavam a vizinhança, onde mulheres sentadas em cadeiras de balanço observavam o movimento. Poucos dias após as comemorações de Ano-Novo o celular tocou outra vez. Taylor havia bloqueado o número do agente, mas naquele instante a voz havia tornado a encontrá-lo. Taylor respondeu com uma recusa mais direta: disse que não tinha tempo para encontros. "Estou com a minha família." E então desligou.

Norges percebeu que o contato com o agente deixava Taylor estressado. Em geral ele conseguia tranquilizar o namorado, mas quando dizia que o contato com Renier não era motivo de preocupação, o tom de voz revelava outra coisa. Norges não tinha a certeza que gostaria de ter. A verdade era que também sentia o mesmo frio na barriga.

Uma voz soou no lado de fora. A voz chamava por Taylor. "Você tem visita!" Os dois olharam para fora, e lá estava Renier, com um sorriso no rosto. "Eu estava aqui pela vizinhança", ele disse quando Taylor se aproximou.

Eram setecentos e sessenta e um quilômetros de Havana a Santiago. Taylor nunca tinha dito nada sobre o endereço da mãe. Da porta, Norges os viu e ouviu enquanto o namorado fazia gracejos e ria com Renier, mas quando Taylor virou para trás o olhar dele parecia apavorado. Norges se aproximou. O agente disse que admirava o trabalho deles e gostaria muito de encontrá-los juntos em Havana para dar mais informações. Ele tinha documentos que talvez fossem do interesse de ambos. "Camaradas", disse Renier. "Vocês devem saber que existem muitas formas de melhorar a revolução sem destruí-la."

Taylor quis saber como o agente tinha feito a longa viagem até Santiago. Renier disse que tinha ido até lá para ver a namorada, que por acaso morava naquela parte da cidade. Ele fora de carro. Mas, quando os três se despediram, Renier foi até a esquina seguinte, onde um Lada com um motorista apareceu para buscá-lo. Era o tipo de carro que *eles* usavam.

"Mãe, não precisa se preocupar", Taylor disse quando os dois voltaram. Pessoas que viajavam bastante para o exterior muitas vezes tinham um contato com as autoridades para ajudá-las. A mãe fez um gesto afirmativo de cabeça, sem dizer nada.

Na superfície, Norges e Taylor estavam resignados. Falaram com Yaima sobre o *compañero que me atiende* e fizeram piadas com a vigilância. Mas ao mesmo tempo sabiam que as coisas haviam mudado. Era como se tivessem sido arranhados com uma lâmina envenenada. A princípio a ferida era pequena, não mais do que um corte superficial; mas, à medida que as semanas passavam, eles viram que a ferida não ia cicatrizar. Norges se perguntou que documentos Renier teria para oferecer. Talvez o agente quisesse recrutá-los para obter informações sobre o que acontecia entre blogueiros e ativistas. Ele nunca tinha entendido ao certo por que *eles* pareciam mais interessados em Taylor. Era como se atacassem sempre no momento de maior vulnerabilidade, porque o telefone sempre tocava quando ele estava sozinho na rua. Assim os dois resolveram não andar mais sozinhos. Levavam o lixo para fora juntos, dobravam a esquina para comprar pão juntos e tornaram-se conhecidos entre outros blogueiros como uma dupla inseparável. Um amigo em comum passou a chamá-los de Tom e Jerry, uma vez que sempre apareciam juntos.

Norges e Taylor adotaram várias medidas para evitar o contato com Renier. Quando voltaram para Havana, procuraram um especialista em telefones celulares no mercado clandestino e pediram que fosse instalado um programa capaz de bloquear todas as chamadas de números desconhecidos nos telefones de ambos.

Eles podiam ter adotado uma atitude diferente em relação à vigilância. Podiam ter se interessado pelo que o agente queria, ou escrito a respeito daquilo nos blogues. Mas o conselho de outras pessoas que passavam por situações parecidas era sempre manter a maior distância possível das pessoas que as vigiavam. Encontros informais e conversas telefônicas serviriam apenas para envolvê-los ainda mais na teia da polícia de segurança.

Norges e Taylor encontraram um ritmo naquela situação. A atenção das autoridades não apenas os deixava angustiados, mas também lhes conferia novas energias. A vigilância era um sinal de que o trabalho feito era importante. A situação também os aproximou como namorados. Quando Taylor se desesperava, era Norges quem lhe dava coragem — e vice-versa. Por volta dessa época os dois começaram a usar os apelidos um do outro abertamente na internet, tanto no Facebook como no Twitter. Norges era *Pututiri*; Taylor, *Pintintirín*. Os dois não eram só amantes, mas também irmãos. Essa irmandade protegia-os contra *eles* — uma força prestes a surgir da névoa a qualquer momento.

Os dois gostavam do novo apartamento no centro da cidade, próximo a um dos parques com wi-fi em Cuba. Para Norges, era uma pequena vitória dizer que as autoridades haviam tornado a internet mais acessível. Nos parques com wi-fi era possível comprar cartões de acesso por cinquenta pesos e navegar a internet sob a copa das árvores, uma hora por vez. Como muitos outros jovens cubanos, Norges e Taylor procuravam bolsas de estudo no exterior. Procuravam por bolsas que lhes dessem a chance de estudar gratuitamente numa universidade dos EUA para aprender *non-profit management*, com um estágio de três meses numa organização filantrópica. O sonho da Casa Cubana dos Direitos Humanos ainda estava vivo.

Yaima, a principal apoiadora, sempre os lembrava de que esse devia ser o objetivo. O programa de estudos fortaleceria a posição deles para idealizar e administrar uma organização não governamental. O projeto talvez precisasse ser um pouco amadurecido, como haviam dito os diplomatas noruegueses, mas a casa no Malecón estava lá, à espera. A inscrição *"Essa casa um dia vai ser um centro cultural"* estava lá.

Norges sabia que o caminho a percorrer seria mais longo do que a princípio tinha imaginado. Eles precisavam de mais experiência e mais contatos. A rede de contatos continuava a crescer, e as possibilidades de transformar Cuba também. Mas a ferida também era cada vez maior.

O novo programa de celular não funcionou, porque volta e meia chegavam ligações de números desconhecidos. Taylor nunca as atendia, mas ao ver a expressão dele Norges sabia o que tinha acontecido. Nessas horas o namorado simplesmente pegava o celular e o deixava vibrar em silêncio na mão enquanto uma sombra lhe obscurecia o olhar. Era desconfortável — mas ao mesmo tempo era um desconforto com o qual os dois aprenderam a viver. Enquanto não ouvissem a voz de Renier, tudo estaria sob controle. *Eles* continuariam em meio à névoa.

Depois do curso de fotografia em Praga, Taylor pediu uma bolsa para fazer uma viagem para ativistas organizada pela embaixada da Noruega em Havana. O destino era a sede da ONU, em Genebra, onde os participantes encontrariam jornalistas e ativistas do mundo inteiro. A embaixada o apoiou. À medida que a viagem se aproximava, o celular tocava com frequência cada vez maior. E o primeiro interrogatório com Renier tinha sido justamente no aeroporto. Norges estava preocupado com o que poderia acontecer dessa vez. Na rua, os dois andavam juntos: aquele era o território deles. Mas o controle de passaporte era o domínio do estado, e lá ele estaria vulnerável e sozinho.

Os dois saíram bem adiantados na manhã em que Taylor viajaria à Suíça. Assim que chegaram ao aeroporto o telefone começou a tocar. Taylor atendeu, e Norges viu pelo rosto dele que era uma chamada de Renier. "Espero você aqui no controle de passaporte", disse a voz. Quando Taylor desligou, o telefone de Norges também começou a tocar. "Ele quer falar com você", disse Taylor. Norges recusou a chamada. "Eu não tenho nada a falar com eles."

Norges queria acompanhar Taylor até onde fosse possível, mas na chegada ao controle de segurança foi preciso separar-se. Os dois trocaram um abraço. "Me ligue quando você estiver no portão de embarque", disse Norges. Ele acompanhou Taylor com o olhar. O namorado colocou a bagagem de mão na esteira e passou pelo detector de metal. Norges tentou sorrir quando Taylor olhou para trás. O olhar dele parecia angustiado. Era uma dor quase física.

Taylor pegou a bagagem e seguiu em frente. Norges precisou esforçar-se para ver o que acontecia do outro lado do controle de segurança. Passageiros e seguranças andavam de um lado para o outro, Taylor aparecia e desaparecia entre aquelas pessoas. Mas de repente, num vislumbre para sempre gravado na memória, Norges viu o que aconteceu. Uma mão pousou no ombro de Taylor. Um homem de uniforme militar o afastou da multidão.

A SURPRESA

De repente o projeto do táxi começou a dar certo. O carro dava a partida todas as manhãs. Eu levava Catalina para diferentes compromissos na cidade. Fazíamos compras aos fins de semana, íamos à igreja aos domingos e vendíamos cabelo e perucas durante a semana. À noite, Arian e eu nos revezávamos no Buick. Eu tinha a impressão de que Catalina havia começado a confiar mais nele. Ainda estávamos no processo de registrar a licença para que o carro pudesse ser um táxi legalizado. Descobrimos que a vistoria técnica era apenas o começo de uma longa caminhada pelo deserto da burocracia. Eu tinha perdido a conta de quantas repartições públicas eu e Catalina tínhamos visitado em busca de carimbos e autorizações, mas ela não perdia a determinação, e além disso sempre ia armada com cédulas dobradas que eram entregues aos responsáveis. Catalina lamentava o sistema corrupto, porém ao mesmo tempo havia se tornado melhor do que ninguém naquela arena e alegrava-se toda vez que um de seus truques eliminava um obstáculo no caminho. *"Você viu?"*, ela exclamou certa manhã ao sair de um posto da receita com o comprovante de que havíamos pagado as multas que constavam na placa daquele veículo — multas essas que Juan, o proprietário anterior, nunca pagara. Catalina tinha colocado uma cédula no bolso de um funcionário para ser atendida antes das outras cinquenta pessoas que esperavam na fila. De volta ao carro, ela parecia radiante. "*Você viu* a cara azeda das outras pessoas na fila? Um dia desses acho que ainda posso levar um murro na cara. Mas *qué va*, não posso ficar lá sentada naquele *tanque de mermelada*."

Era assim que Catalina falava. *El tanque de mermelada* era uma das expressões para uma fila cubana, um lugar doce que transformava as pessoas em criaturas lentas e passivas. Outro dia Catalina descreveu o processo de registrar o carro como "matar um elefante com uma agulha". Ela chegava às repartições públicas como um cavaleiro que investisse contra um dragão. "Eles nunca vão me matar. Sou *eu* que vou matar eles", ela explicou.

Apesar da demora para o registro, eu sempre tinha a impressão de que o projeto aos poucos avançava. Eu confiava na capacidade de Catalina e na vontade de cuidar para que o Buick fosse registrado o mais breve possível como táxi legalizado, como havíamos planejado mais de um ano atrás. Logo o carro poderia operar à luz do dia, com Arian ao volante. E então Arian telefonou.

"Estoll, onde você tá?", perguntou a voz impaciente do outro lado da linha. Era perto do meio-dia e eu estava comprando frutas no mercado. "Fique onde você está", ele disse. "Eu vou até aí." Minutos depois Arian chegou com o carro da firma e fez sinal para que eu me sentasse. Ele tinha uma das mãos no volante, e a outra num punhado de cédulas. Arian me entregou o dinheiro. "Tome", ele disse. "Foi tudo o que ganhei hoje. Dois mil oitocentos e cinquenta." Ele tinha feito a rota G, conforme o nosso combinado. Encarei-o com um olhar surpreso. "Estoll", disse Arian, surpreso ao ver que eu ainda não tinha entendido, "eu não aguento mais. Ela não pode me controlar."

Só depois que ele falou sobre a última discussão com Catalina eu compreendi o que estava acontecendo. Catalina tinha pedido a Arian que levasse o irmão dela, um veterano aposentado do Exército, como assistente noturno, para que ele também pudesse ganhar uns trocados. Para Arian, foi a gota d'água. Dessa forma seria preciso dividir os ganhos com outro, porém ainda mais grave era a ideia de que aquilo poderia ser uma tentativa de Catalina no sentido de vigiá-lo e controlá-lo.

"Pode contar o dinheiro você mesmo", ele disse, abanando as cédulas para que eu as visse. "Para mim já não importa mais. Eu desisto. O carro está no estacionamento." Ele me entregou as chaves e os documentos e deu a partida no motor. Pedi a Arian que repensasse. Quando a documentação estivesse toda em ordem, tudo se encaixaria, eu disse, e prometi falar sobre o assunto com Catalina. Arian simplesmente balançou a cabeça. Ele não queria mais dirigir o Buick.

Eu nunca soube o que mais estaria por trás daquele adeus repentino de Arian. Talvez ele houvesse encontrado outra forma de ganhar dinheiro, fazendo transporte com o carro da firma após o entardecer. Talvez fosse mesmo verdade que Catalina suspeitasse do uso do Buick para fins pessoais. Podia ser também uma coisa ainda pior, que Arian não tinha sequer mencionado. Ou ainda podia ser que Arian simplesmente não aturasse mais trabalhar com Catalina. De qualquer forma, o resultado era que o projeto do táxi havia voltado à estaca zero, e não tínhamos motorista. Quando o carro da firma dobrou a esquina e desapareceu, fiquei parado na calçada com o dinheiro na mão e a impressão de ser o responsável não por um carro de transporte de passageiros, mas por um monte de lixo. Já fazia tempo desde a última vez que tínhamos falado sobre o Buick como um projeto leve e promissor. Naquele momento tudo parecia complicado e predeterminado. Voltei para casa decidido a ter uma conversa séria com Catalina.

O OUTRO LADO

Norges só me contou o que aconteceu com Taylor na sala de interrogatório anos mais tarde. Na época, ele simplesmente me ligou dias mais tarde para dizer que Taylor estava de volta a Havana e perguntou se eu poderia levá-los mais uma vez ao aeroporto. Os dois tinham sido convidados para uma conferência sobre a América Latina, a conferência LASA, que pretendia reunir milhares de ativistas e acadêmicos em Nova York. "Claro que eu posso levar vocês", respondi, e só ao desligar percebi o risco que eu corria ao transportar dissidentes até o aeroporto.

Norges e Taylor haviam sido convidados a participar de um painel sobre os direitos dos homossexuais com Yaima. Além disso, também haviam organizado um seminário sobre internet com Colin Brown, um sociólogo americano com quem tinham entrado em contato por meio da embaixada da Noruega. Pesquisadores como ele eram muito procurados, em especial após a normalização das relações entre EUA e Cuba. Brown tinha acabado de publicar um livro sobre a economia privada na ilha baseado em entrevistas com mais de cem empreendedores. Ele com frequência era contatado por investidores estrangeiros interessados em saber mais a respeito do setor privado que surgia na ilha. "Cuba é um bolo enorme, e todo mundo quer pegar uma fatia", resumiu um jornalista britânico.

Uma das pessoas interessadas numa fatia chamava-se Sebastian Delgado. Delgado havia trabalhado como diretor administrativo no banco de investimentos JPMorgan Chase. Depois de ler o livro de Brown, ele fez contato para averiguar as possibilidades de investimento. Sebastian Delgado estava particularmente interessado no setor de TI na ilha, e por isso Brown o havia posto em contato com Norges e Taylor. O acadêmico e o investidor eram figuras inconfundíveis durante as viagens a Havana. Brown prendia o cabelo num rabo de cavalo e usava camisas floridas e folgadas, enquanto Delgado, o investidor, usava camisa branca com abotoaduras de ouro. Da gola erguia-se um rosto anguloso com uma careca lisa, que mais se parecia com um amendoim.

Brown e Delgado sugeriram a Norges e Taylor que os ajudassem a promover um seminário no mesmo estilo em Nova York. O título provisório era *Internet e economia: Perspectivas e possibilidades em Cuba, hoje e amanhã*. A ideia era reunir tomadores de decisões cubanos e americanos, especialistas em TI e acadêmicos para discutir quais eram as possibilidades para a economia e para os cubanos agora que mais pessoas na ilha tinham acesso à internet.

Norges e Taylor ficaram encarregados de convidar participantes e oradores cubanos para ir a Nova York. Segundo o cartaz do evento, o principal objetivo era uma coisa absolutamente inofensiva: "aproximar os cubanos e promover o bem-estar de todos". O que não constava no cartaz era que Delgado, o investidor americano, pagaria por tudo.

Norges e Taylor alegraram-se com a oportunidade de organizar e participar do seminário em Nova York, e começaram a usar a própria rede de contatos para recrutar especialistas em TI e empreendedores que desenvolviam aplicativos de celular com a indústria de turismo em mente. Sebastian Delgado tinha planos a longo prazo. Ele queria financiar um outro seminário de uma semana em Havana — a conferência de tecnologia *Social Media Week*. Se tudo desse certo, os investidores abririam escritórios em Havana onde Norges e Taylor poderiam trabalhar. A confiança dos americanos era lisonjeira, e a organização do ambiente de TI em Havana poderia prover a eles uma renda mensal fixa. O seminário em Nova York poderia ser o início de um trabalho conjunto que poderia proporcionar-lhes um papel importante no desenvolvimento do setor de TI em Cuba.

Estacionei na esquina, embaixo do pequeno apartamento onde Norges e Taylor moravam. Enquanto eu operava o mecanismo que fechava os vidros de sessenta e quatro anos com um alicate, recebi uma mensagem de Norges. "Chegamos em cinco minutos." Os dois tinham um compromisso na cidade e eu havia saído cedo de casa. Em cima do painel estava uma barra de chocolate meio derretida — meu presente de despedida para eles. Fechei a porta do carro e me postei à sombra de uma árvore. Será que alguém os seguia? Olhei para o fim da rua, onde ficava o parque com internet. As pessoas acomodavam-se nos bancos para navegar a rede. No outro lado, em direção ao apartamento, quatro rapazes estavam em frente à loja estatal de cerveja. Os quatro olharam para mim, inicialmente curiosos, porém logo perderam o interesse.

Eu me perguntei como seria estar no lugar de uma pessoa que era vigiada por todo o aparato estatal. Será que alguém estaria à nossa espera quando saíssemos com a bagagem? Imaginei uma cena em preto e branco na qual eu, Norges e Taylor colocávamos a bagagem no porta-malas do carro. Será que nos seguiriam ao longo trajeto? Será que nos parariam no terminal número dois, chamado de terminal Miami, e pediriam nossos documentos? Ou será que simplesmente tomariam nota da placa do carro para me parar na volta do aeroporto? Pensei no estranho acontecimento no Centro Cultural, que por pouco não havia custado a minha autorização de residência. Será que eu tinha feito uma burrada? Será que poderiam revogar o meu visto de estudante? Será que o meu nome poderia acabar numa lista de suspeitos de onde nunca mais sairia?

Esse leve sentimento de angústia fez com que eu levasse o passaporte junto, por segurança. Antes de partir, também chaveei o notebook com todas as minhas anotações no quarto da casa de Linet. Talvez eu devesse ter levado junto um boné. Eu queria ter um boné.

O caminho entre a apreensão e a comédia parecia curto. Meu Deus, quem imaginaria a sério que um sujeito como eu acabaria por merecer a vigilância das autoridades? Ri sozinho por um tempo, mas logo senti o meu coração gelar. Aproximava-se um Lada branco com três letras pintadas na lateral — PNR, Policía Nacional Revolucionaria. O carro se aproximou devagar. Sem entender direito por quê, levei a mão à garganta e apoiei o polegar esquerdo sob o queixo. Meu pulso estava acelerado. Era impossível ver qualquer coisa através das janelas pretas da viatura que se aproximava. Será que tinham me visto? O Lada continuou a avançar devagar, mas não parou.

O chocolate estava totalmente derretido quando Norges e Taylor finalmente chegaram da cidade com a tia de Norges e Claudia, a irmã dele. As duas haviam ido junto para se despedir. Norges tinha um pacote de papel higiênico na mão e sorriu discretamente para mim. Aqui estamos nós, pensei, sendo vigiados, e você aparece sorrindo? Com *papel higiênico*? Subi com eles até o apartamento, onde terminariam de fazer as malas para depois escovar os dentes e colocar as roupas da viagem. Taylor vestiu a camisa de seda preta enquanto Norges colocava roupas na mala de rodinhas. Em cima da mesa estava um programa do seminário de que haviam participado no fim de semana anterior. Aquela era a Declaração Universal dos Direitos Humanos das Nações Unidas, com uma citação do herói nacional José Martí na capa.

A tia se despediu e abraçou os rapazes, e Claudia foi conosco. Fomos buscar Yaima, que também iria a Nova York. Ela apareceu com óculos de sol, que manteve durante todo o trajeto de carro. "Nossa, um taxista intelectual!", Yaima exclamou ao me ver no banco do motorista. Ela apontou para o livro entre nós dois — uma antologia de textos de Jorge Mañach.

Taylor havia me entregado o livro com as duas mãos quando saímos do apartamento deles. "Fique com esse aqui. É um dos escritores mais importantes que já tivemos." Jorge Mañach era um intelectual cubano dos anos anteriores à revolução, que tinha sido corredator da última constituição democrática de Cuba em 1940. No começo da revolução, Mañach apoiou Fidel e o levante popular. Mais tarde, no entanto, por ser anticomunista, perdeu o trabalho como professor universitário e foi pressionado a abandonar a ilha. Jorge Mañach foi um dos primeiros escritores e intelectuais a deixar Cuba para nunca mais voltar.

Fizemos uma curva perto do Ministério do Interior e avistamos Che na Plaza de la Revolución. Num dos escritórios lá dentro talvez estivesse Renier, ou então um dos outros que tinham ouvido as conversas entre Yaima, Taylor e Norges. Devia haver registros sobre o que todos tinham feito nos últimos anos, desde o protesto por internet mais barata até o encontro na Plaza de la Revolución no dia em que Tania Bruguera não apareceu. O arquivo poderia conter relatórios sobre a viagem deles ao Panamá, e sem dúvida notas sobre o contato com o sociólogo e investidor americano.

A porta do carro não havia fechado direito no lado de Yaima. Ela tentou abri-la e fechá-la depressa e puxou com força suficiente para fazer com que o metal estrondeasse, mas o mecanismo não quis saber de fechar. Freei para fechar a porta e Taylor exclamou: "Aqui não!". Ele apontou para uma construção vazia sem placa nem identificação. Era um prédio governamental.

"Aqui o Raúl pode aparecer de cueca a qualquer momento!"

"Imagine só", eu disse. "E nós aqui com o carro cheio de contrarrevolucionários!"

Yaima se virou em direção ao banco de trás e disse em voz alta, separando cada palavra: "O-que-foi-que-ele-disse?".

Todos desataram a rir. Quando tudo voltou a ficar em silêncio, Norges acrescentou em voz baixa, como se fosse importante dizer aquilo:

"Você sabe muito bem que são *eles* os contrarrevolucionários". Os líderes conservadores não mereciam a qualificação de "revolucionário".

Passamos pelo estádio e pegamos a estrada principal que seguia em direção ao aeroporto. Muros e pontes exibiam palavras de ordem em apoio à revolução. Um cartaz afirmava que o bloqueio contra Cuba era "o maior genocídio da história", enquanto outro afirmava o socialismo de maneira irrestrita e integral. *Socialismo o muerte*, diziam as letras vermelho-sangue.

Chegamos mais perto do local mais vigiado do aeroporto, o terminal Miami. Quando entrei no estacionamento, uma moto da polícia surgiu na pista à nossa frente. Por um instante tudo ficou em silêncio no carro. Agora eles vão parar a gente, pensei. "Parar a gente?", Claudia perguntou no banco de trás.

Será que eu tinha falado em voz alta?

A moto parou em frente à entrada principal do terminal; estacionei logo atrás. Saímos do carro e eu abri o porta-malas. Taylor pegou a mochila, e Norges a mala com rodinhas. Nós nos abraçamos e nos despedimos.

"Será que vocês voltam mesmo?", eu perguntei sem saber direito por quê.

Os dois já estavam a caminho da porta do terminal.

"Claro", disse Taylor com uma risada breve. Depois os dois entraram.

A moto da polícia tinha desaparecido. Eu disse para Claudia que poderia deixá-la no instituto de arte. No trajeto de volta à cidade, Norges me telefonou. O embarque havia começado. "Não fizeram nada com a gente; estamos a caminho", disse Norges. "Estamos do outro lado."

REPETIÇÃO

Linet desistira de reclamar do problema da água no apartamento. Arian parara de trabalhar como taxista, e eu esperava o momento de ter uma conversa a sério com Catalina sobre o que fazer com o táxi. Norges, Taylor e Yaima haviam ido para Nova York. Pouco depois tive uma experiência que me levou a pensar que a minha própria história estava se repetindo. Que, por mais que eu tentasse seguir *em frente* em Cuba, sempre teria a impressão de estar andando em círculos.

Depois, quando escureceu, anotei no diário:

Há dias em que Havana mastiga e cospe você. Eu me pergunto se o futuro tem uma tendência a se repetir em Cuba. Não sob a forma de acontecimentos exatos, mas como um eco de sons que se tornam mais desagradáveis cada vez que se repetem.

Eu tinha saído com o carro para deixar Frank, o importador de cabelo, em um bairro nos arredores da cidade. O Buick estava em boas condições, mas no caminho de volta, quando fiz uma curva perto de um ponto de ônibus com cerca de vinte pedestres, a porta se abriu do nada. Não era a primeira vez que acontecia. Precisei frear de repente para não acertar um dos pobres-diabos na calçada. Só em Havana, pensei. Só em Havana portas de carro que se abrem sozinhas representavam um perigo aos pedestres, bem como as sacadas que caíam do céu. Esse tipo de coisa não existia em nenhum outro lugar do mundo. Eu estava prestes a sair para fechar a porta, mas um rapaz apareceu e a bateu sem dizer uma palavra, como se tivesse juntado um guarda-chuva que eu deixei cair — a coisa mais natural do mundo.

Logo começou a chover, e eu acionei a alavanca do painel que ligava o limpador de para-brisa. O novo motor do limpador que tínhamos instalado a princípio funcionou, mas logo o limpador ficou preso ao vidro. Desliguei e tentei olhar por entre os pingos enquanto eu guiava pela estrada. E foi naquele momento que o vi, em meio ao véu de irrealidade. Mais adiante, talvez uns vinte metros antes da rotatória em frente à estação de trem, um policial de camisa cinza e boina cinza fez sinal para que eu parasse. Seria mesmo possível? O colega dele estava uns metros atrás, esperando na viatura — um carro moderno de fabricação chinesa. Dessa vez os faróis do Buick estavam funcionando, e o problema com o limpador de para-brisas era insignificante. Mesmo assim, a reação que tive foi a mesma daquela outra noite atrás da universidade. A visão do policial que fez sinal para mim levou o meu coração a disparar e a bater no ritmo do motor. Meu cérebro se desligou, e eu senti a sola do pé contra o acelerador. Aumentei a velocidade à medida que me aproximava da rotatória. Pelo retrovisor, vi que o policial se aproximava do carro a passos rápidos. Na rua tudo estava claro e silencioso: chovia de leve, mas na minha cabeça o alarme havia disparado.

Meu Deus, ah... meu... Deus!

A viatura branca estava um pouco mais atrás, mas a polícia com certeza estava no meu encalço. Na rotatória fiz uma curva ao lado de um enorme Chevrolet azul e dei a volta o mais rápido que pude. Como na minha primeira fuga, imaginei que essa manobra poderia me salvar se o Chevrolet tivesse obstruído a visão da polícia.

225

Quando cheguei à rotatória eu já não via mais a viatura no retrovisor. O alarme parou, e meus ombros puderam relaxar.

A primeira coisa que me ocupou foram os meus pensamentos. O que estava acontecendo comigo? Eu me lembrei da outra vez que havia fugido de carro, de como a fumaça do ônibus à minha frente na estrada tinha entrado no carro quando as luzes azuis começaram a piscar por toda parte. Tinha conseguido escapar da polícia aquela vez — mas e agora? Será que tinha sido *mesmo* uma viatura lá atrás? Será que eu estava vendo coisas? Será que eu tinha enlouquecido? De onde teria vindo o impulso absurdo de tentar fugir da polícia uma segunda vez, como se eu tivesse o porta-malas cheio de cocaína?

Em seguida — meio como num filme de terror, pensei mais tarde — a viatura apareceu ao meu lado, a centímetros do para-brisa. A polícia não teve nenhum problema para me achar e me alcançar. A viatura tinha ficado no meu ponto cego, e naquele momento estava na minha cola.

AHHH!, soou o alarme na minha cabeça.

A polícia fez uma curva à minha frente e uma mão apareceu na janela, fazendo sinal para que eu parasse. Na verdade eu nunca tivera nenhuma chance. Freei. Dois policiais desceram. A mão bateu no vidro do motorista, onde eu estava sentado. Mantive os olhos fixos à frente.

"Me desculpe, *señor*", eu disse com a voz fraquíssima. Procurei o alicate que usávamos para abrir e fechar a janela, mas não o encontrei. De repente notei que o alicate tinha sido roubado no estacionamento. Então comecei a procurar a carta de motorista. A mão bateu mais uma vez no vidro. Abandonei o plano de baixar o vidro e em vez disso abri uma fresta na porta. A porta bateu de leve na perna do policial, e então comecei a explicar que o mecanismo do vidro não estava funcionando... quer dizer, não tinha problema nenhum *com o vidro*, mas o mecanismo, bem, eu tinha um alicate que...

O policial me interrompeu e tive a impressão de ouvir as palavras "... vamos levar você...". Nessa hora eu ergui os olhos. Um rosto jovem me encarava por baixo da boina cinza. O policial era mais jovem do que eu e não devia ter mais do que vinte e poucos anos. Eu sabia que boa parte do contingente policial em Havana era composto por jovens desempregados que chegavam dos vilarejos rurais. A aparência do policial sugeria uma vida no campo: maçãs do rosto altas e rugas ao redor dos olhos em razão do sol.

"Perdão?", eu disse. Eu mal havia entendido as palavras dele. O colega estava indo à viatura pegar alguma coisa. *Algemas*, disse uma voz na minha cabeça. *Ele vai buscar as algemas.* O policial abriu a boca mais uma vez e disse que eu precisaria "acompanhá-lo", mas as palavras soaram apenas como barulhos totalmente desprovidos de sentido. Por fim ouvi a palavra-chave *documentos*.

"Você deve ter documentos", disse o policial.

"Documentos! Claro!", eu disse meio alto demais enquanto tentava abrir um sorriso.

Procurei a minha identidade cubana. Pouco tempo depois encontrei os documentos do carro e a carta de motorista. O outro policial voltou com uma ponta de charuto pendurada no canto da boca, acendida com o isqueiro que ele tinha ido buscar.

"Podemos dar uma olhada no porta-malas?"

Enquanto eu descia para abrir, tentei lembrar se Frank tinha pegado a bolsa com perucas. Vender cabelo era totalmente ilegal, mas Frank não teria esquecido a mercadoria no carro. Ou será que teria? Talvez houvesse também um galão com diesel do mercado clandestino no porta-malas, caso eu já não tivesse colocado tudo no tanque. Abri o porta-malas e, para meu alívio, vi que as únicas coisas lá dentro eram o macaco e um regador.

"Por que você tentou fugir?", perguntou o policial mais jovem.

Ele parecia realmente curioso para saber como eu podia ter acreditado que poderia ser possível escapar naquela lata velha. De repente percebi como a tentativa devia ter parecido ridícula. Uma charanga de sessenta e quatro anos que recebe um sinal para parar numa barreira em plena luz do dia e um motorista que pisa fundo no acelerador como se manobrasse um carro de fuga de última geração para ser apanhado duzentos metros à frente. E depois o desfecho: o motorista não tinha nada a esconder.

Lá estava eu, com os pés no asfalto, sentindo que eu havia recuperado parte do controle sobre mim mesmo quando enfim consegui oferecer uma explicação.

"Eu não tinha visto a viatura", menti. "Me desculpe, mas eu realmente não tinha visto. A chuva atrapalhou a visão e só vi vocês quando já estava na rotatória, e achei que seria melhor não interromper o tráfego."

Não sei de onde tirei essa explicação: as palavras simplesmente escaparam dos meus lábios, porém mais tarde pensei, com toda a modéstia, que aquela era uma desculpa crível. O policial jovem olhou para o colega do charuto. Depois me devolveu os documentos.

"Você tem que *parar* quando a polícia fizer sinal", ele disse em tom pedagógico, como se falasse com uma criança.

"*Sí, senõr*", respondi acenando a cabeça. "Isso não vai se repetir."

O PRIMEIRO FURACÃO

O pequeno Ignacio não sabia de nada sobre o que tinha acabado de acontecer com os "tios", como Yaima chamava Norges e Taylor. O filho de Yaima tinha nove meses e dormia no colo dela. O apartamento estava mais cheio do que quando eu a havia visitado pela última vez. Havia um berço num canto, brinquedos e varais.

Um ano e meio se passara desde o dia em que ela e Norges tinham ido juntos à Plaza de la Revolución. Naquela mesma manhã, pouco antes que eles se encontrassem em frente ao rosto de Che para a chegada de Tania Bruguera, Yaima tinha descoberto que estava grávida. Ela sentira-se enjoada, mas também leve e alegre. A nova Cuba seria um bom lugar para criar um filho.

"Ele já tem dentinhos", disse Yaima, levantando de leve o lábio do menino adormecido. "E também já diz *mamá* e *papá*." Yaima sorriu de satisfação e se embalou na cadeira.

A TV zumbia. A primeira reportagem era sobre um herói da revolução que tinha recebido uma medalha. Um senhor falava num pódio sobre a necessidade de que a juventude estudasse a história de Cuba. A reportagem seguinte falava sobre os duzentos e um anos passados desde o nascimento de um dos pioneiros na luta contra a escravidão. Fiz um gesto de cabeça em direção à tela e Yaima balançou a cabeça devagar. Já tínhamos falado sobre aquilo em outras ocasiões: as autoridades caminhavam rumo ao futuro de costas.

"Hoje em dia as ruas andam quentes", disse Yaima. "Tenho vontade de gravar certas conversas que eu ouço e postá-las anonimamente na internet. As pessoas já não têm mais esperanças."

Falamos sobre outros assuntos. As autoridades tinham aprovado um novo decreto-lei que proibia profissionais de mídia de trabalhar com a imprensa internacional. Depois Yaima falou sobre a mãe dela, que trabalhava no Ministério da Educação e era filiada ao partido. Ela estava sempre preocupada com a ideia de que a filha pudesse ter ido longe demais nos documentários que fazia. Dias antes a mãe tinha recebido uma medalha — a medalha de Mendive, que reconhecia a lealdade ao partido e a "atitude exemplar de acordo com os ideais revolucionários". Yaima mostrou uma foto no celular e revirou os olhos. Lá estava a mãe, com uma blusa vermelha e a medalha no peito. "Isso é o que você ganha por obedecer." Por fim ela mencionou o tema que eu tinha ido discutir, aquilo que tanto me incomodava. Já fazia quase dois meses desde a viagem a Nova York — por onde andavam Norges e Taylor?

A viagem tinha superado em muito as expectativas deles. Yaima disse que eles pegavam o metrô às cinco da manhã para ir às lojas de TI no Times Square para conferir os equipamentos de última geração. A seleção de produtos era incrível. Norges tinha pegado na mão um daqueles notebooks finos como uma folha e deixado os dedos correrem pela superfície com um sentimento de reverência. Os supermercados ficavam abertos vinte e quatro horas por dia. "Sempre lotados!", disse Yaima. Em seguida o sorriso no rosto dela sumiu. Ela colocou Ignacio no berço e perguntou: "Você não falou com eles, certo?".

Eu tinha mandado várias mensagens para Norges e Taylor — primeiro: *Hola! Vocês já estão de volta à ilha?*, e depois: *Meus irmãos, como vocês têm andado? Cumprimentos de uma Havana escaldante* — porém não recebi nenhuma resposta.

Eu sabia que Yaima voltaria primeiro da conferência em Nova York. Norges e Taylor passariam umas semanas com a família de Taylor em Las Vegas antes de voltar a Cuba. A tia e o tio haviam estado entre as pessoas que fugiram de Cuba em 1994 em um barco de pesca. Tinham estado entre as quarenta mil pessoas que deixaram a ilha naquele ano para estabelecer-se por fim em Las Vegas, onde devia ser fácil arranjar trabalho. Naquele momento a tia dele trabalhava num hospital, e o tio num restaurante. Eles tinham dois filhos.

"Não posso entrar em mais detalhes", disse Yaima. "Mas você ainda se lembra do que disse quando nos deixou no aeroporto?" Pensei na frase que havia me escapado. *Que regresen.*

Yaima ficou quieta, e eu, impaciente. Será que tinha acontecido alguma coisa? Será que os dois tinham brigado? Onde estariam naquele momento?

Yaima se reclinou e balançou a cabeça. Ela não quis dizer mais nada, e apenas sugeriu que eu ligasse para eles. Mas no fim ela não conseguiu se aguentar e fez mais um comentário enigmático.

"Você viu a foto dos pratos?" Ela se referia a uma foto que Taylor havia postado nas redes sociais, mostrando as porções de comida servidas em Las Vegas. "Tenho medo de que o materialismo tome conta deles. Você sabe", disse Yaima — e ela tentou dizer alguma coisa com o olhar —, "a família é uma força motora. E uma família precisa de muita coisa."

Eu já sabia que Norges e Taylor não haviam conseguido a bolsa de estudos, porque Norges não tinha passado na prova de inglês. Não haveria chance de estudar numa universidade americana para aprender sobre *non-profit management.*

Será que eles tinham pedido uma autorização de residência nos EUA? Será que teriam levado essa ideia até as últimas consequências? Eu me negava a acreditar. Os dois sempre falavam sobre o trabalho e tudo o que ainda gostariam de fazer em Cuba. Poucas semanas antes, ao voltar do apartamento deles, eu tinha anotado no diário:

231

Que vocês possam construir a Cuba do amanhã. Que tenham sucesso na empreitada.

"Mas e os planos deles?", eu perguntei.

"O que têm? Quantas gerações já não foram embora?", disse Yaima. "Quantas cabeças boas e pensantes já não foram embora? *Toda* a minha geração foi embora."

Ficamos os dois em silêncio.

Eu me despedi da pequena família e estava me arrumando para ir embora quando Yaima me parou já na porta. "Sabe, ninguém vai desovar um cadáver aqui na minha porta. Mas é meio como viver numa panela de pressão. Pressionam você o tempo inteiro." Ela fez um gesto como se tivesse uma bola nas mãos. "Esmagam as suas ideias, fazem com que tudo pareça desagradável."

Eu me virei e desci a mesma escada que Norges e Taylor haviam subido na tarde em que Yaima os convenceu a continuar lutando pelos ideais em que acreditavam e morando no apartamento dela em Havana.

Caminhei pelas ruas escuras que levavam ao Malecón. Eu me sentia destruído, sem entender ao certo o que teria acontecido com Norges e Taylor. No forte, o farol já estava aceso. Eu me sentei no muro que dava para o mar. A luz virou-se em direção ao Malecón. Atrás de mim estendia-se a cidade. Quase não havia carros à vista. As autoridades tinham acabado de lançar uma grande operação para combater o serviço de táxi ilegal. Outros setores enfrentavam o mesmo problema: um regime de controle cada vez mais rígido, cheio de inspeções, fiscalizações, regras e multas. Linet disse que os inspetores ligavam com frequência cada vez maior perguntando se ela não tinha mais hóspedes pagantes do que poderia. Nos mercados em Monte, onde eu fazia a minha pesquisa, as fiscalizações também eram cada vez mais violentas.

Lá, sentado no muro, pensei na enorme operação que eu tinha acabado de presenciar semanas antes. Caminhões tinham estacionado na frente do mercado, e um número enorme de fiscais havia começado a entrar. Como de costume, os vendedores logo começaram a esconder as mercadorias, porém nesse dia a polícia tinha guardas nas portas, e os fiscais ordenaram que os proprietários abrissem armários e armazéns. Marisa, uma recém-chegada ao mercado, tinha desmaiado ao ver os fiscais se aproximarem do estande dela. Levaram-na para a rua, inconsciente, junto a duzentos pares de sapato que ela havia comprado ilegalmente nos últimos meses, e que naquele momento foram todos confiscados.

Quanto a mim, fiquei conversando com Luz, uma assistente de vendas que trabalhava ao lado do estande de Riqui, onde eu ficava. Quando as portas do mercado se abriram mais uma vez e os fiscais se aproximaram, a princípio o corpo de Luz pareceu enrijecer-se, mas logo ela correu até os fundos do estande e pegou uma sacola cheia de calças. Ela estendeu a sacola na minha direção. Os olhos dela suplicavam por ajuda. Será que eu podia sair e encontrar um lugar para esconder aquelas calças importadas? "Se fizerem qualquer pergunta na porta, diga que você não fala espanhol." Eu sabia que, se me pegassem com aquele contrabando, Luz poderia receber multas altas, perder a licença de vendedora e o emprego como assistente de vendas no mercado. Enquanto levava a sacola em direção à entrada eu sentia o coração na boca. Faltavam poucos passos quando um policial apontou para mim e se dirigiu a um dos administradores do mercado — uma senhora que por sorte também estava a caminho da saída, e que além disso me conhecia. "Esse aí fala espanhol?" Vi com o rabo do olho que a senhora balançou a cabeça. Eu não disse uma palavra sequer: simplesmente mantive o olhar fixo no chão e passei em meio à multidão.

Mais tarde Riqui e os outros comemoraram ao saber do meu pequeno gesto de apoio, que se transformou numa das histórias que os vendedores contaram nos dias a seguir enquanto bebiam café no mercado e faziam contas para calcular os prejuízos de cada um.

Riqui chamava as fiscalizações de "furacão", e o nome passou a ser conhecido por muitas pessoas que trabalhavam em Monte.

"Furacão" era um bom nome, porque as fiscalizações destruíam a esperança que as pessoas tinham no futuro e davam a sensação de que nada ia para a frente no país.

233

O que realmente teria acontecido com as reformas e o relaxamento da regulamentação econômica que Raúl Castro tinha prometido? A suposta "atualização" do socialismo?

Era difícil saber ao certo o que estava acontecendo, mas as pessoas que conheciam os políticos de alto escalão em Cuba diziam que os "gaviões" do partido tinham vencido as pessoas que queriam reformas. A teoria mais aceita era a de que o próprio Fidel havia feito uma intervenção e dito aos quadros do partido que as reformas para abrir a economia e fomentar a liberdade de expressão acabariam por minar a força do partido. Isso me fez lembrar de um comentário misterioso que Manuel, o meu orientador do Centro Cultural, tinha cochichado para mim já em nosso primeiro encontro, numa mesa de café no centro da cidade. "Temos um rei neste país", ele disse. "Talvez ao voltar para casa você já entenda o que eu quero dizer."

Talvez fosse Fidel, o ex-presidente, o irmão mais velho, o "rei" quem ainda decidia.

Mas, a despeito de qualquer outra coisa, o efeito era claro: as reformas começadas por Raúl Castro estavam sendo freadas. Sentado no muro, olhando para o mar, de repente senti como se a luz que havia me levado a Cuba, que havia transformado Norges e Taylor em ativistas, que havia inspirado Linet a começar um negócio de aluguel e Catalina a operar um táxi — senti como essa luz aos poucos se apagasse.

A luz do farol voltou-se para o norte e projetou um facho dourado acima do mar escuro. Em um lugar por lá estavam Norges e Taylor.

HIPÓCRITA

Quando abri a porta Catalina estava sentada no sofá em frente à TV. Ela parecia exausta. Primeiro achei que era por causa do trabalho doméstico. No varal que dava para a rua havia roupas penduradas, e o chão estava brilhando de tão limpo. Mas Catalina não tinha os olhos fixos na tela. As mãos estavam abertas ao lado das pernas, e ela olhava para outra coisa, muito além da tela. "Boa noite", ela me disse num sopro.

Dias atrás, o filho Omar tinha voltado à Holanda após uma visita de duas semanas. Um bom tempo se passaria até que os dois se vissem outra vez. A última novidade era que Yudeisi, a amiga do trabalho, havia viajado, como as duas haviam dito no dia em que os líderes dos EUA e de Cuba fizeram discursos. Dois meses atrás o ex-marido de Yudeisi, que morava nos EUA, tinha voltado para um casamento pró-forma, e na semana anterior ela tinha ido embora. Catalina tinha achado graça ao ver as fotos do casamento em que os dois fingiam se beijar, que mais tarde poderiam ser usadas como prova para as autoridades de imigração. Mas o casamento era de mentira, e Catalina lamentou a perda de mais uma amiga.

Quando entrei, tinha acontecido muita coisa que eu ainda não entendia. Eu fora até lá para falar sobre o carro. Ainda não tínhamos

235

a licença do táxi, e naquele momento precisávamos também de um novo motorista. A inspeção técnica, o incêndio no motor, os consertos, a valsa entre repartições públicas e por fim a ruptura com Arian — tudo isso me dava a impressão de que não conseguíamos sair do lugar, de que andávamos em círculo, de que nós, como o restante da ilha, estávamos condenados a uma série interminável de repetições.

Perguntei se ela não tinha falado com Arian nos últimos tempos. "Falei, sim", disse Catalina, que a princípio não pareceu muito interessada. Eu sabia que Arian era muito importante para ela, mas ao receber a notícia de que ele havia pulado fora Catalina simplesmente deu de ombros. Talvez fosse melhor assim, ela disse: havia motoristas mais confiáveis que gostariam de trabalhar conosco.

Eu não a deixaria trocar de assunto tão fácil assim, e então dei a entender que tinha sido ela mesma a provocar a ruptura de Arian ao pressioná-lo. Repeti as palavras dele, de que ela não poderia controlá--lo. Nessa hora foi como se Catalina despertasse.

"*Hijo*, você precisa abrir os olhos." Ela contou que uma pessoa do trabalho havia dito que Arian também usava o Buick durante o dia, para assuntos particulares. Alguém o tinha visto levar o filho à escola. Talvez Catalina entendesse o que eu estava pensando — que aquilo não era um problema grave —, porque logo tratou de emendar: "Ele teria destruído aquele carro, da mesma forma como destruiu o carro da firma".

No último ano o carro da firma tinha acabado na oficina três vezes. Uma vez Arian também fora parado numa barreira policial sem carta de motorista e por pouco não tinha perdido o emprego. Catalina tinha feito uns telefonemas para ajudá-lo a sair daquele apuro, mas segundo disse Arian não tinha demonstrado nenhum tipo de gratidão. Arian não a tratava com o respeito que merecia.

"O Arian conseguiu todos os contatos dele comigo, *todos*. E eu nunca pedi nada em troca, nem um peso. Sei que ele tem um bom coração, mas assim mesmo ele perdeu a minha confiança, perdeu *toda* a minha confiança, enquanto eu não fazia nada além de tentar ajudar."

Com essas palavras Catalina deu início a um monólogo indignado. Não consegui acompanhar todos os detalhes, mas entendi que a história tinha uma certa relação com o Buick. Fiquei com a impressão de que tinha acontecido mais alguma coisa no trabalho. Talvez os fiscais do *control interno* tivessem aparecido outra vez, porque Catalina não parava de repetir que agora *eles* sabiam o que ela e Arian tinham feito com o carro da firma durante todos aqueles anos.

"Ficam *observando* você durante o dia, e depois levam você à noite. Eles *levam* as pessoas, você entende?" Enquanto Catalina falava, lágrimas brotaram daqueles olhos maquiados. Foi como se uma rolha tivesse sido aberta, e de repente toda a tristeza viesse à tona: a saudade do filho, o medo e o desconforto acumulados ao longo de uma vida inteira como fiscal e fora da lei.

"O meu chefe começou a reclamar e perguntou: *onde tá o Arian*? E eu precisava sempre acobertar as histórias dele, eu precisava sempre resolver tudo, e o que foi que recebi em troca? Já chega. O Arian arrisca demais. Você sabe como ele gosta de arriscar. E agora vão levar ele, e esse vai ser o fim dele, assim!" Catalina estalou os dedos.

"Isso vai criar problemas para mim, porque são pessoas do *control interno* que sabem o que nós fizemos. Quando tudo acabar, eu vou ser exonerada do trabalho e expulsa do partido. A primeira a se dar mal é sempre a secretária do nível mais baixo."

Eu me lembrei da história que Catalina havia contado sobre a fiscalização nos fundos do Almacén Provincial, quando os trabalhadores foram algemados e levados pela polícia. Naquela vez, Catalina disse que devia pedir demissão, e falou no Buick como uma alternativa de renda confiável fora do emprego público. Mas o Buick tinha mostrado que podia ser tudo, menos confiável. O carro passava mais tempo na oficina do que na rua — e naquele momento Arian tinha desaparecido, exatamente como Yudeisi, e como Omar. Em poucos meses eu também iria embora de Cuba, e não havia como saber o que aconteceria com o projeto do táxi. Tudo que tinha valor para Catalina escapava-lhe por entre os dedos como areia, e restaria apenas o de sempre — o trabalho, os encontros do partido, as fiscalizações, o sistema, o tédio, a rotina, o medo e a repetição. Ela tinha os olhos cheios de lágrimas. A voz falhava, mas ainda era possível ouvi-la.

"É como na União Soviética, sabe? Não pagam nada, mas esperam que você faça tudo o que dizem. Claro que vamos aguentar, porque eu sempre aguentei. O Omar diz que estou sofrendo. Como estou!"

"E *você*", disse Catalina, como se apenas naquele momento descobrisse quem estava sentado à frente dela, "você não entende nada sobre este país, não sabe de nada. Eu estive aqui por sessenta anos e posso garantir a você que este lugar não é nada bom! A polícia e os caguetas vão acabar pegando você", ela disse. "E aí você está acabado." Mais uma vez, Catalina estalou os dedos.

"Do ponto de vista da revolução eu sou uma hipócrita, meu chefe é um hipócrita, somos todos hipócritas! Mas tenho princípios, sou uma hipócrita com princípios, não vou largar do osso, porque tenho a Deus e tenho os meus princípios!"

E assim, como se aquela tempestade interior de repente houvesse amainado, Catalina se reclinou no assento e ficou em silêncio. Ela entreabriu os olhos. "Você comeu, querido?", ela me perguntou como se estivesse sonhando. "Aceita um suco?" Não respondi. A TV continuava a zumbir com um discurso de Raúl Castro. A voz de barítono do presidente soava longe nos alto-falantes, como se viesse de um antigo disco, mas já fazia muito tempo que eu tinha parado de escutar aquele tipo de coisa. A tela iluminou o rosto liso de Catalina. Ela tinha dormido.

OUTONO

uando Norges viajava ao exterior para participar de conferências, os amigos de Santiago o provocavam ao revê-lo. Por que voltar quando todos sonhavam em sair de Cuba? Por que ele simplesmente não ficava no exterior? Norges sempre tinha dado a mesma resposta. Cuba estava sofrendo uma transformação, o futuro dele estava no país e portanto ele não tinha planos de ir a lugar nenhum.

Naquele momento, ele e Taylor estavam em um estacionamento totalmente às escuras em Tijuana, na fronteira do México com os EUA, em meio a jovens marginalizados, mulheres com bebês de colo e crianças sem calçados, rapazes da América do Sul e da África Ocidental, pessoas que tinham chegado em ônibus e trens, a pé, às vezes mancando, e que naquele momento faziam a última parada antes de uma vida melhor no outro lado do muro. O México tinha um cheiro diferente: milho, porco e poeira. Os guardas da fronteira dos EUA tinham fuzis tão grandes que Norges chegou a duvidar que conseguisse segurar um daqueles.

Ao contrário de outros imigrantes em Tijuana, Norges e Taylor tinham chegado ao México vindos do norte — dos EUA. Eles tinham um visto para participar da conferência sobre a América Latina em Nova York. Mas, para conseguir a autorização de residência, era preciso cruzar a fronteira outra vez. Os dois tinham atravessado uma passarela desde a Califórnia e atravessado uma porta que só podia ser aberta a partir do sul. Era para ser uma coisa simples: bastava cruzar a fronteira e dar meia-volta.

Quando chegou ao outro lado e entrou na fila de imigrantes que estava formada, Norges foi parar no meio das pessoas que buscavam refúgio. Mas ele não se via como refugiado: era simplesmente um ativista e um patriota que passaria uns meses nos EUA. Não tinha fugido de Cuba: apenas queria dar um tempo, aproveitar uma estadia longe enquanto as coisas se ajeitavam em casa. Pelo menos foi isso o que disse às pessoas que haviam feito perguntas antes da viagem, e essa também era a explicação que dava a si mesmo. Norges tinha contado para a mãe e para Claudia que passaria "um período" nos EUA. Taylor e ele tinham dado o colchão para a irmã de Norges e pedido a ela que cuidasse bem dele até a volta. Pediram ao proprietário do apartamento onde moravam e Havana que mantivesse o aluguel, porque em poucos meses estariam de volta. Uma parte de Norges acreditava nessa história. Quando os dois chegaram a Nova York, nem ao menos pediram asilo político na fronteira. Eles participariam de uma conferência acadêmica e fariam uma visita à família de Taylor em Las Vegas, e depois voltariam a Cuba.

Eles tinham falado sobre a possibilidade de pedir uma autorização de residência, mas foi apenas semanas depois do início da visita, quando já estavam no jardim da tia de Taylor — uma mulher de pele clara e cabelos loiros e curtos —, que essa possibilidade tornou-se concreta. Graças a uma lei de 1966, chamada Cuban Adjustment Act, cidadãos de Cuba — ao contrário de todos os demais imigrantes da América Latina — podiam receber uma autorização de residência automática caso se declarassem refugiados políticos na fronteira. A tia, que havia saído de Cuba, incentivou os rapazes a levar o plano adiante. Ela podia levá-los ao extremo sul da Califórnia, e de lá eles podiam ir ao México e retornar a pé.

A decisão de pedir uma autorização de residência nos EUA veio tão aos poucos que mal pareceu uma decisão: foi mais uma coisa que simplesmente aconteceu, como uma maçã cai de uma árvore ao soltar-se do galho. Mais tarde, tudo o que aconteceu parecia ter sido predeterminado. O primeiro sinal, o primeiro cheiro do outono, chegou junto com o controle de passaportes no dia em que Taylor pegaria o voo para Genebra e Norges viu o momento em que o namorado foi levado por um homem de uniforme militar.

Logo Taylor compreendeu que aquele interrogatório seria diferente. Pela primeira vez Renier estava usando o uniforme do exército — calças verde-oliva e uma camisa com duas estrelas brancas no ombro. Ou seja: Renier era capitão. Uma mulher de uniforme pediu a Taylor que entregasse o celular, a câmera e a bagagem de mão. Levaram-no por uma escada até uma salinha vazia. De uniforme, no outro lado da mesa, o agente já não parecia mais amistoso. Ele afirmou conhecer muito bem todos os detalhes relativos ao trabalho de Taylor e Norges. Eles tinham feito uma averiguação muito detalhada. A trajetória de Taylor era impressionante, desde a escola primária e da adolescência nos arredores de Santiago até os estudos na universidade e o trabalho no centro cultural. Por isso agentes estrangeiros o haviam identificado como um líder, disse Renier. Era uma tragédia que um líder tão promissor se houvesse desviado do caminho.

Renier tinha ligado para Taylor em diversas ocasiões para alertá-lo. Por que ele nunca tinha atendido? Bem, já não importava mais: finalmente o agente poderia revelar a verdade. Os novos amigos americanos de Norges e Taylor, o acadêmico Colin Brown e o investidor Sebastian Delgado, trabalhavam ambos para a CIA. E auxiliavam nas tentativas ilegais dos EUA para desestabilizar Cuba. Os contatos deles nas embaixadas da Noruega e da Espanha queriam fazer a mesma coisa: trazer o "vírus do capitalismo" para a ilha. O agente colocou fotografias de Brown e Delgado em cima da mesa e disse que eles faziam parte do

241

projeto Minerva, uma operação secreta que tinha como objetivo virar jovens cubanos contra a revolução. Renier falou sobre a profunda decepção que sentia ao ver que jovens talentosos como Taylor e Norges haviam se deixado levar.

Como em geral acontecia diante de um conflito, Taylor se inflamou. Ele pareceu destemido, quando na verdade estava apavorado.

"Quanta bobagem", disse Taylor. Ele não trabalhava para agentes estrangeiros: simplesmente estava ouvindo a própria voz. Norges e Taylor queriam levar Cuba ao século XXI com o acesso à internet, como qualquer outro país do mundo. Estavam trabalhando para que os cubanos pudessem expressar opiniões. A polícia secreta, como sempre, não tinha entendido nada. O objetivo do trabalho desenvolvido por Norges e Taylor era o bem de Cuba.

Ao falar, Taylor se encheu de coragem e tornou-se mais agressivo. Quem destruía o futuro do país não eram pessoas como ele: eram marionetes como Renier.

"Cuidado com o que você diz", o capitão o advertiu.

"Vocês podem fazer o que quiserem comigo! Eu não fiz nada de errado!", Taylor disse aos gritos, mas Renier latiu de volta:

"Você não sabe com quem está falando!"

Nessa hora um tenente entrou na sala.

"Camaradas", disse o homem moreno de uniforme. "Não há motivo para gritos."

O colega tinha adotado uma estratégia diferente. Ele se apresentou de maneira amistosa e entregou um documento para Taylor. No cabeçalho, Taylor leu: *Ley contra actos de terrorismo, 2001*. Taylor correu os olhos pela folha de papel enquanto o tenente explicava por que o trabalho feito por ele e Norges era ilegal. Norges e Taylor estavam colocando empresas de TI cubanas em contato com órgãos de informação estrangeiros, segundo o tenente. O casal tinha oferecido tecnologia e informações cubanas a forças inimigas, em detrimento da segurança nacional, conforme previa a lei de número noventa e três, capítulo nove, artigo vinte e cinco. O trabalho deles poderia ser considerado financiamento de atos terroristas — um crime com pena de cinco a vinte anos. O tenente enfatizou esses números enquanto olhava fundo nos olhos de Taylor. A voz dele era fria e metódica, como se já estivesse proferindo a sentença. "Vinte anos na prisão."

O oficial pediu a Taylor que reconsiderasse. O que era mais importante para ele na vida? Por acaso não se importava com a mãe quando viajava ao exterior? Por acaso não se preocupava com o que acontecia a ela, como uma pessoa que sofria de lúpus? Taylor olhou para o relógio e exigiu que o dispensassem. De outra forma ele perderia o voo para Genebra.

Enquanto os militares falavam, o telefone de Taylor vibrava no lado de fora. Norges andava de um lado para o outro no setor de chegadas. Ao ver que o namorado não atendia, ele ligou para a embaixada da Noruega. "Pegaram o Taylor!" Mas não havia nada que a embaixada pudesse fazer. Uma hora depois, Taylor ligou de volta. Ele correu para apanhar o voo e chegou no último instante. Em seguida, contou para Norges tudo o que tinha acontecido.

O interrogatório de Renier tinha aberto um buraco negro, o cenário de um furacão: vinte anos atrás das grades. Ser vigiado era uma coisa — Norges e Taylor tinham feito piadas sobre *el compañero que me atiende* e por vezes o cumprimentavam na linha ao falar com Yaima. Mas daquela vez era diferente.

Quando aterrissou em Genebra depois do interrogatório, Taylor ainda sentia o corpo em estado de alarme. Ele imaginou ver agentes cubanos no refeitório do prédio das Nações Unidas e não se atreveu a ir sozinho ao banheiro. Em Havana, Norges mal conseguia sair à rua. Quando ia ao parque conectar-se à internet ele ficava olhando para os lados, como um cervo no território dos predadores. À noite, colocava uma cadeira de balanço com uma panela em frente à entrada do apartamento, para que aquilo fizesse barulho se alguém tentasse abrir a porta. Ao lado da cama estava um taco. Deitado no escuro, Norges não conseguia mais controlar os próprios pensamentos.

"Primeiro pegaram o Taylor", disse uma voz em sua cabeça. "Depois será eu."

Lá estavam as forças contra as quais o pai tinha lhe alertado. Uma parte de Norges havia trancado a escuridão no lado de fora. Ele tinha insistido em dizer que já não era mais perigoso expressar livremente a opinião em Cuba. No blogue escrevia sobre a luz, sobre os avanços no país, sobre o crescimento da blogosfera, sobre a diplomacia com os EUA e sobre as reformas econômicas. Esse otimismo o havia deixado cego em relação a um perigo cada vez maior. Agora *eles*, os autoritários de Cuba, já não eram mais uma ameaça difusa, um fantasma conhecido por todos. *Eles* haviam se transformado em uma voz no telefone, uma mão no ombro de Taylor, um dedo apontado para um trecho de legislação que podia condená-los a vinte anos de prisão.

A partir daquele dia uma vida nova começou para Norges e Taylor. Por fora, tudo estava como antes, mas por dentro a relação entre eles e o estado de Cuba havia se transformado. O casal, que havia se definido a partir do contraste em relação a todos os cubanos que haviam deixado a ilha para trás, que nunca tinha sentido nenhuma dúvida em relação a isso, de repente começou a ter dúvidas. O interrogatório com Renier estremeceu as fundações da existência de ambos, e bastaria um sopro para que o futuro sonhado por Norges e Taylor desmoronasse. Esse sopro veio em seguida, no lobby do Hotel Parque Central.

Ainda faltava um mês para o seminário deles em Nova York, e Colin Brown os convidou para tomar um drinque. Eles fizeram os pedidos e esperaram as boas notícias. O sociólogo americano representava um círculo de especialistas e diplomatas que davam a Norges e Taylor um pouco mais de segurança em Cuba. O acesso dos estrangeiros à mídia internacional e às embaixadas dava a impressão de funcionar como uma defesa contra as ameaças das autoridades cubanas. As parcerias com acadêmicos e investidores também poderiam garantir uma renda ao casal, e além disso um papel no desenvolvimento de TI na ilha.

Mas o rosto de Colin Brown parecia dizer outra coisa. Ele se disse grato por todo o esforço que Norges e Taylor tinham feito para organizar o seminário e convidar os participantes, mas infelizmente tudo seria cancelado. Delgado, o investidor, tinha recebido um contato das autoridades cubanas com uma ameaça inconfundível. Ele podia muito bem financiar aquele projeto em Nova York se quisesse, mas nesse caso devia esquecer todos os planos de investir em Cuba no futuro. E assim Delgado retirou o apoio ao projeto. Os planos de oferecer trabalho a Norges e a Taylor em Cuba também foram por água abaixo.

A notícia os enfureceu — em especial a Taylor, que sempre demonstrava aquilo que sentia. Eles não culparam Brown, que não era mais do que o mensageiro, mas Taylor escreveu um e-mail ao investidor Sebastian Delgado. "Ao nosso amigo Sebastian", começava o e-mail, que de amigável não tinha nada. Taylor acusou o investidor de ter cedido à pressão e mencionou as ameaças que tinha recebido, mas assim mesmo enfrentado. Será que o investidor não percebia que Taylor e Norges corriam um enorme risco pessoal simplesmente ao falar com americanos? Estava claro que Delgado se interessava por Cuba apenas para ganhar dinheiro e nada mais. Taylor escreveu que precisava dizer o que sentia e o quanto estava decepcionado, pois de outra forma haveria de sentir-se um covarde. "E eu não sou um covarde", ele escreveu.

Norges desaconselhou Taylor a enviar o e-mail, mas Taylor não quis saber. Eles já tinham convidado mais de dez cubanos para viajar a Nova York com todas as despesas pagas. Os participantes haviam preparado comunicações, tirado passaportes e se alegrado com a perspectiva de uma primeira viagem ao exterior. E tudo fora posto a perder em razão da covardia do investidor. Taylor escreveu que gostaria de receber uma resposta àquele e-mail, agradeceu por tudo e clicou em *send*.

Mesmo que fosse se expressar de forma um pouco mais contida, Norges também estava muito irritado. A fúria escondia o medo de ambos em relação ao que estava por vir. Eles tinham corrido riscos ao aceitar o convite para a organização do evento em Nova York. O trabalho com os americanos colocou-os ainda mais sob os holofotes das autoridades. Naquele momento, depois que o investidor tinha desistido completamente do projeto, Norges e Taylor sentiram-se vulneráveis e abandonados.

Mesmo que o seminário tivesse sido cancelado, eles foram a Nova York participar da conferência sobre a América Latina com Yaima. Tinham feito o check-in no elegante Hotel Hilton Midtown e estavam assistindo aos painéis sobre Cuba quando de repente notaram a careca reluzente de Sebastian Delgado. O investidor nunca tinha respondido ao e-mail de Taylor, mas naquele momento estava sentado algumas fileiras atrás deles. Norges se levantou para cumprimentá-lo. "Eu me recuso", disse Taylor, que permaneceu sentado. Quando Delgado notou a aproximação de Norges, o rosto dele se enrijeceu como se houvesse prendido a respiração. "Olá. Como vão as coisas?", Norges perguntou, estendendo a mão. O investidor acenou a cabeça em silêncio, apertou a mão dele e Norges voltou ao lugar.

Nada tinha saído conforme o planejado, nem mesmo quatro semanas mais tarde, na fronteira em Tijuana. "Somos cubanos e estamos aqui em busca de asilo", Taylor disse quando chegaram ao posto de fronteira. O guarda explicou que eles tinham ido ao local errado. Pedidos de asilo eram processados no outro posto de fronteira, em San Ysidro. Norges e Taylor fizeram sinal para um táxi. Taylor falou com o taxista em inglês, porque a tia em Las Vegas havia dito que era um risco de vida revelar-se cubano em meio a outros imigrantes. Os documentos de Cuba eram muito visados. Tudo em razão das leis especiais dos EUA, que garantiam aos portadores de passaportes cubanos uma autorização de residência.

Passado um tempo a fronteira surgiu mais à frente — uma barreira de aço e arame farpado. Aquilo realmente era outro país. Havia centenas de cruzes brancas fincadas ao longo do muro, como lembranças em homenagem a todos aqueles que não puderam concluir a travessia. Norges conseguiu ler os nomes inscritos na madeira. Ele puxou a camisa de Taylor, mas não disse nada. Um pensamento sombrio insinuou-se. A travessia seria mais desafiadora do que ele tinha imaginado. No ponto outro posto de fronteira a fila era mais longa. Os dois avançaram e Taylor explicou que eram de Cuba, como se aquelas palavras mágicas fossem capazes de abrir o portão, mas os guardas os afastaram de maneira brusca.

"Encontrem a polícia! Coloquem o nome de vocês na lista!"

Norges não entendia muita coisa, porque não havia nenhuma placa, nenhum tipo de informação. Que lista? Aquele tratamento ríspido o deixou sem jeito. Taylor assumiu a responsabilidade e mais uma vez avançou até a frente, mas foi empurrado para trás. O posto de fronteira era uma multidão de rostos frustrados, papéis e garrafas d'água, mas aqui e acolá havia turistas americanos a pé. Voltavam para casa após um dia de festa no México, alcoolizados e falantes, e deslizavam pela comporta como peixinhos que passam entre os furos de uma rede.

Por fim Taylor encontrou um policial que os colocou na lista de imigrantes que gostariam de fazer uma entrevista para pedido de asilo. Seria preciso esperar horas, talvez dias até que fossem chamados. Não era daquele jeito que os dois tinham imaginado a passagem. Era para ser uma operação simples: bastaria ir e dar meia-volta. Norges tinha dez dólares no bolso quando eles fizeram a travessia. Quatro tinham sido gastos com o táxi, e dois num galão d'água. Um pouco mais adiante na fila, um grupo de imigrantes se preparava para dormir colocando jaquetas e jornais no chão para servirem de apoio. Norges e Taylor conseguiram um lugar num canto e passaram um tempo calados, sem dizer nada. A noite caiu, e Taylor encolheu-se junto da parede. Norges se deitou para o lado contrário, com o rosto em direção ao posto. Os dois se revezariam dessa forma. Norges tinha o passaporte no bolso da jaqueta. O muro se erguia rumo ao céu noturno como um rochedo negro.

Quase três dias inteiros se passariam até que os dois pisassem mais uma vez em solo americano. Quando encontraram a tia de Taylor do outro lado, os dois estavam exaustos, mas também aliviados. Estavam fedendo, mas a tia os recebeu com um abraço apertado e demorado. Ela tinha os olhos vermelhos de culpa por tê-los incentivado a cruzar a fronteira, porém Norges e Taylor a tranquilizaram. A experiência tinha lhes feito bem, segundo disseram, e os dois sentiam-se gratos por estar de volta.

Norges pensou em todas as pessoas que haviam ficado do outro lado, famílias inteiras que haviam vendido tudo o que tinham e arriscado a própria vida para no fim serem mandadas de volta. Havia dezenas de milhares de pessoas que sonhavam em estar no lugar deles. Não havia tempo para negatividade. A fuga não era uma derrota, mas uma oportunidade.

No carro, ao voltar para Las Vegas, os dois contaram à tia e ao tio sobre tudo o que tinha acontecido naqueles últimos dias. Falaram sobre a freira de setenta e nove anos que aparecera no estacionamento durante a primeira noite e pedido ajuda para buscar cobertores e edredons para os imigrantes. Ela dirigiu até a igreja enquanto gritava aos pedestres: "Vou aonde o Senhor me levar!". Falaram sobre o ganês com quem tinham feito amizade no albergue do Exército da Salvação, e sobre os refugiados com quem tinham dividido o quarto — jovens com tatuagens de gangues e cicatrizes de tiros. Falaram sobre a agressividade dos entrevistadores no centro de asilo, que lhes haviam confiscado os celulares e entregado uniformes, como se fossem presidiários, para então permitir que atravessassem a fronteira.

A travessia aconteceu no dia três de julho — a véspera da independência dos EUA. Eles andaram por ruas estreitas onde as pessoas hasteavam a bandeira vermelha, azul e branca acima das casas. Lojas e esquinas estavam repletas de bandeiras americanas.

O sentimento de alívio durou alguns dias. Em Las Vegas, a família de Taylor havia organizado tudo para eles. Arranjaram um quarto no segundo andar. A casa da tia levava Norges a pensar naquelas que tinha visto em programas de TV americanos, com uma estradinha, garagem e um pequeno jardim. Ele ficou impressionado com a hospitalidade da família de Taylor, que eles mal conheciam. Norges foi

248

recebido com alegria e entusiasmo. A tia providenciou uma conta bancária para cada um e os levou a um escritório onde podiam obter uma permissão para trabalhar. Ela os matriculou num curso onde aprenderiam a preparar um CV, para que assim pudessem sair em busca de emprego. Havia muitas oportunidades para imigrantes em Las Vegas, em particular nos cassinos, que precisavam de gente para arrumar e limpar tudo.

"Agora a vida de vocês pode começar", declarou a tia. Norges sorriu e agradeceu, porém dias mais tarde sentiu que na verdade o que tinha acontecido era o oposto; foi um insight desagradável, e ele notou que Taylor sentia a mesma coisa. Era como se Cuba tivesse desaparecido para eles, e a vida de repente tivesse acabado.

O pedido de asilo foi aceito e ambos foram oficialmente reconhecidos como refugiados cubanos. Em poucos anos eles teriam passaportes americanos.

Um estranho silêncio tomou conta de Norges por volta dessa época, como acontece quando desligamos um ventilador e só então percebemos o barulho que estava fazendo. Dois anos haviam se passado desde o dia em que o casal estava sentado num banco em Havana e um senhor apareceu com notícias cheias de esperança sobre o que estava acontecendo. Nas recepções das embaixadas por volta daquela época os diplomatas costumavam procurar Norges e Taylor e perguntar como era viver um momento histórico como aquele. Aos olhos dos estrangeiros, os dois rapazes simbolizavam tudo de bom que ainda estava por vir a partir do momento que Cuba havia se aberto para o mundo. Tudo parecia muito distante.

Meses depois, em Las Vegas, eles conseguiram emprego num dos hotéis menos glamourosos da cidade, o Gold Coast Hotel. Ganhavam onze dólares e quinze centavos por hora. Taylor limpava e organizava os quartos, enquanto Norges varria os pisos e juntava bitucas do tapete ao redor das máquinas caça-níqueis. Eles alugaram um apartamento nos fundos do hotel, para ter fácil acesso ao trabalho. O turno começava às quatro da manhã, e eles andavam sempre juntos, como haviam feito em Havana. Os blogues ficaram abandonados. No perfil de Facebook, ainda constava a localização de antes: *Havana, Cuba*.

Certo entardecer os dois foram assistir ao novo filme *Velozes e Furiosos* que se passava no país natal. As construções e as ruas de Havana surgiram na telona, mas eles estavam sentados numa sala escura em Las Vegas. Norges sentiu uma pontada na barriga ao ver a cidade que eles haviam deixado para trás. No meio de uma das cenas de ação idiotas ele olhou para Taylor. Taylor estava chorando.

A vida no exílio havia começado. Aos poucos os dias começavam a parecer todos iguais. Eles assistiam a TV à noite, jantavam com a família de Taylor aos fins de semana e durante o dia trabalhavam no hotel. Entre um turno e outro, com frequência sentavam-se na pequena sacada do apartamento e dividiam um cigarro. Taylor sem dúvida era quem mais sentia falta de casa. "É só por um tempo", ele dizia. "Nós *temos* que voltar." Quando Taylor falava assim, Norges engolia em seco e dava uma tragada no cigarro.

O FEDOR E O SORRISO

Cuba nunca mais foi a mesma depois da manhã em que fui ao parque, fiz o login na internet e abri a resposta de Norges que dizia: "Decidimos ficar por aqui". Não havia "oi" nem qualquer tipo de enrolação. Norges escreveu que os dois pretendiam ficar nos EUA por no mínimo um ano, até conseguir a autorização de residência. Eles queriam economizar dinheiro e talvez comprar um apartamento em Cuba "um dia", se as condições melhorassem na ilha. Mas — ele acrescentou — "as notícias que temos de Cuba não são nada boas".

Eu ainda não sabia de nada sobre o interrogatório com Renier e a ameaça de vinte anos de prisão, nem do rompimento da colaboração com Delgado e Brown, mas pouco importava. Saber o que os havia levado a desaparecer não mudaria o fato de que a perda me havia magoado. Seria mesmo verdade? Eu me lembrei do olhar desalentado de Yaima na tarde em que dera a entender que Norges e Taylor ficariam nos EUA. "Quantas gerações já não foram embora? Quantas cabeças boas e pensantes já não foram embora?"

Eu já tinha morado em Havana por mais de um ano e meio. Em pouco tempo eu voltaria à Europa para escrever sobre tudo o que tinha aprendido. O interesse por Cuba era grande; volta e meia eu recebia contatos de jornalistas, amigos ou conhecidos que queriam saber a respeito das transformações na ilha. O último convite tinha sido para falar a um grupo de viajantes formado por jornalistas, engenheiros e arquitetos que me convidaram para dar uma palestra no pensionato onde estavam hospedados em Havana. Doze norugueses bronzeados estavam sentados junto a uma mesa retangular como se fossem velas acesas. Era lisonjeiro saber que as pessoas se interessavam pelo que eu tinha a dizer. O grupo bateu palmas quando terminei de falar sobre a vida na ilha, me agradeceu e ficou me olhando com olhos arregalados da sacada quando me sentei no banco do Buick para ir embora.

Mas, depois que Norges e Taylor desapareceram, notei que o interesse dos estrangeiros por Cuba — do qual eu mesmo era parte — me incomodava. Era como se todas aquelas pessoas esperassem que agora — *precisamente agora!* — o país enfim se transformasse. A mesma curiosidade que em outra época eu tinha nutrido por tudo aquilo que estava prestes a se transformar em Cuba aos poucos dava vez ao cinismo, a um sentimento de que tudo ficaria como estava. O desabastecimento e as filas nos mercados, as conversas aos cochichos e o medo, as mentiras nos jornais e a falsidade que eu mesmo representava, a vigilância e a repressão das pessoas comuns — todas essas coisas, sempre repetidas, plantaram em mim a semente de uma tristeza, uma tristeza que eu reprimi com a raiva. Parecia mais fácil praguejar e odiar do que chorar.

Eu ainda curtia as amizades com Linet, Catalina, Arian, Riqui e o pessoal do mercado de roupas onde eu trabalhava. Nós conversávamos e dançávamos, fazíamos refeições juntos, ríamos juntos. Mas ao ter notícias de Norges e Taylor uma amargura passou a fazer parte de mim. Eu revirava os olhos ao ouvir estrangeiros falarem sobre as mudanças em Cuba, e praguejava ao ver fotos de celebridades que andavam por Cuba como se estivessem num palco. A última novidade era que a marca Chanel, liderada pelo designer Karl Lagerfeld, organizaria um desfile de moda no Paseo del Prado — a rua de desfiles da cidade. As autoridades tinham fechado toda a área enquanto modelos e astros internacionais de cinema posavam em frente a prédios com os parentes de Fidel e Raúl Castro. Nos dias a seguir as ruas pulsavam de insatisfação, e passaram a correr boatos sobre o que fora servido aos astros de cinema ao final do desfile, e sobre o pagamento ínfimo aos cubanos que haviam preparado a comida, ou ainda aos motoristas que tinham levado e buscado os astros no aeroporto.

Não me restava muito tempo em Cuba. Ao entardecer eu subi ao telhado sem nenhum objetivo a não ser observar as luzes da cidade. Havana piscou para mim como um bicho do pântano. Em seguida desci ao apartamento e escrevi no meu diário.

Os últimos dias trouxeram nuvens baixas. Centro Habana fede à fumaça de escapamento, lixo e ovo podre. As nuvens funcionam como uma tampa em cima da cidade, onde um monte de porcarias velhas está guardado. Há dias em que nem o fedor da cidade consegue escapar. O cheiro alcança até o quinto andar, onde moro. Será mesmo a camada de nuvens baixas ou será que sempre foi assim? Não seria talvez a estada de dezenove meses em Havana que enfim começa a fazer efeito? Um ano e meio com a mesma impressão — o acúmulo de um cheiro discreto, quase imperceptível de merda — e um nariz que no fim já não aguenta mais. As lixeiras transbordam e se transformam em montanhas que precisam de escavadeiras para serem removidas. Mas as escavadeiras não estão em lugar nenhum: em vez disso, sombras de pessoas movimentam-se entre os montes de lixo e olham para baixo, cutucam, abrem os sacos plásticos. Será que tem vidro aqui? Uma lata que eu possa vender? Puta merda, que fedor.

Eu continuava a dirigir o táxi de vez em quando. Depois que Arian se afastou, passei a convidar Riqui do mercado, onde eu fazia os meus estudos de campo. Ele gostava da renda extra, porque a venda de calçados já não dava tanto lucro quanto na época em que as reformas haviam começado. Era como se os mercados em Monte estivessem tomados por pequenos comerciantes como ele mesmo, enquanto a clientela encolhia. Apenas nos últimos meses entendi que as pessoas que trabalhavam naqueles mercados estavam realmente muito próximas do limiar mínimo de sobrevivência. Os vendedores faziam o melhor que podiam, mas boa parte deles, como Riqui, nunca atingia a independência econômica. Por isso era fácil convidá-lo para andar de carro.

Além do mais, dirigir o táxi era um ótimo passatempo. Ver o que surgia no caminho em meio à escuridão era melhor do que ver o que surgia na tela da TV. Depois da primeira noite com Riqui, escrevi no diário.

Jantei na casa de Catalina e depois fiz umas corridas com Riqui. Ele ficou contente quando perguntei se queria ser buquenque. *Pegamos um grupo de cubano-americanos que ia para o Paseo e para o Malecón. Cinco pessoas, uma na frente e quatro atrás, além de Riqui. Fomos até La Fábrica duas vezes. Depois levamos um filhinho de papai e três meninas a um lugar na esquina da Avenida 3ª com a Calle 36, a região onde moram os generais. Tive vontade de dar uma bofetada no rapaz que sorriu no banco de trás enquanto fechava um baseado para as meninas e depois fez um gesto de desprezo em direção ao troco que Riqui devolveu. Um filho "deles", pensei. Riqui com certeza tinha pensado a mesma coisa, porque quando nos afastamos ele resmungou "hijo de um pincho", filho de um figurão.*

Às onze e vinte estacionei no escuro em frente ao apartamento. Eu estava tirando o estepe do porta-malas para levá-lo comigo ao apartamento quando uma menina negra de cabelos curtos — ela devia ter uns dezoito anos — chegou vinda do Malecón e me perguntou com uma voz macia: "Você não quer uma massagem?". Balancei a cabeça. A menina olhou para o nada e disse: "Você pode me pegar pela frente e por trás. Eu moro aqui". Eu não sabia o que dizer. "Você me dá duzentos e cinquenta", ela prosseguiu.

"Não, corazón*", eu disse por fim, do jeito mais amistoso possível.*
"Ah, bueno*", disse a menina, me dando as costas. "O azar é seu."*

Dias mais tarde tornei a encontrá-la. Eu estava no banco de trás de um táxi que esperava o semáforo abrir e olhei para fora quando ela apareceu do outro lado da rua. Ela se aproximou do táxi com duas amigas. A menina era mais magra do que eu lembrava e usava um lenço nos cabelos e chinelos de plástico. No escuro ela tinha me pedido dez dólares — duzentos e cinquenta pesos. Naquele momento, eu tinha a impressão de que ela ria do comentário feito por uma das amigas. O sorriso e os dentes dela brilharam.

O que ela faria se me visse? Será que o sorriso desapareceria? Ou será que ela sustentaria a máscara e faria de conta que nada tinha acontecido?

De repente o semáforo ficou verde. Nunca mais a vi.

UMA JOVEM COMUNISTA

Linet tinha um sentimento cada vez mais forte de que um evento importante logo aconteceria em sua vida — um evento capaz de tirá-la da rotina com os turistas e o aluguel, que acabava com todo e qualquer tipo de motivação. Logo faria um ano desde que havia começado a alugar quartos, e assim ela decidiu visitar a família em Santiago. A ocasião era o aniversário de quinze anos de sua irmã caçula. Um aniversário de quinze anos era um grande evento em Cuba. A família toda era convidada para a festa. As mulheres alugavam vestidos elegantes e um fotógrafo era contratado para tirar fotos da debutante. Linet, que naquele momento era a pessoa que tinha a melhor renda na família, pagou pela festa da irmã. Dalila era uma jovem de seu tempo. Quando Linet chegou à casa de telhas corrugadas, a irmã tinha o nariz enfiado no celular que ela havia lhe comprado. Todas as mulheres estavam ocupadas com os preparativos. A geladeira verde da União Soviética, que Linet tinha prometido trocar, estava abarrotada de cerveja e refrigerante. Uma enorme panela de *congrí* estava no fogão. A própria Dalila, que em geral era descolada demais para demonstrar sentimentos na presença de adultos, soltou um gritinho ao ver os alto-falantes alugados. Imaginar que estariam tocando música no dia seguinte! Imaginar que todos estariam dançando! Não era sempre que as mulheres da família se reuniam como naquele dia, e assim todas estavam animadas enquanto andavam de um lado para o outro. A avó, uma figura pequena mas enérgica, apontava e coordenava os trabalhos. Onde estavam as cadeiras? Por acaso tinham se esquecido das últimas cadeiras? E o cabo dos alto-falantes? Era preciso um cabo para ter música!

Foi nesse ambiente acolhedor que Linet se deitou para dormir — com o zum-zum das vozes femininas na cozinha, em meio a imagens de infância — e logo começou a pensar sobre a menina que ela mesma tinha sido na noite antes de completar quinze anos. Como Linet praguejava e reclamava muito a respeito *deles*, era meio engraçado pensar que na época ela fazia parte da Unión de Jóvenes Comunistas.

Linet vinha de uma família revolucionária. Depois da revolução, a avó dela assumiu o posto de líder no comitê do bairro, e o tio ganhou um posto no exército. A estante da família incluía livros como *El estreno del imperio*, sobre a agressão dos EUA contra Cuba em 1898, e os diários de Che Guevara, que Linet tinha lido diversas vezes. Na prateleira também estava o monumental *Tesis y revoluciones*, resultado do primeiro congresso do Partido Comunista em 1975. Desde que havia começado a frequentar a escola, Linet estava sempre entre as melhores alunas da classe: era sempre pontual e atenciosa aos deveres e tirava a nota *excelente* em todas as matérias, a não ser educação física. Por isso também seria natural que Linet estivesse na vanguarda da revolução quando tivesse idade suficiente. No cartão de jovem comunista, a Linet de quinze anos sorria para a câmera. Os cachos tinham sido alisados e presos atrás do pescoço fino, que tinha um colarzinho de pérolas. No lado de trás do cartão havia o trecho de um discurso de Fidel.

É preciso ter coragem para ser um jovem comunista,
é preciso ter caráter para ser um jovem comunista,
é preciso ser abnegado para ser um jovem comunista,

é preciso vocação para ser um jovem comunista,
é preciso senso do dever.

Linet queria ser corajosa e abnegada, e queria ter senso do dever. Além do mais, ela adorava marchar. A matéria favorita dela era *Preparación para la defensa*, uma mistura de práticas ao ar livre e exercícios militares. Havia uma marcha para cada ocasião, e os alunos praticavam todas as semanas. Já crescida, ela continuava a receber vozes de comando com os joelhos altos e os braços estendidos. Linet queria combater a injustiça, como Fidel havia pedido. Uma vez ela tinha marchado na frente Dele.

Foi num dia de novembro em 2002, quando o sol estava alto no céu acima da Plaza de la Revolución em Santiago. Crianças e jovens de todas as escolas da cidade estavam divididos em grupos que esperavam cada um a sua vez com estandartes e uniformes escolares. Linet tinha dezesseis anos. Aquele era um desfile em homenagem à manifestação de apoio à guerrilha de Fidel, que tinha acontecido naquele mesmo dia no ano de 1956. Os alunos haviam treinado a maneira de caminhar, mantendo sempre uma distância de trinta centímetros entre os pés e balançando os braços quarenta e cinco graus para a frente e para trás do corpo, retos como os ponteiros do relógio. Quando os grupos passassem em frente ao pódio, todos deviam reduzir a velocidade, executar um outro movimento de braço e virar o rosto para a direita, em direção ao líder da revolução.

A música dos metais começou, e os gritos de um narrador fizeram-se ouvir. "*AVANTE, PIONEIROS! AVANTE, JOVENS DE CUBA! VIVA FIDEL! VIVA RAÚL!*" Logo todos começaram a se movimentar. Linet avançava rumo à tribuna no primeiro grupo, em meio aos alunos que integravam os jovens comunistas. Os pés faziam o chão tremer; ela adorava a sensação. Logo chegou o momento da curva, e Linet reduziu a velocidade. Virou o rosto para a direita e executou o outro movimento de braço. Era bastante coisa a lembrar: a vanguarda precisava dobrar o cotovelo noventa graus e erguer o punho até a altura do peito, como um soldadinho de chumbo com um tambor. Linet encontrou o ritmo. Talvez vinte metros à frente estava a tribuna. Uns dez homens mais velhos semicerravam os olhos para melhor enxergar o grupo. Lá estavam todos os uniformes marrons do Ministério do Interior, e todos os uniformes verdes das forças revolucionárias. Medalhas e condecorações brilhavam ao sol, porém uma figura se destacava entre todas as demais. O uniforme verde-oliva não ostentava nenhuma medalha — apenas uma estrela vermelha e preta no ombro. Só havia uma estrela daquela. Os coturnos militares estavam plantados no pódio como se fossem colunas. A barba era cinza e pontuda. Os olhos escuros olhavam por sob a aba do quepe. Fidel acenou para Linet. Ela manteve o ritmo, sem alterar a expressão do rosto, mas sentiu o coração bater mais depressa. Foi como reencontrar um amigo querido. Um amigo querido, e superfamoso.

Muito tempo parecia haver passado. O sentimento que Linet teve naquele dia — de que era incrível fazer parte dos jovens comunistas, e de que o partido era uma potência moral — havia desaparecido. Ela tinha crescido num país que não havia correspondido aos próprios princípios. A corrupção, a falta d'água no apartamento, a carta enviada ao *Granma* que nunca fora respondida, a porta fechada no escritório do Poder Popular — todas essas vivências haviam se misturado num sentimento de espanto ante a constatação de que em outra época ela fora integrante do partido, de que acreditara na versão oficial de Cuba, de que havia pensado em Fidel como um amigo querido. Ela tinha notado que Dalila revirava os olhos toda vez que a avó falava em Fidel. A irmã não queria fazer parte da Unión de Jóvenes Comunistas, e Linet compreendia o motivo. Ela se identificava mais com a irmã que estava ao lado dela do que com a própria versão antiga de si mesma. A menina que sorria aos quinze anos naquele cartão havia desaparecido para sempre, pensou Linet.

E em meio a esses pensamentos ela adormeceu. Linet acordou horas mais tarde ao ouvir a voz da mãe no vão da porta. O tom indicava que alguma coisa havia mudado, e Linet sentou-se no sofá. A festa tinha sido cancelada. A avó soluçava na sala. A TV brilhava com imagens de um discurso de Raúl. "Linet", a mãe disse a meia-voz. "Linet, o Fidel morreu."

ELE

O sol ainda não tinha nascido, mas as pessoas já começavam a aparecer no Malecón. Tinham ido por dever, mas também de bom grado, porque queriam vê-lo. *El Comandante, El Caballo,* o homem que tinha um retrato em todas as repartições públicas do país, em quem todos os cubanos adultos haviam pensado todos os dias da vida, nem que fosse por um único segundo, a criatura com um nome que podia ser dito aos gritos ou aos sussurros, porém nunca com indiferença — *Fidel* — havia morrido. Numa galeria subterrânea na Plaza de la Revolución, o caixão foi posto em um catafalco e coberto com a bandeira de Cuba. A *caravana de la libertad,* como as autoridades a haviam chamado, estava a caminho.

Quando Fidel Castro saiu na direção contrária, de Santiago, onde a revolução havia começado, rumo a Havana, em 8 de janeiro de 1959, ele estava no alto de um tanque com um rifle na mão, recebendo a aclamação do povo. Os chapéus voavam pelos ares: "VIVA FIDEL!". A entrada foi repleta de esperança no futuro, e Fidel tornou-se uma referência para o mundo inteiro. Cuba simbolizava as grandes forças da época: socialismo *versus* capitalismo. Sessenta anos depois de a revolução chegar a Havana, as cinzas de Fidel deixavam a cidade para voltar a Santiago, onde o túmulo o aguardava, e Cuba era outro lugar. As autoridades declararam luto oficial de nove dias, tudo fechou e a venda de bebidas alcoólicas foi proibida. De hora em hora ouvia-se um disparo de canhão no forte militar a oeste do porto — bramidos graves que pulsavam acima do canal e eram sentidos no peito dos moradores. Na TV ninguém dizia "bom dia" ou "boa tarde", porque já não existiam mais bons dias ou boas tardes. As transmissões eram repletas de crianças chorosas e âncoras tristonhos. "*El comandante* não morreu", disse uma criança que mal tinha dentes. "Eu sou Fidel." Esse era o novo slogan do partido. Uma entrevista com uma mulher vestida de vermelho foi reprisada diversas vezes. "Fidel não morreu", ela dizia, olhando para a câmera. "Ele é o céu, ele é o mar, ele é a terra, ele é o povo."

Linet sentou-se no muro à beira-mar, sob a luz de um poste de iluminação pública. Ela não sentia alegria nem tristeza; o choque de saber que aquele que era o céu e a terra, o céu e o povo *não existia mais*, havia passado. Fidel tinha morrido. E daí?, Linet disse para si mesma. Isso acontece com os velhos. A avó, por outro lado, tinha sofrido um profundo abalo com a notícia daquela morte. Gloria ainda se lembrava de quando o levante de Fidel havia começado — o ataque contra o quartel Moncada, em Santiago. Por acaso, naquele dia ela estava no hospital com o tio de Linet. O hospital ficou no meio do fogo cruzado, e ela precisou fugir com o filho nos braços em meio aos silvos das balas. Do lado de fora, soldados se espalhavam. Na época, Gloria trabalhava como empregada para uma família rica e não ganhava mais do que migalhas. Ela se juntou à revolução e começou a preparar coquetéis molotov na mesa da cozinha ao lado dos irmãos enquanto os homens da família iam para a selva lutar com a guerrilha. Depois do triunfo da revolução, a avó de Linet se colocou mais uma vez à disposição, dessa vez para ensinar as pessoas dos vilarejos rurais a ler e a escrever. Esse tipo de experiência fez com que, na manhã em que ouviu que Fidel havia morrido, Gloria começasse a chorar como se houvesse perdido uma pessoa da família. Dalila, por outro lado, só

261

havia praguejado por dentro. A comemoração dos quinze anos estava arruinada, e naquele momento a avó determinou que não haveria festa nem música. Dalila queria ao menos colocar música baixa nos alto-falantes da sala, mas o assunto não foi levado adiante.

A reação de Linet ficou no meio do caminho entre a reação da mais velha e da mais nova. Ela já não acreditava mais na propaganda do partido. Ao mesmo tempo, não podia fazer mais de dois anos desde que ela havia se desligado da Unión de Jóvenes Comunistas. Mesmo que nunca tenha dito para si mesma que já não se importava mais com Fidel e que a menina de quinze anos no cartão já não existia mais, pela manhã Linet estava na calçada, à espera da *caravana de la libertad*. Ela tinha recebido do chefe do setor de TI um e-mail com as atividades durante o período de luto oficial — o que incluía um encontro às seis horas na esquina da San Nicolás com a Virtudes. Mas o que havia levado Linet ao Malecón era mais do que o simples dever.

O encontro era grande o bastante para que as pessoas tivessem organizado uma fila em cada lado da rua, desde a Avenida de los Presidentes em Vedado até o túnel e a cidade antiga. Todos estavam sentados no meio-fio, à espera do último encontro com o líder. Um policial percorreu a rua e pediu a todos que se levantassem. Todos obedeceram, mas às costas dele, já fora do campo de visão, as pessoas tornavam a se sentar. Parecia uma ola nos estádios de futebol.

Linet tentou avistar o chefe. Queria ser vista, para que o chefe soubesse que ela havia comparecido. Um grupo de colegas acenou, e Linet foi juntar-se a eles. Uns tinham pequenas bandeiras de Cuba para distribuir, e além disso uma caneca de café ia de um lado para o outro. Os colegas falaram um pouco sobre o preço da comida e comentaram que o preço da cebola havia caído bastante. Ainda não se via a caravana, mas uma senhora começou a descer o Malecón com passos apressados. Ela segurava uma bandeira acima da cabeça como se fosse uma marreta enquanto bradava uma ordem: "Quando ele aparecer, todos vão gritar: '*EU SOU FIDEL!*'. Entendido?". Linet e os colegas trocaram olhares.

"Será que é uma louca qualquer? Ou será que trabalha para eles?"

"Talvez as duas coisas", veio a resposta, e Linet riu.

O sol de repente surgiu acima do mar, helicópteros apareceram no céu e câmeras de TV foram apontadas para a rua. Milhares de bandeiras azuis, vermelhas e brancas tremulavam.

Um pouco mais em direção ao centro da cidade, Catalina se equilibrava na borda da banheira para enxergar além do parapeito. Somente daquele ponto — a janela do banheiro do quinto andar — era possível enxergar o caixão e a caravana. Catalina era uma "filha da revolução", e nos momentos certos, quando o filho estava longe, os olhos dela ainda brilhavam ao falar de Fidel.

Omar tinha ligado pouco depois que a notícia fora dada na TV. Catalina mal tinha conseguido se recompor quando ouviu do filho: "Até que enfim esse desgraçado morreu". Omar queria provocar a mãe, porém Catalina não chorou. Não naquele momento. Em vez disso, ela respirou fundo e pensou: esse não é o momento de revelar os sentimentos. Catalina sabia que o filho considerava Fidel responsável pela criação de uma sociedade que levava os jovens para longe de Cuba, para longe das pessoas que amavam. E essa situação tinha separado a família deles. "Não invente de chorar agora, mãe", Omar disse ao telefone. Ele queria saber se a mãe ia participar do encontro na Plaza de la Revolución, ou do cortejo no Malecón. "Vou", Catalina respondeu sem pensar duas vezes. No mesmo instante Omar desligou o telefone.

Lá onde estava, na borda da banheira, Catalina equilibrava os dois pesos mais importantes em sua vida. Ela sentia um amor imenso pelo filho, mas também sentia a necessidade de ser uma pessoa independente. Juntas, essas forças levaram-na a faltar ao encontro no Malecón, assim como havia faltado aos encontros no Primeiro de Maio durante os últimos anos. Catalina decidia sozinha. Exceto pelo filho, não precisava ouvir ninguém, e menos ainda José Luis, o chefe do trabalho. Segundo ele, os empregados deviam comparecer ao Malecón para "cumprir o dever à pátria". Quando ele terminou com o novo slogan "Eu sou Fidel", Catalina sentiu vontade de cutucá-lo e chamá-lo de hipócrita.

Ao mesmo tempo, Catalina sabia, no momento que olhava em direção ao Malecón, que além da voz dela, além da voz de Omar, havia uma outra voz que talvez a convencesse, não por apelo ao senso de dever, mas por simples amor. O coração ainda sorria quando ela assistia aos vídeos de Fidel discursando como se fosse o comandante supremo do universo.

Catalina ouviu um discurso de Fidel pela primeira vez aos dezesseis anos, quando foi representante da juventude no primeiro congresso do Partido Comunista em 1975. Ela tinha estado entre os três mil participantes no salão, no fundo do Teatro Carlos Marx. Os representantes falavam aos cochichos quando de repente a sala explodiu numa ovação. Quando as pessoas tornaram a sentar, Catalina viu o homem no púlpito. O cabelo preto que ondulava para trás e destoava da barba desgrenhada. Fidel estava usando um uniforme militar marrom com folhas douradas na gola e uma estrela em cada ombro. Nunca tinha parecido tão poderoso.

Não foi tanto o *conteúdo* do que Fidel disse naquele dia que afetou Catalina — as informações sobre a cooperação com a União Soviética, o comércio com o bloco oriental ou a nova constituição a ser aprovada pelo congresso. Não. O que mexeu com ela foi a própria voz, uma voz que parecia rimbombar nas entranhas da terra, repleta de juventude, uma voz que falava com uma força e uma convicção que continuariam a ecoar em todos os que a ouviram pelo resto da vida. O som daquela voz, a presença daquele homem. A mão esquerda segurava a borda do púlpito, enquanto a direita erguia-se e fazia movimentos de comando. No segundo dia do congresso, Fidel surgiu caminhando entre as fileiras, acenando e cumprimentando. Mais tarde as meninas se desentenderam ao falar sobre qual delas teria sido o objeto dos acenos. Fidel era motivo de medo e amor.

Na última vez que tinha visto Fidel três décadas antes, Catalina também havia feito uma outra descoberta que a deixou inquieta. Foi durante a inauguração do aquário reformado de Havana, em 2002.

Como cozinheiro recém-formado, Omar tinha conseguido um estágio no aquário, graças aos contatos de Catalina. Enquanto o filho preparava comida no refeitório, ela andava sozinha pelo saguão de entrada quando as portas se abriram de repente e um homem uniformizado declarou: "Afastem-se! Logo chega *El Comantante!*". Ninguém sabia que Fidel estaria presente na inauguração. Os seguranças pediram ao público que agisse de forma moderada e não tocasse no líder quando este chegasse. As pessoas ajeitaram os cabelos, esticaram vestidos e camisas. Em seguida Fidel entrou. A princípio Catalina teve a impressão de reconhecê-lo, alto e majestoso ao entrar no recinto. *"Eres bello, Comandante!"*, ela gritou. Mas quando Fidel se aproximou ela também notou outra coisa. Ele tinha envelhecido. Havia se transformado num homem magro, frágil e grisalho. *Isso*, claro, ela não disse para Fidel. *"Eres bello!"*, Catalina repetiu, estendendo os dedos em direção ao uniforme que passava.

Fidel ainda era uma figura querida. Para Catalina, era o único homem de quem realmente havia gostado desde a época de menina. Ela tinha chorado quando Omar desligou. Catalina lamentou a morte de Fidel, mas também outra coisa: o fato de que a sociedade que Fidel havia criado não era boa o suficiente para o filho dela. Claro, esse não era o tipo de coisa que se dizia em voz alta, mas a verdade era que a própria Catalina tinha incentivado Omar a sair de Cuba para viver uma vida que não fosse como a dela. Catalina sabia que acabaria sozinha em Havana, porque não tinha mais ninguém além de Omar. Catalina sabia o que era fazer sacrifícios. Naquele momento, ela se apoiava no parapeito e observava tudo o que naquele momento já pertencia ao passado.

Em Las Vegas, Norges acompanhava a transmissão ao vivo da CNN no celular. Quando a notícia foi transmitida, a primeira reação dele foi comprar dez dólares em créditos telefônicos e ligar para casa. Era estranho, mas Norges precisava ouvir a voz do pai. Foi o pai quem atendeu o telefone. Por acaso era o dia do aniversário dele, mas a comemoração tinha sido cancelada. O pai nunca tinha sido um fidelista. Norges lembrou-se da maneira jocosa como ele empregava o apelido *El Comandante*. No meio dos anos 2000, quando Fidel estava prestes a ser operado, o líder informou ao povo que não tomaria anestesia geral, uma vez que continuaria a governar o país e a tomar decisões importantes mesmo na mesa de cirurgia. Foi nessa época que o pai começou a chamá-lo de *o homem deitado*. Mas naquele momento o tom era outro. "O Fidel foi uma figura histórica", o pai disse ao telefone, em tom neutro. "A história vai nos mostrar que lugar ele ocupou; mas no fundo ele era apenas um homem."

Quando a conversa chegou ao fim, Norges virou-se para Taylor: "Nenhuma palavra nossa nas mídias sociais". Taylor havia pensado o mesmo. Entre os amigos e parentes que haviam ficado na ilha, havia muitos que continuavam a endeusar Fidel. Não era o momento de fazer críticas. Jornalistas estrangeiros entraram em contato com o casal para fazer perguntas, mas os dois ficaram como que enfeitiçados em frente à tela, incapazes de falar.

O ocaso do velho ditador não trouxe nenhuma alegria e nenhum alívio — nada além de saudades de casa. Naquele momento os dois deviam estar, se não caminhando no Malecón, pelo menos ao lado da família em Santiago. A nova vida em Las Vegas exigia muito esforço mental; era como se Cuba houvesse deslizado para um lugar mais distante no oceano. Norges temia perder o engajamento em casa e tornar-se o típico cubano exilado, que pensava na ilha como se fosse um ex-namorado ou uma ex-namorada — uma pessoa da qual você tem saudade, mas já não se encontra mais ao seu lado. E por isso a saudade era mais do que uma simples dor: naquele momento, Cuba parecia estar mais perto. As grandes perguntas se impunham. Qual seria o rumo do país? Qual seria o rumo de *Norges*? Norges não tinha respostas claras. A família de Taylor falava com eles como se tivessem se mudado em definitivo para Las Vegas, mas Norges sabia — e Taylor o lembrava disso o tempo inteiro — que os dois precisavam voltar. Eles ainda tinham assuntos a resolver em casa. Para Norges, esse era um sentimento cada vez mais forte.

O sol havia nascido, e duas motos da polícia apareceram sob a luz matinal no Malecón. Um caminhão militar vinha atrás, e depois uma viatura e um jipe e, por fim, numa plataforma verde-oliva, rodeado por rosas brancas e envolto na bandeira nacional, vinha o caixão.

"Com certeza a vó tá chorando agora", disse Linet, olhando para os veículos que se aproximavam. Ela estava na fila de milhares de pessoas ao longo do percurso, e não pretendia sair de lá. Como outros homens na vida dela, Fidel não tinha cumprido as promessas feitas. Ela sentiu-se mais deslocada do que nunca no país que aquele homem tinha criado. As lembranças da carta jamais respondida ao jornal do partido e da porta fechada no Poder Popular ainda eram memórias recentes. Por isso Linet não estava pronta para o sentimento que tomou conta dela quando apontou o celular em direção à caravana. Ela pensou no homem que outrora tinha visto como um amigo, e que a partir daquele instante nunca mas haveria de ver. O coração de Linet foi tomado pelo luto. A pequena bandeira tremulou na mão dela, e por dentro a voz de uma menina de quinze anos disse em um sussurro ao caixão que passava: *adeus*.

A ÚLTIMA VIAGEM

Já no ano novo, Linet estava na cozinha quando encontrou um presente de um dos hóspedes. Um rapaz de Berlim havia deixado quatro quadradinhos de LSD. Linet era o tipo de pessoa que aceitava um baseado quando lhe ofereciam, mas nunca tinha experimentado drogas mais pesadas. Mesmo assim, ficou curiosa para saber como seria colocar um daqueles pontos na boca. Quando apareci para o almoço no da seguinte, Linet perguntou que drogas eu já tinha experimentado. Fiz uma breve lista de relatos, e Linet me olhou com um sorriso matreiro.

"E LSD?"

"Não", respondi, "mas eu sempre tive curiosidade de experimentar."

Linet abriu a palma da mão, onde estavam três quadradinhos.

A prima dela, que era atriz, já havia pegado um. Ela tinha passado horas no canto, contraindo os dedos dos pés contra o assoalho como uma gata num tapete enquanto falava de maneira poética sobre tudo o que sentia.

Por que não?, pensei.

E foi assim que eu e Linet — e nossa amiga Milén, que se juntou a nós de última hora —, ao fim do café da manhã, colocamos na boca aqueles pontos com uma droga sintética. "Não tô sentindo nada", disse Milén com um riso nervoso. "Leva um tempo", disse Linet. O LSD levaria cerca de meia hora para surtir efeito. Por outro lado, o efeito poderia durar muito — até doze horas. Esperamos.

Não era comum que Linet tirasse folga do trabalho no apartamento sequer por um dia. Ela não fazia praticamente nada além de trabalhar com assuntos relacionados ao aluguel: fazia compras e faxinas, limpava e conversava com os turistas. Além disso, de vez em quando precisava ir ao centro de TI. Linet tinha mantido o antigo emprego.

Em poucas horas um novo hóspede chegaria do aeroporto. Aconteceria o que tivesse que acontecer. Já fazia quase dois anos desde a terapia de grupo e o curso no CubaEmprende, e Linet havia perdido um pouco do interesse pela sociedade em que vivia. Aos poucos ela desaparecia mais uma vez no mundo dos pensamentos. As conversas com hóspedes já não eram mais como antes; ela achava que os turistas eram todos parecidos. Queriam ver uma Cuba "autêntica", mas faziam todos as mesmas coisas. Os estrangeiros caminhavam boquiabertos em meio a construções do período colonial, compravam charutos e iam a clubes de salsa para se deixarem seduzir. Além dos pernoites, Linet havia passado a oferecer aulas de dança e charutos, e a organizar excursões aos bairros mais decadentes da cidade. Nos piores dias ela sentia-se como um bicho enjaulado. As pessoas tiravam fotos de carros e prédios abandonados, postavam tudo nas redes sociais e voltavam para casa. Ela também sentia uma ponta de inveja daquelas pessoas jovens que viajavam mundo afora. Imagine poder dizer às pessoas de quem você gosta: *querem saber de uma coisa? Nós vamos tirar férias no exterior*! Por que Linet tinha que viver aquela vida? Por que precisava andar em círculos naquela ilha?

Linet procurou sinais de que a droga estivesse surtindo efeito. O olhar dela se deteve em uma faixa de luz na parede. "Olhem para aquilo", ela disse. O brilho me pareceu ser o mesmo de antes: nada além de uma listra na parede. Mas assim mesmo entendi o que Linet queria dizer. A luz parecia mais intensa. Quanto mais eu observava, mais o sol forte parecia brilhar contra a parede. Minutos depois

269

a parede estava banhada em uma luz celestial, e as cores ao nosso redor começaram a pulsar. A parede azul no corredor já não tinha mais um tom convencional de azul, mas parecia azul como o mar de um cartão-postal. A camiseta de Linet explodia em vermelho, como se estivesse pintada de sangue. No banheiro, a pintura derretia nas paredes e escorria no ritmo da música. "Vejam!", gritou Milén, que gargalhava na sala. Fomos até lá para ver os veios na mesa da sala ondularem, tomados por uma vida misteriosa.

E assim se passou a primeira hora, ou talvez as três primeiras, quando de repente ouvimos uma batida à porta. O hóspede havia chegado — um rapaz britânico que estava no meio de uma outra viagem. Quando Linet abriu a porta, Milén foi para o cômodo ao lado escutar a conversa. Precisávamos nos segurar nas cadeiras para não cair, cheios de expectativa pela conversa absurda que logo teria início. Mas, para a surpresa de todos, Linet pareceu não ter nenhum tipo de problema ao desempenhar o papel de anfitriã. Ela simplesmente deu um pause nas alucinações e começou a falar sobre o transporte até o centro, o chuveiro, o gato e onde comprar água. O café da manhã estaria pronto às oito horas na manhã seguinte, como ele havia pedido.

"*Dios*, como foi que você conseguiu?", Milén perguntou quando o homem se afastou.

"Sei lá", disse Linet, que a seguir ficou em silêncio. Ela parecia quase envergonhada do que havia feito.

Eu e Linet ficamos sentados cada um numa cadeira da cozinha, ouvindo jazz eletrônico enquanto Milén sumia para falar com o namorado ao telefone. Era assim que muitas vezes fazíamos: Linet falava enquanto eu tomava notas e fazia perguntas. O efeito do LSD ganhou força, e as minhas mãos de repente ficaram brancas e enrugadas como as mãos de um velho de cem anos. As letras do teclado flutuaram e o chão da cozinha se movimentava no ritmo da música.

Enquanto eu escrevia, Linet sentou-se ao lado de uma planta a fim de examiná-la. Os olhos dela pareciam lupas, e ela observava detalhadamente tudo o que acontecia em cada milímetro. A planta

270

estava morrendo. Tinha sido invadida por milhares de pequenos insetos brancos similares a serpentes, que cravavam os dentes no tecido vegetal e envenenavam a seiva. A vida aos poucos se esvaía. Nos últimos dias, Linet notara que a planta não estava viçosa, mas não tinha feito nada para salvá-la. Estava ocupada demais com outros assuntos. O foco das atenções dela era sempre o aluguel dos quartos. Mas naquele momento, com o nariz enfiado na planta, ela percebeu o que havia negligenciado. Uma criatura viva estava morrendo diante dos olhos dela, e ela não fazia nada para impedir.

Linet se reclinou na cadeira e sentiu uma pressão na cabeça, como se estivesse nadando em águas profundas. "Essa pressão não vai embora nunca", disse Linet, levando as mãos abertas aos ouvidos. Tudo ficou em silêncio por um tempo, e então ela pôs o notebook no colo e começou a tomar nota das coisas em que estava pensando.

La Lynette antes tinha parecido um projeto cheio de vida, um caminho rumo ao futuro quando Linet voltou da Rússia, arrasada e deprimida. Por meio dos aluguéis ela tinha reconstruído a confiança em si mesma, a confiança de que o futuro seria melhor do que o passado. Foi o que o psicólogo tinha recomendado. Foi o que os professores do CubaEmprende tinham dito que era possível. Por um tempo, Linet gostara de tocar o negócio de aluguéis. Ela estava grata por tudo o que tinha aprendido. Mas, à medida que as semanas passavam, a cada novo dia, a cada novo passo crescia em Linet a dúvida sobre o rumo que havia tomado, porque aquele caminho não parecia levá-la para a frente, mas apenas a levava a andar em círculos. Como a menina dedicada que era, Linet fez o que se esperava dela: continuou a oferecer serviços para os hóspedes, a mandar dinheiro para a família em Santiago e a providenciar os consertos necessários à geladeira, embora os aluguéis já não dessem mais a sensação de progresso que ela tinha imaginado. Em vez disso, o trabalho parecia sugar todas as forças dela.

Como outros empreendedores, Linet também havia vivenciado um regime de controle cada vez mais rígido ao longo do último ano. Os inspetores ligavam toda semana pedindo um relatório sobre as atividades. A última notícia era que empreendedores como ela não poderiam ter mais do que quatro quartos para alugar. Os líderes do partido haviam demonstrado preocupação com a ideia de que pequenos negócios acumulassem capital e se tornassem fortes. No longo prazo, esse tipo de coisa poderia colocar o controle do estado em xeque. Em razão disso, Linet esqueceu o sonho que havia nutrido em outra época — a ideia de ampliar o negócio e talvez abrir um hotel à beira-mar.

De repente Linet sentiu medo de acabar como a planta ressequida — esquecida e abandonada. Mas ela sabia o que fazer. Por um tempo, sentia que tinha a resposta dentro de si. O momento havia chegado, e seria necessário — e até mesmo inevitável. "Todos saem daqui", disse Linet. E então ela abriu os olhos. A pressão na cabeça havia sumido.

"Preciso ir embora."

Talvez Milén ou a mãe pudessem assumir o negócio de aluguéis por uns anos, ou talvez ela precisasse encerrar o negócio que havia construído. Seria o jeito. Linet pensou em pedir uma bolsa de estudos na Inglaterra ou na Espanha. Queria encontrar um jeito de sair, nem que fosse por um tempo.

Depois que alucinações mais fortes passaram, sentamos-nos todos para conversar. Eu disse que poderia ajudá-la a preparar uma candidatura para uma bolsa de estudo no exterior. Depois contei que as letras do meu teclado haviam ido para o chão, e que por um instante Linet tinha se transformado numa gata. Naquele momento achamos graça. Eram duas e meia, e eu e Linet estávamos cansados. Não tínhamos comido nada além de uma pequena tigela de sorvete. No quarto dormiam Milén e Muse — a gata de verdade. Linet se deitou e eu busquei duas almofadas no sofá da sala e me deitei no chão ao lado. Os dois quartos de hóspedes estavam ocupados. Havia silêncio no corredor, silêncio nos apartamentos vizinhos, silêncio na rua. A parede tinha voltado a ser cinza. A tristeza ganhou forma. O quarto estava escuro, mas logo abaixo do telhado, acima da porta, uma claraboia se iluminava com a luz vinda da cozinha.

"Para o que você está olhando agora, querido?", Linet perguntou baixinho com um sorriso nos lábios.

Os olhos dela pareciam apertados.

"Nada", eu respondi. "Tente dormir."

Fiquei deitado, olhando para a luz na claraboia. O jogo de luzes continuou: raios laranja e rosa tremulavam por trás do vidro como as últimas brasas de uma fogueira. Não faltava muito para que a minha vida em Cuba chegasse ao fim. Logo eu deixaria para trás Linet, Catalina e todas as outras pessoas de quem eu tinha passado a gostar. Norges e Taylor estavam em Las Vegas. Talvez eu pudesse visitá-los. Pensei nas forças que os haviam afastado — em Renier, na polícia secreta. No olho que observava todos aqueles que tentavam mudar o país. Eu mesmo o havia sentido: um olho preto que me observava enquanto eu nem ao menos o via.

Eu me esforcei para manter-me acordado mais um pouco, porque não queria que a viagem chegasse ao fim.

Pensei em Juan, o antigo dono do Buick. Por onde andaria? Eu já não o criticaria mais por ter deixado Cuba. Juan não tinha se deixado levar por líderes e pessoas de destaque que falavam sobre reformas e transformações históricas. Linet seguia pelo mesmo caminho. Ela queria se juntar ao fluxo de jovens que saíam de Cuba por estarem convencidos de que o país simplesmente não mudaria. Pensei em todos os que faziam o caminho inverso, com ideias opostas: turistas, celebridades, fotógrafos, autores e outros que queriam visitar Cuba antes que fosse "tarde demais". Todos se apressavam para ver os carros antigos, para ver os cubanos ao pôr do sol.

No aeroporto, a distância era curta entre os que vinham à ilha apaixonados e os que a deixavam com o coração apertado. No saguão, as pessoas quase esbarravam umas nas outras enquanto caminhavam em sentido oposto, mas assim mesmo havia um abismo entre elas. Era nesse abismo que estava a história que eu queria contar.

O OLHO

Foram os pesquisadores os primeiros a encontrá-lo num dia em que examinavam imagens de satélite do Oceano Atlântico. Um olho havia surgido no oceano. Batizaram--no de Irma. O furacão seguia rumo ao oeste, em direção ao Caribe, e ganhou força com as águas quentes e o ar úmido. Alertas foram emitidos. Irma era o maior furacão já observado naquela área — um furacão do tipo que arranca telhados e derruba muros e faz com que tudo rodopie. Logo as imagens de satélite foram transmitidas para telas de TVs e celulares mundo afora — imagens do olho preto que se aproximava de lugares habitados.

Linet estava a caminho de casa quando ouviu um barulho próximo às ruínas de um prédio que havia desabado anos antes. Era o gemido de um filhote de gato. Ao se aproximar ela viu o bichano em meio aos sacos de lixo que se espalhavam por lá. O furacão sem dúvida jogaria o gatinho contra a parede de uma casa, ou então o arrastaria até o mar. O animalzinho dava a impressão de entender o que estava acontecendo e se acomodou no braço de Linet enquanto ela o levava para casa. Ela chamou o gato de Rabi, o primeiro nome que lhe ocorreu.

Linet pensou na última vez que havia salvado um filhote de gato — Muse, que ela havia encontrado na rua ao terminar o curso do CubaEmprende. Mas Linet não tinha planos de manter esse novo gatinho em casa. Só queria salvá-lo da tempestade e, quando o perigo houvesse passado, deixá-lo com outra pessoa. Era melhor assim, porque ela não pretendia se demorar muito tempo.

Quando Linet entrou, tinha os cachos pretos grudados à testa. Por sorte ela tinha comida em casa. O número de pessoas em frente ao quiosque em Habana Libre mais parecia a fila de um festival de rock. No freezer ela tinha frango, e além disso também havia ovos e batatas-doces.

O furacão Irma tinha afugentado os turistas de Cuba. Quase todas as reservas para o mês a seguir tinham sido canceladas. Pela primeira vez desde que havia começado o negócio, Linet tinha várias semanas disponíveis no calendário. Ela se perguntou se não teria atingido o teto de reservas. Por ora, as reformas das quais ela também seria uma parte haviam parado, uma vez que os líderes do partido achavam que o setor privado era repleto de "irregularidades". A necessidade de controle evidenciada pelas autoridades tinha diminuído a confiança e a disposição a realizar mudanças, e já não era mais possível obter licenças para empreender. Ao mesmo tempo, Linet notou que já não se importava muito com nada disso. Ela tinha recebido duas negativas em relação aos pedidos de bolsa de estudos no exterior, mas continuava decidida a sair da ilha. Naquele momento, estava preparando um novo pedido para estudar comunicação digital na Dinamarca e na Áustria.

O prédio em que Linet morava ficava situado a duzentos metros do mar, porém ela não estava entre os moradores evacuados. Pelo menos Linet morava no terceiro andar; a água das possíveis inundações jamais poderia atingir um nível daqueles. A construção tinha problemas de conservação, mas não estava se desmanchando como outras na região. Mas claro que se o furacão Irma destelhasse casas e derrubasse muros não haveria lugar seguro.

Linet nunca tinha enfrentado um furacão. Quando o furacão Sandy atingiu a casa onde tinha passado a infância em Santiago, no ano de 2009, ela morava em Havana. A mãe havia lhe narrado a cena em que todos estavam escondidos embaixo do balcão da cozinha enquanto as telhas levantavam voo como uma revoada de pássaros.

Naquele momento, Linet tirou a TV da tomada ao lado da janela e a levou para o quarto. Depois ela fechou todas as janelas. As janelas eram daquele modelo antigo com barras de metal no lado de fora, contraventos de madeira e travas de segurança. Com as janelas fechadas, a luz mal entrava no apartamento. De qualquer modo, no lado de fora a luz do sol estava cada vez menos intensa, e os postes de iluminação pública não se acenderam. O furacão tinha atingido uma estação de transformadores no leste da ilha. Os habitantes de Havana tiveram que se preparar para a chegada do furacão Irma numa escuridão de breu. Somente quando sentou-se na cozinha com Muse e Rabi, o novo gato, Linet percebeu o silêncio. Não havia zumbido da geladeira, não havia reggaeton do vizinho nem gritos da rua: somente um leve ulular nas barras e frestas da janela. O prédio era a flauta do vento.

Uns poucos quarteirões adiante, Catalina andava de um lado para o outro, no apartamento, sozinha na fortaleza que havia construído acima das ruas sujas. Da nova janela da sala não se via horizonte nenhum: o mar e o céu eram uma coisa só, como se um tapete preto tivesse sido estendido do Malecón rumo às estrelas. A chuva começou a tamborilar no parapeito. O telefone soou. Era Omar. Ele perguntou se a ventania já tinha começado. Catalina mencionou o vento ululante, mas preferiu falar sobre coisas triviais, como o que Beatrix tinha comido. "Você está ouvindo a sua irmã?" Ela segurou o telefone em direção à cadela, que latiu. Omar disse que logo tornaria a ligar e que a mãe não poderia dormir como sempre fazia. As vidraças poderiam quebrar com a força do vento. Catalina arrastou a cama para o meio do cômodo e sentou-se na poltrona da sala com um cobertor. Beatrix se aconchegou nas pernas dela. Ela dava a impressão de tremer.

Depois Catalina ligou para a vizinha, a senhora que sempre a ajudava a trazer comida da bodega. Perguntou se a mulher não poderia levar-lhe umas velas e uns fósforos, porque estava ficando muito escuro. Todos os utensílios de cozinha eram elétricos, e até mesmo o queimador do forno era aceso com um botão. Nada daquilo serviria naquele momento. A vizinha respondeu que não poderia sair. Catalina a amaldiçoou em silêncio e desligou. E assim foi; Catalina tinha celebrado o Ano-Novo sozinha e comido a ceia de Natal sozinha — ou, como ela disse para o filho, "com minha amiga Soledad". Ela também venceria aquilo.

A escuridão tomou conta do apartamento. O cenário familiar, a fotografia do filho na parede, a agenda onde tomava nota de acordos, as almofadas laranja no sofá e a companheira dela, a TV — tudo desapareceu. Catalina não se atreveu a ligar a lanterna do celular, porque assim gastaria toda a carga da bateria. O ulular do vento aumentou de intensidade.

Três mil e quinhentos quilômetros a oeste, no Gold Coast Hotel em Las Vegas, Norges calçava sapatos de couro pretos e uma camisa preta. Ele tinha deixado o cabelo crescer e já tinha dois centímetros de cachos afro. No bolso do peito, trazia um crachá amarelo onde se lia *Team Member*. Todas as manhãs ele rabiscava o nome na lista das máquinas de lavar, colocava o fone do rádio no ouvido e começava. Norges tinha rotinas fixas, mas com frequência o chamavam no rádio: "Norges e Sandra na rampa de carga!". Ele sempre aparecia quando um hóspede bebia demais e acabava derrubando o bufê no chão. Norges colocava uma placa com os dizeres "CAUTION, WET FLOOR" e fazia a limpeza entre as máquinas cintilantes, mas nunca estava de verdade lá.

As regras proibiam os empregados de usar o telefone durante o expediente, mas uma ou duas vezes por dia ele se trancava numa das cabines do banheiro, baixava o volume do rádio e pegava o celular. O tom que Norges empregava nas mídias sociais era mais duro do que antes, e as críticas às autoridades eram cada vez mais explícitas. Norges já não falava mais em diálogo e numa terceira via, mas em "ditadura" e "totalitarismo". Norges e Taylor configuraram os perfis para que as famílias não vissem esses posts. Em Santiago, o pai tinha dificuldade para arranjar emprego, e Norges se perguntou se o motivo não seria ele próprio.

Norges queria escrever textos mais longos, como tinha por hábito fazer no blogue. "Quero voltar a escrever", ele declarou para o público no Facebook. "É o que eu preciso." Mas, toda vez que tentava, Norges acabava olhando para o monitor com um documento em branco. A não ser por Yaima, eram poucos os amigos que sabiam que ele trabalhava no setor de limpeza de um hotel em Las Vegas. Isso era um peso nos ombros de Norges, que passou a duvidar da própria autoridade e limitou-se a enviar mensagens e atualizar o status no Twitter.

Quando um usuário desconhecido do Facebook perguntou quantos anos Norges tinha morado fora de Cuba, ele respondeu: "Eu não fui embora. É verdade que estou passando uns meses fora, mas a minha casa ainda é Santiago. Estou aqui de visita". Mas a visita prometia ser longa.

Norges fazia duas ou três atualizações de status por dia. Às vezes simplesmente fazia uma pergunta para ver a reação das pessoas. "O que aconteceu com a blogosfera?" Outro dia ele perguntou: "Quantos membros do parlamento de Cuba são membros do Partido Comunista? Todos em Cuba são comunistas?". Norges dava like e fazia comentários como se ainda houvesse coisas em jogo. Na cabine do banheiro ele segurava o celular como uma pessoa que protege uma chama para que ela não se apague.

Norges não perdia tempo com arrependimentos, mas sabia que o mundo havia mudado: logo faria três anos desde que havia se mudado para Havana com Taylor. O rapaz que havia comemorado em silêncio em frente à TV da Casa de las Américas quando as hostilidades com os EUA chegaram ao fim havia se transformado em outro.

O velho Norges tinha avançado rumo ao futuro sem nenhuma tristeza e escrito sobre os jovens que poderiam "redescobrir e transformar" Cuba. O novo Norges tinha no fundo descoberto o próprio país. Ele tinha compreendido as forças contra as quais lutavam — os jovens que imaginavam ser capazes de transformar o mundo. Eram as mesmas forças em relação às quais o pai o advertia cada vez que recontava a história de Eduardo Vidal. Norges também havia escrito um manifesto. Ele havia exigido que as pessoas tivessem acesso à internet. Norges também havia escrito, falado e sonhado antes de receber ameaças e ser condenado ao exílio. Havia sido atingido, mas não se deixou afetar.

Norges sofria de um otimismo persistente, quase destrutivo. Ele entrava todos os dias no Facebook à procura de sinais. Podia ser o vídeo de uma senhora praguejando contra as filas em frente a uma padaria, ou a imagem de prateleiras vazias no supermercado. As autoridades resistiram a esse novo uso da internet. Os legisladores do regime passaram a trabalhar em um novo texto legal que proibiria os habitantes da ilha de usar a internet de maneiras que solapassem "o interesse social e moral". A internet já não era um mais um limbo jurídico como na época em que Norges havia começado a escrever o blogue. Mesmo assim, a impressão dele era que cada vez menos pessoas tinham medo da censura. As pessoas começaram a filmar prisões e postá-las na internet. Nessas horas os olhos de Norges brilhavam.

Como um pescador examina as águas em busca de qualquer sinal que indique a presença de um cardume, Norges vasculhava as redes sociais em busca de movimentos que indicassem coisas grandiosas. Em segredo ele sonhava com ondas, grandes ondas de protestos libertadores que se quebravam contra a ilha e levavam toda a sujeira, todo o pó e toda a vergonha para o mar. Ondas que chegassem até a Plaza de la Revolución, por trás dos olhos de Che Guevara, levassem os arquivos de vigilância e limpassem toda a polícia secreta. Ondas que acabassem com a eletricidade nos cabos que permitiam a *eles* ouvir tudo. Ondas nas quais as pessoas pudessem dançar, beber, cantar, com um tipo de orgulho que se vê apenas nas pessoas indômitas, nas pessoas que têm a coragem de dizer "Já chega".

O furacão Irma ganhou força no mar e então passou a cortar a ilha como uma serra elétrica. Nunca um furacão mantivera aquela intensidade por tanto tempo, com velocidade de duzentos e cinquenta quilômetros por hora ao longo de três dias inteiros. O vento açoitava as ondas, que chegavam com a altura de um prédio de três andares. A água se batia contra o muro à beira-mar que impedia a capital de afundar.

No apartamento de Catalina, no quinto andar, o vento chocava-se contra a parede externa como um aríete contra a muralha da fortificação. Ela se levantou. Beatrix começou a tremer. A veneziana bateu forte contra a parede e a seguir contra o vidro, balançando de um lado para o outro. Aquilo podia ser arrancado, ou então acabar quebrando o vidro. "Jesus, me dê força", Catalina pediu em frente à janela. E então ela abriu o trinco. O ulular do vento cortou-lhe os ouvidos: aquilo era o barulho de um dragão, ela pensou — um dragão que rugia e gritava. Catalina segurou a borda da janela com força. A chuva açoitou as mãos dela. Era como pôr a mão nas águas de um rio furioso. Catalina tentou prender a veneziana solta, mas em vez disso deixou escapar a janela, que também começou a se debater. A chuva começou a entrar no apartamento.

Do lado de fora, a água escorria pelas ruas. O muro à beira-mar havia desabado. Os esgotos haviam transbordado, e toda a imundície tinha subido à superfície. As ruas encheram-se de casca de manga podre, camisinhas usadas e embalagens de chiclete. Peixes nadavam entre os prédios: a natureza e a cidade haviam se transformado numa coisa só. Poucos quarteirões adiante, o corpo de uma senhora de oitenta e nove anos flutuava rua afora. No estacionamento em frente ao Hotel Inglaterra a água cobriu as rodas do Buick, que por semanas não havia trafegado.

O Irma rodopiava e soprava, rodopiava e soprava. As investidas do furacão destelhavam casas e derrubavam muros. Um Lada vermelho, do tipo importado da União Soviética, voou acima da Tribuna Anti-Imperialista e se espatifou contra um muro ao lado da embaixada dos EUA. Por toda parte ouviam-se os barulhos de casas e prédios que desabavam. Na cidade antiga uma sacada desprendeu-se do prédio e caiu sobre a parte traseira de um ônibus. Lá estavam duas mulheres de vinte e sete anos, já sem vida.

Catalina finalmente conseguiu segurar a janela que batia, e precisou usar as duas mãos para fechá-la. A chuva a vergastava, e ela sentiu que a força dos braços já não era como antes. Talvez justo naquele momento tivesse entrado numa forma de transe, porque a partir de então já não recordava direito o que tinha acontecido. O som da voz ecoando pela noite quando ela achou que ia morrer. O corpo que tremia quando ela encontrou a poltrona na escuridão. A impressão de estar na companhia de um bicho — de um Dragão que a acompanhou pela noite inteira. Catalina sentia o hálito dele. Tudo parecia rodopiar, porém mais tarde ela compreendeu o que acontecera. Catalina nunca tinha sentido um medo como aquele, nunca tinha sentido uma solidão como aquela.

Norges estava deitado de costas para Taylor. Logo começaria o turno da manhã, mas Norges não conseguia pegar no sono. Ele havia trabalhado com a cabeça nas últimas semanas, lutando contra a existência no exílio, a nova vida nos EUA, onde ninguém se preocupava com o que acontecia no país dele, onde as pessoas se matavam de trabalhar apenas para pagar um carro, os estudos ou um boleto de cartão de crédito. Ele havia lutado contra a voz na cabeça.

Fique, não vá para casa, dizia a voz.

É inútil lutar.

Norges sabia que a estadia podia durar um bom tempo, mas talvez não fosse tão ruim assim. Ele e Taylor podiam fazer um pé de meia e se mudar para Miami, um pouco mais perto de Cuba. De lá seria possível começar novos projetos. O casal falou sobre começar um site ou uma organização para reunir todo o underground digital do país — todos os blogueiros e usuários de Twitter e Facebook que se manifestavam na internet. Os dois ainda tinham amigos em organizações e embaixadas que podiam ajudá-los com dinheiro e contatos. A ditadura tinha afetado Norges, mas ele não estava fora de combate. E assim Norges começou a escrever uma mensagem. *Mantenham a calma e a paciência, como o mar.*

Mas naquela noite, ao ver imagens da água que escorria para dentro de quartos e salas, ao fechar os olhos e ver prédios que desabavam sobre corpos macios — naquela noite ele se deixou levar pelo repuxo.

A história não avançava: simplesmente caminhava em círculos.

As ondas que se quebravam contra o Malecón podiam ter ido para o outro lado, os carros podiam andar de ré, as ruínas podiam se reerguer e os mortos podiam voltar à vida — tudo dava na mesma, porque o tempo girava em círculos.

Um novo presidente tinha assumido a Casa Branca e anunciado que a amizade com Cuba havia chegado ao fim. Horas antes da chegada do furacão Irma, o presidente assinou um documento que prolongava as sanções comerciais dos EUA por mais um ano. Em Cuba havia vazado um vídeo do candidato reformista Miguel Díaz-Canel falando em uma reunião a portas fechadas do Partido Comunista. O vice-presidente, que Norges havia chegado a considerar uma voz moderada, naquele momento estava votando nos camaradas do Ministério do Interior, com o qual havia cooperado a fim de parar a contrarrevolução. Tinha preparado uma lista de embaixadas, mídias independentes e think tanks nos quais as autoridades deviam ficar de olho. Díaz-Canel prometeu fechar uma das páginas independentes mais populares do país, chamada OnCuba. "Que venha o escândalo. Podem dizer que é censura, mas azar", disse o vice-presidente. Ele sorriu enquanto olhava para os membros do partido. "Existe censura por toda parte."

Norges pegou o celular com as duas mãos e, pela primeira vez desde que havia chegado a Las Vegas, escreveu um texto longo. Os dedos corriam pelo teclado.

A desesperança voltou, pela enésima vez, e se espalhou pelas ruas de Cuba. Hoje já não é mais possível tripular uma balsa ou cruzar uma fronteira para deixar a ausência de futuro para trás. O crescimento do setor privado foi "congelado". Díaz-Canel deixou claro que representa apenas mais do mesmo. A repressão do novo governo se parece cada vez mais com a do antigo governo. Os "reformistas" foram derrotados, como todos aqueles que defendem uma ruptura total com o regime. Os furacões são cada vez mais fortes, e as casas são cada vez mais fracas. E agora? O que fazemos? Para onde vamos?

Norges publicou o texto na internet, largou o telefone e ficou olhando para o teto branco.

O RAIAR DO DIA

Era a manhã seguinte em Havana. Linet abriu os contraventos e saiu à sacada. Metade da rua estava inundada; era como se o mar houvesse comido um pedaço da ilha. Em direção ao Malecón, uma mulher erguia a bolsa acima da cabeça enquanto andava com água pela cintura. Na direção oposta, um quarteirão acima, cadeiras e sofás tinham sido postos na rua para secar. Naquele momento, a orla estava logo abaixo do prédio onde Linet morava. Na sacada do outro lado a vizinha, uma senhora de idade, tinha aparecido para avaliar os estragos.

Quarteirões adiante, Catalina acordou com o barulho das patas de Beatrix no piso. A cadelinha pulou em cima da cama e cheirou o rosto dela. A eletricidade não havia voltado, porém uma luz pálida enchia o apartamento. Aos poucos o dia chegava. Por toda parte as pessoas estavam ocupadas: portas e escadas precisavam ser lavadas para remover a lama e a sujeira, galhos e árvores precisavam ser retirados de carros e casas, os afogados precisavam ser enterrados e os sobreviventes precisavam levar a vida adiante. O sol ergueu-se no céu. Aos poucos o mar recuou, a massa de água largou o continente e Cuba se reergueu.

Em Las Vegas, Norges e Taylor vestiram o uniforme do hotel e começaram o expediente. Taylor começou a estender roupas de cama enquanto Norges empurrava o carrinho de limpeza pelo cassino. Enquanto andava entre os caça-níqueis, Norges pensou em como estaria o lugar onde eles tinham morado. As árvores e móveis que flutuavam, os vizinhos que pisoteavam em meio à lama. Onde estariam Claudia, a mãe e o pai dele? Os pais deviam estar na casa em Los Pinos, talvez dormindo, e Claudia talvez estivesse no campus. Norges tinha falado com a irmã antes de se deitar para certificar-se de que tudo estava bem.

Já perto do intervalo de almoço, Norges entrou na cabine do banheiro, como de costume, desligou o rádio e pegou o telefone celular. Foi então que ele viu. Mais de mil pessoas haviam dado like no post dele sobre a falta de esperança que "se espalhava pelas ruas de Cuba". Setenta e quatro pessoas haviam deixado comentários. Muitos tinham sido escritos por cubanos que moravam no exterior, mas em meio a estes havia também comentários feitos por cubanos que ainda moravam na ilha. "O melhor post seu desde que ficamos amigos no Facebook", dizia um rapaz que ele nunca tinha encontrado pessoalmente. "Li o seu texto várias vezes", dizia outro comentário. "Pobre do nosso povo. Eu também perdi a esperança." O Facebook era cheio de reações desesperançosas como essa, mas naquela manhã Norges estava à procura de uma luz, de um sentimento que sempre o tinha acompanhado, mas que naquele momento ele precisava fazer um esforço para evocar. Norges tinha construído a vida sobre a convicção de que valia a pena lutar, de que a mudança não tardaria a chegar. Quando viu o desespero das pessoas no campo dos comentários, ele se lembrou do oposto. Não era incrível que centenas, *milhares* de pessoas apesar de tudo escrevessem e se importassem com o país?

Esse era o pensamento de que ele precisava.

Em um novo status, Norges garantiu a todos os amigos que o desespero do povo era prova de uma importante promessa — a promessa de que um dia Cuba acabaria por mudar. Ele chamou isso de "esperança na desesperança". Norges escreveu para os amigos, mas

285

também para si mesmo. As frases ajudavam-no a continuar vivendo. Havia desespero entre os cubanos naquele momento, mas apenas porque acreditavam numa força maior do que eles próprios — um "nós", um país pelo qual valia a pena lutar. Era um pensamento improvável, mas talvez o furacão houvesse despertado uma reação nas pessoas.

MIAMI

Mesmo que Norges e Taylor estivessem a salvo nos EUA, os anos a seguir foram os mais difíceis para o casal. A existência no exílio pesava-lhes nos ombros, e Las Vegas parecia muito longe de casa. Quando não estavam trabalhando no hotel, os dois frequentavam os jantares de família oferecidos pela tia de Taylor. Aos finais de semana, iam com os primos e as primas de Taylor a bares e shows. Andavam em meio às luzes dos cassinos, tiravam fotos da réplica da Torre Eiffel e da fonte em frente ao Bellagio Hotel, mas aquilo não era o que tinham imaginado para a própria vida.

Ao fim de um ano inteiro no Gold Coast Hotel, Norges e Taylor decidiram se mudar para Miami, no extremo sul da Flórida. Miami não era Cuba, mas era o mais perto que podiam chegar. Lá moravam mais de dois milhões de cubanos. Tinham ido para lá como parte de gerações que fugiam de escândalos, da polícia ou das autoridades para recomeçar a vida — e um dia voltar. Quando foi expulso do país em 1892, o herói nacional José Martí foi à Flórida arrecadar dinheiro entre trabalhadores da indústria tabagista cubana para financiar a guerra contra as forças coloniais espanholas. E, quando Fidel Castro foi mandado para o exílio meio século depois, em 1955, ele também foi a Miami juntar apoio para a revolução planejada em Sierra Maestra.

Miami era tudo o que Havana não era: uma cidade decadente com arranha-céus que brilhavam ao sol. Porém Miami era também uma cidade à sombra de Havana, à sombra da terra natal, de *la patria* — um lugar, uma ideia capaz de erguer-se ainda mais alto do que os arranha-céus. Miami simbolizava "exit" e "exílio". As antigas famílias abastadas que haviam se mudado ao fim da revolução continuavam a morar por lá. Lá também estavam os refugiados das balsas, cubanos pobres que haviam arriscado a vida atravessando o Estreito da Flórida. Além disso havia pessoas como Norges e Taylor, jovens obrigados a sair de Cuba por motivos políticos, espremidos como o suco de uma fruta podre. Toda semana chegavam mais artistas, ativistas e jornalistas que haviam cruzado o limite do que se poderia dizer ou fazer e então sofrido as consequências. As pessoas sentiam-se desiludidas e ainda mais convictas, porém muitas outras continuavam a nutrir esperanças e a dedicar a vida a transformar o país natal.

Norges e Taylor se mudaram para um apartamento de padrão razoável perto da praia. Estavam trabalhando numa página de internet que tinham estabelecido em Las Vegas, chamada Yucabyte. O yucabyte.org documentaria tudo o que acontecia no universo digital de Cuba. O projeto recebeu apoio financeiro da fundação sueca Fonden för Mänskliga Rättigheter [*Fundo para os Direitos Humanos*] para que assim pudesse pagar jornalistas dispostos a escrever sobre novos fenômenos, como o desenvolvimento da internet 3G e os cubanos que haviam lançado canais próprios no YouTube.

O trabalho com a página fazia bem mais sentido do que o trabalho no hotel de Las Vegas, mas assim mesmo havia coisas que não pareciam estar certas na vida de Norges e Taylor. Se mudar para mais perto de casa não adiantou. Mesmo que a distância em relação a Cuba houvesse diminuído, a distância entre os dois aumentou. Eles passaram a discutir mais e a discordar mais sobre as prioridades no relacionamento. Taylor queria voltar para Havana, e cada vez mais achava que esse devia ser o objetivo do casal. Norges aceitou a ideia de que os dois poderiam viver os próximos anos no exterior. Conseguir a cidadania norte-americana que ambos tinham solicitado podia levar até cinco anos, e durante esse período não era permitido deixar o território dos EUA por mais do que seis meses. Em Cuba estava não apenas a família, mas também todos os problemas que haviam deixado para trás — como Renier e a polícia de segurança. Se voltassem para casa, os dois passariam a ser vigiados e atormentados. Talvez as autoridades cumprissem as ameaças feitas e os jogassem na cadeia.

Ao mesmo tempo, outra coisa os mantinha nos EUA. A vida era mais fácil por lá. Quando Norges ligava para casa, a irmã o lembrava de todas as dificuldades que ele havia deixado para trás. Em Miami sempre havia água na torneira, os supermercados eram abarrotados de comida e a internet era aberta e acessível. Mesmo que se sentisse deslocado por ser estrangeiro, Taylor aceitou que seria preciso ficar um pouco mais.

Os dois se acostumaram ao ritmo de Miami e fizeram amigos entre outros cubanos exilados. Mas os problemas de relacionamento continuaram. Antes, a pressão feita por Renier e por *eles* os aproximava. Naquele momento, já sem a pressão, Norges e Taylor sentiam que aos poucos se afastavam um do outro. Eles batiam boca e batiam portas. No fundo, ambos estavam sofrendo. Ao fim de um ano e meio no exílio, Norges e Taylor perceberam que o relacionamento já não funcionava mais. Taylor voltou para Las Vegas e Norges se mudou para um condomínio mais ao norte de Miami, onde morava num apartamento com sacada no décimo quarto andar. Por um tempo os dois tiveram dificuldades para falar um com o outro, mas assim mesmo continuaram trabalhando juntos no Yucabyte. De vez em quando Taylor dava a Norges dicas de economia e cuidados com a casa, já que o namorado nunca tinha se dado muito bem com esse tipo de coisa.

Norges completou trinta e dois anos, e pela primeira vez na vida estava morando sozinho. De certa forma era uma libertação. Ele ia a bares e cafés, fazia amigos e conquistava admiradores na vida noturna de Miami. Além disso, Norges tinha uma personalidade adequada às mídias sociais, onde o tempo inteiro ganhava novos seguidores. Da mesma forma como havia confrontado o capitão Colón, ele gostava de colocar outras pessoas contra a parede com perguntas e comentários na internet. Norges fazia comentários afiados e não poupava críticas a quem usava termos leves ao falar da ditadura. Em Cuba havia muitos jornalistas e muita gente na blogosfera que o apoiava, mas também havia quem dissesse que os textos dele pareciam cada vez mais cheios de ódio, às vezes quase antijornalísticos. Os dedos tamborilavam no teclado, e Norges sorria. O estilo lhe rendia notabilidade. De vez em quando Norges recebia convites para ir a um estúdio de TV em Miami para comentar notícias de Cuba. Já não se referiam mais a ele como blogueiro, mas como CEO e cofundador do Yucabyte, e como um dos influencers da cidade. Antes que o ano chegasse ao fim, Norges tinha mais de dez mil seguidores no Twitter.

No mundo digital, vivia uma vida hipersocial, mas longe do monitor ele às vezes sofria com a solidão. Norges encontrou uma bicicleta antiga num contêiner de lixo e começou a fazer longos trajetos pedalando na orla. Sempre tinha sentido uma atração pelo mar. A visão do horizonte e do céu fazia com que se sentisse em casa. A cento e cinquenta quilômetros de distância estava a ilha que havia deixado por medo, e para onde um dia ainda faria uma volta triunfal. Norges fechou os olhos e respirou fundo. *Mantenha a calma e a paciência, como o mar*. Ele andava pensando com mais frequência na família — a irmã, a mãe e o pai, que ainda moravam em Santiago. Já havia perdoado os pais pela reação que tiveram quando ele se assumiu como homossexual.

Além disso, Norges tinha descoberto que tanto o pai como a mãe tinham razão nas advertências que haviam feito — mais razão do que ele podia compreender na época: envolver-se com política em Cuba era *mesmo* perigoso, quase inconsequente. Norges falava com os pais toda semana. Era um sentimento estranho, como se a família estivesse mais próxima agora que ele estava longe. Talvez fosse a saudade, ou talvez "virar adulto" fosse assim.

Um dia Norges recebeu um charuto enviado pelo pai, por ocasião do aniversário de sessenta anos dele. Junto ao charuto estava uma carta com instruções segundo as quais o filho devia pensar no líder da independência José Martí enquanto o fumasse. Em janeiro de 1895, a partir do exílio nos EUA, Martí tinha usado um charuto para enviar uma mensagem ao líder do movimento afro-cubano em Cuba, Juan Gualberto Gómez. Enrolado nesse famoso charuto havia uma folha de papel que instruía os rebeldes a dar início ao movimento de libertação de Cuba.

Norges sorriu ao acender o charuto; seria difícil imaginar uma declaração de amor maior que aquela. Era como se o pai dissesse: *Continue. Estamos todos com você.* Durante a infância e a adolescência, ele tinha oferecido bem mais do que conselhos a Norges. Em todas as histórias de heróis e mártires contadas pelo pai havia sempre uma semente de loucura na qual Norges acreditava — a ideia de participar da transformação de um país inteiro.

Norges tinha saudade dos apelidos que os pais haviam dado aos filhos: "velho", "*potero negro*" e outras esquisitices. Tinha saudade da comida da mãe. Do som da risada de Claudia na sala. Mas ele não se permitia pensar demais sobre essas coisas. *Continue. Continue firme.* A tristeza podia arruinar um homem crescido, e Norges não dispunha de tempo para ser despedaçado. Ele fazia questão de um futuro luminoso.

Norges nunca tinha sido muito dado a superstições, mas às vezes se indagava a respeito de sinais ocultos que pudessem lhe dar pistas sobre o dia de amanhã. Certa noite o futuro chegou em forma de sonho. No sonho ele tinha saído e ido até a Broad Causeway, uma ponte que ia de Miami Beach ao ponto da cidade onde ele morava. Um pouco mais além, um pedestre se aproximou a passos rápidos. Foi uma cena parecida com a do velho que se aproximou de Norges e Taylor em Havana para dar a notícia de que uma coisa grandiosa tinha acontecido no dia em que Raúl Castro e Barack Obama falariam na TV.

O pedestre abriu os braços e disse: "Você ainda não sabe? *Se cayó el régimen!*".

No sonho, Norges ia ao aeroporto e num piscar de olhos estava num voo com destino a Cuba, olhando para o mar. Ele sempre havia se impressionado com a pouca distância entre Miami e Havana e com a similaridade entre os povos, mesmo após sessenta anos de separação. Os cubanos que moravam em Miami ouviam as mesmas músicas, comiam a mesma comida, celebravam os mesmos rituais e nutriam as mesmas esperanças que os cubanos de Cuba. Essa proximidade tornou-se cada vez mais clara, porque num segundo a viagem chegou ao fim, e o avião pousou em Havana. A porta se abriu e Norges desceu às pressas a escada que levava à pista. O asfalto estava repleto de aviões. Outros cubanos se espalhavam sob o sol forte, sem nenhum tipo de bagagem nas mãos. Por toda parte havia risadas e celebração. Os guardas de fronteira ergueram os braços e os receberam com uma alegria enorme, pois naquele dia não existiam fronteiras. "Quem bom que vocês todos voltaram!", diziam os guardas enquanto abraçavam Norges. "Irmãos e irmãs, que bom ter vocês todos de volta!"

Ainda era noite em Miami quando Norges acordou. O quarto estava às escuras. O travesseiro havia se umedecido com as lágrimas.

Norges estava cada vez mais convencido de que havia uma explosão prestes a acontecer em meio ao povo de Cuba — uma explosão capaz de transformar esse sonho em realidade. Na internet, Norges escreveu que os dias do regime estavam contados. Estava surgindo uma nova geração de ativistas, como o movimento San Isidro, um coletivo de artistas, jornalistas e ativistas que chamaram a atenção de todo o país ao fazer uma greve de fome coletiva em protesto contra as novas leis de censura e contra a repressão dos trabalhadores da cultura independente. E cada protesto dava origem a outro. Semanas após a greve de fome surgiu o movimento 27 de novembro, quando centenas de jovens e personalidades culturais sentaram-se em frente ao Ministério da Cultura no dia 27 de novembro de 2020 e exigiram uma reunião com as autoridades competentes para pôr um fim à censura.

Norges atualizou o perfil de Facebook e passou a usar um fundo preto com três palavras brancas, *Abajo la dictadura*, e prometeu aos seguidores que não faltava muito para que o regime caísse. "Estamos vivendo um momento único", ele escreveu, "e precisamos empurrar o muro até o fim. Se continuarmos, a ditadura cai."

Mas as vivências de anos recentes também haviam plantado a dúvida em Norges. Em certos momentos ele sentia que generais e bambambãs do partido deviam rir de pessoas como ele, que não pareciam mais do que mosquitos a serem afastados com a mão. Na oitava conferência do partido, Raúl Castro se afastou da presidência e do comitê central do Partido Comunista. Mas o novo governo, liderado por Miguel Díaz-Canel, passou a comportar-se como o antigo governo. O slogan lançado pelo novo presidente não deixava nenhuma dúvida: *somos continuidad*. Ativistas e livres-pensadores continuaram a ser vigiados e perseguidos. A greve de fome do movimento San Isidro chegou ao fim quando policiais invadiram o quartel-general da organização vestidos de médicos e enfermeiros. O líder, Luis Manuel Otero Alcántara, foi posto em um quarto isolado no hospital, e logo vazaram fotos de Alcántara com um prato de comida no leito hospitalar. Os manifestantes do movimento 27 de novembro receberam promessas de diálogo com as autoridades de cultura, mas os encontros não passavam de uma farsa, porque apenas artistas favoráveis ao regime podiam falar.

Ao ver que membros desses grupos também estavam deixando Cuba rumo a Miami, Norges era tomado pelo sentimento que o havia dominado na noite em que o furacão chegou a Cuba — o sentimento de que a história andava em círculos. Talvez ainda faltasse *muito* para que o regime caísse. Talvez as tentativas de resistência contra o aparato estatal fossem como pingos d'água contra um muro. O que Norges poderia fazer estando no exílio? Talvez aquela vida de derrota fosse a única possível. Uma vida longe de casa, longe da família.

Toda vez que esses sentimentos tomavam conta, toda vez que sentia o peso da apatia Norges dava um passo para trás e pensava em todas as mudanças que tinham acontecido no país durante os últimos anos — e no progresso inegável. Quando Norges começou o blogue, o acesso à internet era uma coisa rara em Cuba. Mal existiam fontes alternativas de informação. Naquele momento, o monopólio da informação não existia mais. A internet ainda era lenta e cara, mas já estava acessível à maioria dos cubanos, inclusive por meio do telefone celular. Dois terços da população de Cuba acessavam a internet de uma forma ou de outra. A propaganda do partido continuava a existir como antes, mas as pessoas cada vez mais procuravam se informar por conta própria. Era para esse projeto que Norges contribuía ao fazer atualizações e ao escrever artigos no blogue. O projeto de despertar o povo de Cuba. A voz na cabeça dele continuava a falar.

Vai dar certo, dizia.

Continue a lutar que a mudança vem.

Norges sabia que a esperança pode ser traiçoeira. Mas naquele momento a esperança era tudo o que lhe restava.

GUSANA

Durante toda a vida adulta, Yaima achou que era diferente das pessoas que saíam de Cuba. Ela tinha prometido a si mesma que continuaria na ilha — não porque achasse que era mais forte ou mais corajosa do que as outras pessoas, mas porque estava convencida de que o país que surgiria depois de Fidel, depois do fim da inimizade com os EUA e depois das reformas de mercado e da conexão à internet seria muito diferente. Mais leve, mais livre, mais seguro. A convicção de Yaima era tão forte que, ao saber que estava grávida, ela decidiu ter a criança. A nova Cuba seria um bom lugar para Ignacio crescer.

Mas, nos meses após o sumiço de Norges e Taylor, Yaima notou que um novo sentimento havia surgido nela — um sentimento incontrolável. Era difícil explicar, porém mais tarde, ao olhar para trás, Yaima percebeu que aquele instante foi o instante em que ela havia começado a pensar de maneira diferente sobre o futuro no país natal. O exílio de Norges e Taylor a impactara. Ela os compreendia e solidarizava-se com a decisão que haviam tomado, e de certa forma também se via neles.

Tudo começou no dia em que Yaima entregou a dissertação de mestrado no instituto de arte. Três meses haviam se passado desde o dia em que ela tinha retornado a Havana depois da conferência com Norges e Taylor em Nova York. Já na festa de formatura, quando estava com o canudo na mão, a mãe e os professores deram a entender que talvez ela devesse se afastar por um tempo. "Existem muitas oportunidades fora de Cuba", disseram. Talvez Yaima devesse pensar em alguma coisa no exterior. Ela interpretou essas sugestões como se dissessem que a permanência na ilha poderia colocar a mãe dela e o restante da família numa situação difícil. Representantes de *la seguridad* faziam ligações regulares para a mãe de Yaima com perguntas a respeito da filha. Os colegas do partido mencionavam e difamavam a filha "contrarrevolucionária" na família. Talvez o afastamento dela pudesse trazer alívio para a família.

Além do mais, Yaima começou a se perguntar sobre o tipo de vida que Ignacio de fato teria em Cuba. Os filhos de pais críticos ao regime eram tratados de maneira diferente por professores e burocratas. Ignacio cresceria como filho de uma dissidente — seria uma dessas pessoas que as autoridades chamavam de *gusanos*, ou vermes. Que tipo de vida seria essa?

Talvez a mãe e os professores tivessem razão. Era verdade que existiam muitas possibilidades fora de Cuba. O sogro dela morava em Tampa, na Flórida, e sempre tinha dito que gostaria de pedir uma reunião familiar em nome do filho para que assim eles conseguissem uma autorização de residência. Yenier e Yaima nunca tinham levado a oferta a sério, mas naquele momento o casal decidiu que estava na hora de preparar a papelada — não porque fossem embora de Cuba, ou pelo menos não de imediato, mas porque seria bom ter a *possibilidade* de ir embora caso o dia a dia em Havana se tornasse excessivamente difícil.

Essa aceitação gradual de uma vida no exílio foi cheia de dúvida e remorso.

Yenier tinha visitado o pai em Tampa duas semanas antes que o furacão Irma chegasse a Havana. Na época não havia certeza quanto à ida de Yaima e Ignacio para os EUA, nem quanto ao retorno de Yenier a Havana. E, caso a família se mudasse, não havia certeza quanto ao caráter temporário ou definitivo da permanência por lá.

Enquanto o furacão se aproximava da cidade, esses pensamentos começaram a rodar na cabeça de Yaima. No entardecer antes do furacão ela estava sozinha com Ignacio no apartamento e ouviu quando a caixa d'água no teto começou a se bater com as rajadas de vento. Yaima pediu à vizinha de corredor que cuidasse de Ignacio e subiu a escada que ficava na sacada. O vento tentou derrubá-la quando chegou ao teto, e Yaima precisou andar de quatro para não perder o equilíbrio. No mar ela viu aquilo que se aproximava — uma muralha preta de vento e água. Foi a primeira vez que Yaima viu um furacão com os próprios olhos. O vento levaria a caixa d'água para o mar: ela precisava dar um jeito de prendê-la ao teto para que não voasse. Yaima notou sobras de cabo próximas à antena de TV. Os cabos estavam lá desde que um vizinho havia tentado se conectar a uma rede pirata dos EUA. Ela soltou um deles e o prendeu ao pegador da caixa d'água. Depois amarrou a outra ponta num cano, apertou o nó com toda a força que tinha e desceu a escada toda encolhida.

O reforço de Yaima aguentou o furacão, mas naquela noite, enquanto se mantinha na cama com Ignacio junto de si e o vento ululava lá fora, enquanto as construções estrondeavam e as sacadas estalavam — naquela noite houve uma coisa que se desprendeu.

Duas semanas após a passagem do furacão, Yaima estava no aeroporto com o filho e todos os seus pertences. Ela colocou a mala na esteira e empurrou o carrinho em direção ao controle de passaporte. Talvez os guardas tenham compreendido o que estava acontecendo — que ela era uma *gusana* prestes a deixar Cuba. Talvez houvessem recebido ordens de atormentar Yaima, porque assim que ela chegou ao detector de metais um dos guardas disse que o caso dela exigiria uma "revista completa". Logo pediram que ela os acompanhasse a uma salinha. Yaima sabia que era comum examinar as bagagens de pessoas que chegavam ao país, mas nunca tinha visto nada parecido na saída.

Primeiro os guardas esvaziaram a mochila dela em cima de uma mesa. Documentos, notebook, mamadeira, uns poucos brinquedos.

Depois pegaram a mala. Abriram todos os zíperes. Yaima tentou falar. Ela queria saber por que a tinham escolhido, e queria pedir que tomassem cuidado com o equipamento fotográfico. Mas, quando começaram a examinar o carrinho de bebê, Yaima ficou em silêncio. Ela desapareceu na própria cabeça, fez como lhe haviam pedido e entregou o pacote de fraldas que tinha consigo. Os guardas colocaram as fraldas em cima da mesa como se fossem pacotes de cocaína. Logo a inspeção chegou ao fim. Os guardas não disseram nada: simplesmente fizeram um aceno de cabeça em silêncio, sem demonstrar nenhum tipo de interesse. Yaima podia refazer as malas e seguir viagem.

Já sentada no avião, Yaima teve a certeza de que Cuba não seria um lugar bom para Ignacio crescer. Nos EUA ela não tinha trabalho e não conhecia quase ninguém, mas assim mesmo o filho teria uma vida melhor por lá. O motor roncou e o avião se pôs em movimento. O piloto taxiou na pista e Yaima pensou nas despedidas incertas com família e amigos ocorridas nos últimos dias. Apenas três pessoas sabiam que ela tinha planos de ficar nos EUA: Yenier, Norges e Taylor. Norges e Taylor haviam oferecido apoio e incentivo. Yaima gostaria muito de revê-los, mas a verdade era que também sentia vergonha de fazer parte do grupo de pessoas que havia deixado Cuba para trás. Ir embora era perder terreno para o regime.

Como se não bastasse, Yaima não tinha certeza nenhuma quanto ao eventual sucesso num país estrangeiro. Por isso ela manteve a decisão em segredo — até mesmo da mãe. O avião acelerou na pista e a velocidade empurrou Yaima contra o assento, contra tudo aquilo que naquele instante deixava para trás.

E então levantou voo. Cuba diminuiu. A paisagem estendeu-se como o dorso de uma pessoa, com manchas e cicatrizes de uma vida dura. Os terrenos vermelho-sangue. As árvores escuras. As estradas que se transformavam em trilhas estreitas. A velocidade da aeronave dava a impressão de que os carros lá embaixo não se mexiam — como se o tempo houvesse parado. No assento ao lado, Ignacio brincava com um bichinho de pelúcia. O litoral surgiu. Logo Cuba desapareceu da janela. Yaima precisou lutar para engolir o choro.

299

A ONDA

Norges, Taylor e Yaima haviam deixado Cuba, e em poucos meses Linet também partiria. Na terceira tentativa ela conseguiu a bolsa e se mudou para Copenhague para estudar liderança e comunicação digital. Quanto a mim, eu estava de volta à Europa. Catalina estava mais uma vez sozinha. Nos momentos de maior sinceridade eu admitia que era doloroso pensar em tudo isso, mas eu estava pronto. Eu tinha defendido o meu doutorado. O manuscrito do livro estava pronto. A história tinha acabado; minha vida antiga e segura havia retornado.

Eu estava na casa de amigos para um jantar quando recebi uma mensagem de Norges. A mensagem era um link para um vídeo em que uma multidão de talvez cem pessoas marchava e gritava por ruas empoeiradas num lugar qualquer em Cuba. Umas empurravam bicicletas, outras caminhavam com o celular na mão. As pessoas filmavam e tiravam fotos. Fui a um outro cômodo, aumentei o volume e ouvi os gritos.

"Queremos ajuda!"

"Queremos medicamentos!"

O vídeo tinha sido feito numa pequena cidade ao sul de Havana, chamada San Antonio de los Baños. Nos últimos meses as autoridades tinham começado a racionar o fornecimento de energia em Cuba. Em muitos lugares, como em San Antonio, a eletricidade ficava desligada durante metade do dia. Ventiladores e ares-condicionados não funcionavam, as pessoas suavam e praguejavam durante a noite. Ao mesmo tempo, as filas cresciam em frente a mercados e farmácias.

Num grupo de Facebook em que os habitantes de San Antonio compartilhavam novidades e queixas havia surgido a ideia de um protesto. "Você está cansado de não ter eletricidade? Está irritado porque eles não deixam você dormir há três dias? Está cansado de um partido de merda e de um governo que não dá a mínima para você? Chegou a hora de fazer exigências. Não fique reclamando em casa! Vamos nos fazer ouvir." A mensagem anunciava uma concentração na manhã seguinte, "11 horas, na praça da igreja". "Se não quiser aparecer, então pare de reclamar."

Apareceram dezenas e depois centenas de pessoas. Na praça, os organizadores trocavam olhares de espanto. Imaginar que os moradores realmente estavam se reunindo! Imaginar que o desafio lançado fora levado a sério! Quando a multidão tomou o caminho da emissora de rádio da cidade, rostos olhavam a partir de janelas e frestas nas portas. As pessoas cumprimentavam vizinhos em conhecidos na multidão, sorriam e filmavam. Muitos se juntaram àqueles gritos.

As autoridades não poderiam mandar uma cidade inteira para a cadeia, certo?

Foi no domingo, 11 de julho de 2021, perto das onze e meia. Nenhum dos manifestantes em San Antonio de los Baños poderia ter imaginado as forças postas em movimento.

Em Miami, Norges estava de folga. Na sacada do décimo quarto andar, regando as plantas. Eram *mariposas* — a flor nacional de Cuba, um tipo de lírio branco em forma de borboleta que havia crescido muito com o calor das últimas semanas. Ele regava as plantas todos os dias.

Foi quando o celular dele vibrou com o primeiro vídeo. Um homem de vinte e seis anos chamado Yoan de la Cruz filmava os protestos e transmitia tudo ao vivo pelo Facebook.

301

Norges compreendeu que estava testemunhando um momento importante. Lá estavam centenas de cubanos nas ruas. Ele entrou às pressas e sentou-se em frente ao notebook. Logo pegou o celular e começou a filmar a tela. Foi como se um animal raro tivesse entrado no apartamento e ele fosse obrigado a documentar aquele momento inacreditável antes que o animal tornasse a desaparecer. Norges postou o vídeo nas mídias sociais. "Neste exato momento as pessoas de Cuba estão fazendo transmissões ao vivo", ele escreveu. "Parece ser em San Antonio de los Baños." Norges copiou o link de Yoan de la Cruz e o enviou numa mensagem para Yaima. "Temos que divulgar isso", ele escreveu. Yaima estava trabalhando nas mídias sociais de uma página na internet que publicava vídeos curtos e notícias da ilha. A página, chamada ADN Cuba, era conhecida por publicar manchetes e artigos altamente clicáveis que se espalhavam depressa pela internet. Yaima pediu a Yenier — que sempre a ajudava nos assuntos técnicos — para ajudá-lo a montar o mais depressa possível um canal ao vivo no Facebook para que mais pessoas vissem o que estava acontecendo. "Bom dia a todos os que estão nos acompanhando", disse Yaima. A voz dela tremia. "Aqui podemos ver o que está acontecendo nesse exato momento em San Antonio de los Baños, onde toda a população parece ter saído às ruas para protestar. Eu nunca vi nada parecido. A mentira está com os dias contados. Mesmo assim, não há militares à vista." Yaima encorajou todos os cubanos a divulgarem as imagens do que estava acontecendo naquela pequena cidade.

"Irmãos cubanos, divulguem esse vídeo em todos os bairros e em todas as províncias. Chegou a hora de protestar. Chegou a hora de lutar."

Em Cuba, enfim a ideia estava se espalhando.

À medida que a multidão em San Antonio crescia, crescia também a coragem dos participantes.

Naquele momento já era possível ouvir palavras de ordem arriscadas.

"Abaixo a ditadura!"

"Libertad!"

"Patria y vida!"

Patria y vida era o novo slogan de todos os que desejavam mudanças políticas em Cuba. Era uma resposta ao *patria o muerte* de Fidel. *Patria y vida* era o tipo de coisa que se dizia no pequeno círculo de dissidentes cubanos. Mas os manifestantes em San Antonio de los Baños não eram poucos — eram muitos. E as pessoas gritavam "Não temos medo!".

Norges estava boquiaberto em frente ao notebook. A cada minuto chegava uma nova mensagem, um novo vídeo com mais protestos. O celular dele se iluminava e vibrava em cima da mesa. O que Norges via naquele momento através das lentes de câmeras de celular era tudo o que sempre havia sonhado. Ele mal podia acreditar: as mensagens corriam de boca em boca e de celular em celular enquanto toda uma rede de telefones e computadores se iluminava e as pessoas trocavam imagens e informações mais depressa do que as forças policiais conseguiam reagir. Novos vídeos surgiram, primeiro vindos de Palma Soriano, uma cidade no lado oposto da ilha. As pessoas tinham visto o que se passava em San Antonio e decidiram sair às ruas com as mesmas palavras de ordem. E assim, em minutos, os protestos se espalharam de Matanzas a Cardenas, de Pinar del Río a Havana, de Holguín a Santiago. Logo as pessoas saíram em peso às ruas, em todas as quinze províncias do país: crianças e adultos, pessoas de muletas e em cadeiras de rodas, em bicicletas e a pé. Dezenas de milhares saíram das casas, homens e mulheres batiam palmas e dançavam e gritavam, senhoras de idade batiam em panelas.

Para cada morador que se juntava aos protestos, para cada voz que se juntava aos gritos, o equilíbrio simbólico começava a se alterar. Pessoas que ao longo da vida inteira tinham se sentido impotentes de repente sentiram-se poderosas, invencíveis. Por toda parte havia celulares que filmavam e batiam fotos. Ônibus e táxis buzinavam enquanto as pessoas se movimentavam cidade afora. Padres mandaram badalar os sinos das igrejas, e logo os dobres espalharam-se por ruas e praças. Em Mayabeque o padre foi à praça com uma imagem de *la Vírgen de la Caridad*. Ele ergueu a imagem em direção às massas como se fosse um troféu.

Li-ber-tad!

De leste a oeste, em mais de cinquenta cidades, multidões se movimentaram em direção a centros simbólicos do poder — as praças em homenagem à revolução, os escritórios do partido, as delegacias de polícia. Em Havana as pessoas deslocaram-se rumo ao quartel-general do partido, à estação de rádio, à La Plaza e ao Capitolio. Os corpos marchavam todos no mesmo ritmo; pessoas que nunca tinham feito uma decisão política, que nunca haviam votado nem participado de um protesto andavam pelas ruas gritando *"Li-ber-tad! Li-ber-tad!"*.

As redações do mundo inteiro, os jornalistas estavam em alvoroço. O que estava acontecendo em Cuba, afinal? Logo as imagens circularam na CNN, na BBC e em muitos outros canais de TV mundo afora.

Protestos em Cuba.

Os maiores protestos das últimas décadas.

Em certos momentos era como se as autoridades e a polícia estivessem totalmente fora de ação. Protestos violentos espalharam-se depressa, como um soco desferido contra a cara de um gigante. O aparato estatal não sabia como reagir. Havia muita alegria, mas também muita fúria pelas ruas. Jovens quebravam as vitrines de lojas, as pessoas viravam carros da polícia, subiam em cima das viaturas e agitavam bandeiras. As patrulhas que apareciam eram recebidas a pedradas. "Não temos medo!", as pessoas gritavam. Em certos lugares a polícia não se atrevia a chegar perto. Os manifestantes gritavam *únanse*! Não muito longe do antigo apartamento de Linet, na esquina da San Lázaro com a Belascoaín, uma cena inacreditável aconteceu. Três policiais tiraram as camisas do uniforme cinza e se juntaram aos manifestantes.

Nesse momento, enquanto a polícia se afastava ou se unia aos manifestantes, enquanto as viaturas estavam viradas e os gritos punham janelas a vibrar — nesse exato momento uma pergunta surgia na cabeça de vários manifestantes. Era o tipo de pergunta que sempre havia estado no fundo dos pensamentos de inúmeras pessoas ao longo da história — pessoas que invadiam palácios, arrombavam portas, viravam carros de polícia e de repente percebiam ser a maioria: *será que todo o sistema estava vindo abaixo? Será que o dia havia chegado? Não era preciso mais nada?*

Norges telefonou para Hansel, o novo namorado, e pediu a ele que o buscasse de carro. Hansel era um ator e diretor seis anos mais novo que havia se mudado para Miami ainda jovem e trabalhava com filmes e TV. Ele não era ativista como Norges, mas era de Cuba e tinha crescido em Pinar del Río. Assim, sabia tão bem quanto Norges para onde os dois iriam quando ligou para o namorado: "Temos que ir para o Versailles".

Todos os cubanos em Miami sabiam que, se o Dia havia chegado, se as pessoas estavam invadindo os palácios do poder em Cuba, então o lugar de encontro seria em frente ao restaurante Versailles, na Little Havana. Em dias normais, o Versailles oferecia café adoçado, bolos e croquetes, exatamente como em Cuba. Mas em décadas recentes o restaurante havia passado a significar mais do que isso. Era para lá que os exilados cubanos iam toda vez que um acontecimento importante ocorria no país natal.

O apartamento de Norges ficava a meia hora de carro de Little Havana. Ele sentou-se no banco do passageiro e desapareceu nas imagens do celular. Um dos vídeos mostrava uma mulher em frente ao Capitolio, gritando com um policial: "Tiramos as roupas do silêncio!". Norges clicou em like e compartilhou o vídeo. Outra imagem mostrava uma senhora cheia de rugas e sulcos no rosto. Ela tinha saído à rua de roupão. Mais tarde se descobriu que o nome dela era Sara Naranjo, e que tinha oitenta e oito anos. A *señora* Naranjo tinha uma panela numa das mãos e na outra uma faca de pão, que servia para bater na panela.

Durante toda a vida adulta, Norges havia batido no teclado para acordar as pessoas do sono. Naquele instante, as pessoas tinham despertado — e batiam de volta. O sentimento de *vitória* encheu o peito dele. Imagine ser parte de um povo que não se deixava intimidar, que dizia *não* às autoridades!

Norges postou uma nova mensagem no Twitter.

"Nesse exato instante os cubanos tomam as ruas. As pessoas gritam *"Patria y vida"*. Hoje pode ser um dia histórico para Cuba e para o mundo. A ditadura mais antiga do ocidente estremece."

Os olhos de Norges se alternavam entre o celular e as ruas de Miami. Logo os dois se aproximaram do bairro onde se localizava o restaurante. Com certeza havia outras pessoas seguindo na mesma direção, porque o tráfego estava mais intenso. Os carros buzinavam uns para os outros, mas não por irritação. Vidros se abaixavam e mãos agitavam bandeiras de Cuba.

Quando eles chegaram, já havia umas vinte pessoas reunidas por lá. Umas haviam levado bandeiras, outras papel e pincéis atômicos. Hansel pegou uma das folhas e começou a escrever. Norges pegou o telefone e começou uma transmissão ao vivo no Facebook. Mais pessoas chegaram. Não eram apenas os anticomunistas de sempre. Na multidão cada vez maior, Norges percebeu a presença de jornalistas e personalidades da cultura que em geral não frequentavam o restaurante Versailles. "É um dia histórico para Cuba. O começo do fim", Norges disse para a câmera do telefone.

Atrás dele, uma mulher ajoelhada escrevia com letras garrafais num cartaz: "O demônio caiu — viva Cuba livre!". Ela gritava enquanto manuseava o pincel atômico: "*Se cae, se cae!*".

Logo Hansel apareceu com o cartaz dele: "O dia nasceu. A liberdade espera".

Norges simplesmente repetiu: "Este é o momento, este é o momento".

Ele era parte de uma circunstância tão carregada de sentido, tão saturada de energia que a diferença entre sonho e realidade tornou-se irrelevante. Lá, rodeado por pessoas que espelhavam Cuba com os mesmos gritos — Abaixo a ditadura! *Patria y vida!* —, Norges teve uma ideia.

Talvez pudesse ir de imediato ao aeroporto, como em sonho — mas em poucos dias já devia ser possível aterrissar em solo cubano para comemorar a queda do regime. Ele pegou o celular e fez uma busca por passagens de Miami para Havana.

Norges tinha se acostumado à vida em Miami, tinha se acostumado à ideia de passar mais um tempo lá — mas ao mesmo tempo sabia que no fundo pertencia a outro lugar. Ele se permitiu sentir dessa forma naquele instante — um lugar onde o sol brilhava com um pouco mais de força, as árvores eram um pouco mais verdes, o mar e o céu eram um pouco mais azuis. O lugar que havia deixado para trás, a sala onde o pai sentava-se ao piano, onde a mãe e Claudia cantavam. Os sons que enchiam a casa, os cheiros que surgiam quando panelas velhas eram postas no fogo, o olhar familiar do vizinho, os móveis, os livros e as revistas no ambiente — nada daquilo podia ser recriado em outro lugar, a não ser naquele para o qual Norges rumava: a antiga casa.

Mas nas páginas das companhias aéreas não havia bilhetes para Cuba. Será que já estavam todos vendidos? Outra explicação se apresentou, claro: o rompimento das relações entre Cuba e EUA tinha afetado as rotas aéreas. Havia somente quatro voos por semana entre Miami e Havana, e estes deviam ter sido cancelados em razão da pandemia de covid-19 que na época assolava ambos os países.

Norges largou o celular e juntou-se à multidão, que não parava de crescer. Naquele momento estavam cantando o hino nacional.

Mais de dois milhões de cubanos moravam fora de Cuba. Depois que os primeiros vídeos surgiram, muitos acessaram as mídias sociais em busca de informação. Em Copenhague, sentada em frente a um monitor, Linet via fotos dos protestos. Como Norges, a princípio ela sentiu-se eufórica ao ver os compatriotas marchando pelas ruas. Ela não conseguia tirar os olhos do monitor. Quando viu o vídeo gravado em frente ao Capitolio, onde um mar de gente gritava *"Li-ber-tad"* em uníssono, os lábios dela reagiram com um grito silencioso de alegria. Porém aos poucos Linet foi tomada por um sentimento de culpa. Lá estava ela, na segurança de um país estrangeiro, sem nunca ter mexido um dedo em protesto durante o tempo que havia morado em Cuba, enquanto jovens e pessoas humildes saíam às ruas sabendo que tinham uma boa chance de acabar na cadeia. Linet, por outro lado, tinha viajado à Europa, salvado a própria pele e ficado quieta.

Já no dia em que havia deixado o país natal, a mãe pediu a ela que não publicasse críticas à revolução nas mídias sociais, como muitos cubanos faziam ao deixar o país — afinal, nesses casos talvez a família tivesse problemas. As autoridades podiam impedir Linet de viajar a Cuba, ou encontrar um pretexto para aplicar uma multa ou fechar o negócio de aluguéis, que havia ficado sob a responsabilidade da mãe. Linet tinha ciência desses perigos, mas naquele momento não conseguiu mais se aguentar: *precisava* fazer alguma coisa, expressar apoio de alguma forma. Para quebrar o silêncio no Facebook, Linet publicou quatro posts com fotos dos protestos. "As pessoas da minha família não querem que eu poste nas mídias sociais porque têm medo de nunca mais me ver. Porém o medo é o pior inimigo da liberdade." Foi libertador martelar as palavras *BASTA YA!*. "Não temos medo", escreveu Linet. Depois ela carregou uma nova foto de perfil na qual se lia #SOS CUBA, o slogan usado em apoio aos protestos.

Eu via as mesmas fotos. Era o início da noite. Eu me desculpei com os amigos que tinham me convidado e pedalei até em casa por ruas escuras. Eram as férias de verão, e a cidade estava em silêncio. Peguei o celular e comecei a filmar, como eu tinha visto os cubanos fazerem. Era uma atitude absurda, porque não havia ninguém por lá, somente o bonde ao longe e uns poucos carros e pedestres à noite. Mas eu filmei as ruas, e então ouvi minha voz gritar, sem nenhuma timidez:

"*Patria y vida!*"

Esvaziei os pulmões. "*Patria y vida* nas ruas da Noruega!"

Mandei o vídeo para Norges e Taylor. Taylor foi o primeiro a me responder com um áudio gravado em Las Vegas.

"Por essa eu não esperava. *Patria y vida!* Vamos ver essa ditadura de merda cair!"

Depois Norges me ligou. Abri a chamada de vídeo com uma das mãos no guidom e vi o rosto dele se acender na tela do celular — com os dentes brancos e um brilho travesso no olhar. "Pátria e vida, *hermano*! Você viu as imagens? Lembra do que eu tinha dito? Eu *disse* que as pessoas despertariam! Eu *disse* que esse dia chegaria!"

Estacionei a bicicleta, entrei no meu apartamento e liguei para Riqui, do mercado, que tinha dirigido o Buick comigo nas últimas semanas antes do meu retorno. O app que eu costumava usar para fazer ligações a Cuba por internet não estava funcionando, e eu nem ao menos pensei no motivo. Em vez disso usei a minha linha telefônica comum. *"El noruego!"*, disse a voz exaltada. Pude ouvir que Riqui estava na rua. "Eu tô em Belascoaín. Tá cheio de gente por aqui!" Ao fundo, ouvi os gritos das pessoas e as buzinas dos carros. "Está tudo *loco*. Não posso falar agora."

Depois liguei para Catalina. O tom dela soava diferente. Ela parecia preocupada e falava com frases breves. "Está tudo bem comigo." Catalina tinha chegado do trabalho e estava sentada no sofá do apartamento. Pelo telefone, ouvi o zumbido de uma TV ao fundo. Era a voz de Miguel Díaz-Canel, o novo presidente, que falava ao vivo para a população. Díaz-Canel tinha acabado de voltar de San Antonio de los Baños, onde havia participado de um contraprotesto organizado pelas autoridades. O presidente descreveu os protestos como "provocações contrarrevolucionárias" orquestradas pelos EUA. Enquanto falava, o presidente parecia cada vez mais irritado. Díaz-Canel bateu os dois indicadores na mesa e encorajou "todos os nossos comunistas" a sair às ruas. "Em Cuba, as ruas pertencem aos revolucionários. Vão ter que passar por cima dos nossos cadáveres para ir contra a revolução", disse Díaz-Canel. "Estamos prontos para tudo... A ordem está dada." "Revolucionários — às ruas!"

Catalina tentou entrar no Facebook para ver mais notícias, mas o app não funcionou. "Não posso falar agora", disse Catalina. "A internet foi desligada por aqui."

Eu não soube o que dizer. Para mim, o clima ainda era de otimismo, mas de Catalina eu ouvia apenas preocupação.

"Tita, eu gosto muito de você", eu disse por fim.

"O Omar disse a mesma coisa quando me ligou." Em seguida desligamos.

Entendi que Catalina estava com medo do que viria a seguir. Uma vez ela tinha me falado dos protestos no Maleconazo em 1994, a última vez que Cuba tinha visto um protesto como aqueles, e a única coisa que poderia ser comparada ao que acontecia naquele instante. Era verão, e Catalina estava com Omar numa avenida de compras no centro de Havana. De repente ela ouviu o barulho de uma vitrine quebrada e viu um grupo numeroso de pessoas — talvez centenas — que corriam ao longo do litoral gritando *"Abajo Fidel!"*. No caminho para casa ela ouviu tiros. Naquela outra vez, o próprio Fidel Castro foi ao litoral e desafiou todos os insatisfeitos com a situação do país a fazerem-se ao mar. Quarenta mil pessoas zarparam de Cuba em direção à Flórida em barcos e balsas improvisadas. Mais tarde a vida e a necessidade retornaram.

Eu sabia o que Catalina estava pensando. Que os protestos seriam reprimidos. Que os manifestantes não tinham nenhuma chance. Que sair à rua era perigoso, e em última análise inútil. Mas eu estava tão animado, tão ofuscado pelo que tinha visto que tentei ignorar a preocupação de Catalina. Em vez disso, postei uma mensagem no Facebook na qual eu chamava o dia 11 de julho de 2021 de "dia histórico". Escrevi que os cubanos não tinham mais medo. "As pessoas estão batendo panelas e gritando, e os sinos dobram por toda a ilha. Um povo que já tinha perdido quase tudo por fim perdeu também o medo." Na hora, parecia verdade.

O MEDO

Uma vez que a internet foi desligada, ninguém mais podia publicar vídeos ou fazer transmissões ao vivo quando a noite caiu. Mesmo assim, nos dias seguintes a história vazou. A polícia, as forças revolucionárias, os batalhões de choque e as forças nacionais especiais obedeciam às ordens do presidente do país. Caminhões e ônibus surgiam em todos os recantos do país onde houvesse protestos. Os que desciam eram em parte militares uniformizados, em parte militares à paisana equipados com bastões. Nos vídeos publicados mais tarde na internet era possível ver grupos organizados com porretes e cassetetes nas ruas. Por toda parte, esses grupos puseram os manifestantes a correr. Os que tentavam resistir eram amordaçados e presos. As imagens mostravam sempre o mesmo movimento — uma coreografia recorrente entre policiais e civis, caçadores e presas. Armas e pernas se debatiam, dedos agarravam-se a postes de luz e a lixeiras, pulmões se esvaziavam, gritos soavam nos ouvidos, cassetetes desferiam golpes, mãos escapavam, músculos e tendões se contraíam, porém de nada adiantava.

Nos bairros mais conturbados a polícia chegou a disparar tiros. Um homem de trinta e seis anos no sul de Havana foi atingido nas costas e morreu na hora. No centro, soldados da tropa de elite marcharam usando coturnos de couro, joelheiras, escudos e metralhadoras, totalmente vestidos de preto. O acesso à Plaza de la Revolución e ao Capitolio foi fechado. Punhos treinados carregavam fuzis em ruas onde normalmente trafegavam crianças a caminho da escola e senhoras com sacolas de compras.

A cada par de coturnos pretos na rua, a cada golpe desferido de um bastão, a cada par de algemas que se fechava, a cada tiro disparado para cima — assim, aos poucos, o equilíbrio voltou a favorecer o regime. O medo ressurgiu no coração das pessoas, e antes que a noite caísse até os mais destemidos haviam voltado para casa. As multidões que tinham andado sem nenhum temor pelas ruas, que haviam sentido a força de estarem em vantagem numérica, haviam se dispersado. Os manifestantes estavam sozinhos em casa, a noite caiu, as luzes nos quartos se apagaram e, entre aqueles que haviam publicado imagens, as pessoas começaram a falar aos cochichos e a hesitar. Será que haviam feito uma besteira? Será que a polícia apareceria para buscá-las?

Milhares de pessoas haviam marchado pelas ruas com celulares na mão e postado vídeos na internet. Havia uma sensação de segurança em fazer aquelas filmagens para que o mundo inteiro pudesse ver. Mas, na tentativa de expor o regime, as pessoas também haviam exposto a si mesmas. No aparato estatal foi dado início ao minucioso trabalho de identificar os participantes. A internet estava cheia de registros. Os olhos nos celulares transformaram-se no olho que tudo via. Era tarde demais para limpar as redes sociais; o acesso ao Facebook, ao WhatsApp e a outros serviços continuava interrompido.

Juristas preparavam documentos que seriam lidos em tribunais. *Perturbação da ordem, desacato, resistência, apologia ao crime.* Não haveria celas para todos, mas nos dias a seguir a multidão foi transformada em uma lista com mais de mil nomes. Os nomes foram repassados a policiais em viaturas, que tomaram o rumo das casas em que as pessoas moravam.

Yoan de la Cruz, o rapaz de vinte e seis anos que tinha começado a primeira transmissão ao vivo de San Antonio de los Baños, era um dos que esperava em casa. De la Cruz talvez se parecesse com o rapaz que Norges outrora tinha sido, ainda em Santiago. Morava na casa da mãe, tinha saído do armário como homossexual e gostava de tecnologia. A transmissão ao vivo dos protestos tinha sido vista por centenas de milhares de pessoas na ilha. O que acontecia naquele momento com Yoan de la Cruz se parecia com o que tinha acontecido a Norges e a outros jovens ousados: ele arranjara um problema muito sério. Maribel, a mãe, falaria mais tarde sobre o tempo passado desde que o filho havia voltado para casa, quando fechou a porta e disse: "Mãe, acho que eles vêm me pegar. Acho que eu vou acabar na prisão". Maribel tranquilizou o filho; ora, ninguém acabava na prisão simplesmente por ter gravado um vídeo. Não havia nenhum tipo de culpa ou de crime nisso. Mas Yoan balançou a cabeça.

"A polícia vem me buscar. Tenho certeza", ele disse.

À noite, Yoan teve dificuldade para dormir e a certa altura entrou chorando no quarto da mãe. A mãe o acalmou e disse que ele não iria para a prisão.

Porém Yoan estava certo. Quando o carro da polícia enfim apareceu às cinco horas de uma tarde qualquer, ele se manteve calmo.

"Pegue o seu telefone, se vista e venha conosco", ordenou a polícia. Yoan obedeceu às ordens. Ele já tinha imaginado a cena tantas vezes que nem ao menos chorou. A mãe ficou no vão da porta e viu o filho sentar-se na viatura. Ele a encarou por um instante e a seguir desapareceu.

Vários manifestantes foram levados dessa forma. *Eles* queriam mostrar que era inútil resistir. Na internet circulavam vídeos que mostravam o que acontecia com aquele que se recusavam a abrir a porta. Alicates cortavam cadeados, coturnos derrubavam portas — toda e qualquer tentativa patética de resistência era destruída. O poder segurava braços e pernas e levava-os embora. Todas as principais figuras dos círculos de cultura e dissidência foram presas — bastava que fosse razoável imaginar que tivessem participado dos protestos.

Parte dos acusados não tinha advogado de defesa, e outros foram conhecer os advogados apenas momentos antes de entrar no tribunal. Testemunhas descreveram julgamentos em que dez ou doze pessoas eram acusadas e condenadas em apenas uma hora. A maioria das penas oscilava entre multas, dez meses de prisão domiciliar e um ano de cadeia. Outros foram acusados de "desacato à autoridade", "resistência" ou "desobediência", ou ainda de "agressão", e receberam penas de seis a oito anos. A promotoria pediu oito anos de prisão para Yoan de la Cruz. A acusação mais grave foi de "atentar contra a segurança nacional", o que significaria uma pena de dez a vinte anos atrás das grades.

A UNICEF manifestou preocupação com a presença de crianças entre as pessoas encarceradas. Um menino de dezessete anos chamado Rowland Castillo, segundo a mãe, poderia ser condenado a mais de vinte anos — uma pena mais longa do que o tempo que tinha vivido até então. A Anistia Internacional descreveu esses processos como uma tentativa de recriar a "cultura do medo".

Linet tinha continuado a compartilhar vídeos e mensagens de apoio aos protestos no Facebook, mas naquele momento, seis dias mais tarde, a mãe lhe telefonou para fazer uma advertência. "*Hija*, você precisa tomar cuidado com o que publica." A mãe pediu a Linet que apagasse as atualizações que tinha postado. "Se concentre na sua nova vida por aí. Pense que você não vai mudar Cuba por causa dessas mensagens." Linet suspeitou que a mãe tivesse falado com a irmã mais velha, que trabalhava no exército e não gostava de ouvir críticas à revolução. "Mas, mãe", disse Linet, "as pessoas não podem continuar sendo covardes!" A simples ideia de limpar o perfil de Facebook a repugnava. Linet já lutava com o sentimento de culpa por ter deixado a família e os amigos em apuros ao se mudar para a Europa.

Dias mais tarde, Linet recebeu uma mensagem da tia revolucionária. A advertência era a mesma, porém veio formulada em termos mais fortes. Linet teria problemas se não deletasse os posts. "Sua insistência nesses ataques contra a revolução vai atingir a sua mãe, a sua irmã e eu, e você também pode ser impedida de voltar ao país", escreveu a tia, acrescentando: "Eu continuo fiel à revolução, ao partido e a Fidel, e vou continuar a combater os contrarrevolucionários nas ruas".

Linet estava prestes a responder com uma mensagem furiosa em que chamaria a tia de covarde e diria que ela não tinha a coragem de encarar a verdade. Como ela poderia apoiar um aparato que prendia crianças e jovens desarmados? Uma elite que nunca tinha sido eleita pelo povo? Mas Linet manteve a fúria sob controle. Em vez de responder, ela bateu pé e disse para si mesma que não apagaria uma vírgula sequer. Mesmo assim, a mãe e a tia desencadearam um processo mental involuntário. E se a irmã mais nova, a mãe ou a avó tivessem problemas em razão do que ela tinha escrito? E se ela mesma nunca mais pudesse visitá-las, simplesmente por causa de uns posts no Facebook?

Essas questões não paravam de rodar na cabeça de inúmeros cubanos espalhados mundo afora. O medo de que a família ou a pessoa em questão pudesse ter problemas no futuro envenenava a alegria de protestar nas mídias sociais. A angústia se espalhava como um vírus por todos os continentes.

Em Miami, Norges sofreu pela primeira vez com esses sentimentos. Ele escreveu sobre o futuro do país com a certeza da vitória. O governo tinha sofrido um golpe fatal. "A ditadura cubana já caiu", Norges escreveu enquanto os manifestantes enchiam as celas de toda a ilha. "Tudo o que resta a fazer é enterrá-la. O velório já começou." Ele sabia que a viagem de volta a Cuba talvez não viesse tão logo quanto a princípio tinha imaginado, mas não era concebível que se passassem mais do que uns poucos meses até que o colapso do sistema estivesse completo. Em meio aos ativistas circulavam boatos de que havia inclusive generais dispostos a se revelarem opositores do regime e juízes que se negariam a julgar os manifestantes.

Porém o medo e a realidade não tardariam a alcançar Norges.

O primeiro a chegar foi o medo.

Na manhã do terceiro dia, o ministro do Exterior, um homem de óculos com uma expressão séria chamado Bruno Rodríguez, convocou uma coletiva de imprensa. Correspondentes internacionais e diplomatas foram convidados a ouvir a versão das autoridades sobre o que tinha acontecido. Havia treze câmeras de TV apontadas para a tribuna em que o ministro abriu uma folha com os tópicos do discurso. Norges acompanhou a transmissão do apartamento em Miami.

O ministro do Exterior Bruno Rodríguez explicou longamente, com todo o peso de um estadista, que os protestos na verdade não eram uma expressão de insatisfação do povo. A "desordem" tinha surgido como resultado de uma campanha política diretamente financiada pelo governo dos EUA. O ministro afirmou que pessoas a quem se referia como "agentes pagos" haviam usado "ferramentas de alta tecnologia" para atrair as pessoas às ruas.

"Aqui temos", ele disse, apontando para uma tela onde estava projetada a foto de um desses agentes — um rapaz moreno de barba curta, moletom de Harvard e boné branco na cabeça —

"... Norges Rodríguez."

Norges sempre tinha imaginado fazer parte de um movimento forte o suficiente para deixar marcas na história do país. Mas que ele, um homossexual negro nascido em um bairro pobre nos arredores de Santiago, fosse apontado pelo ministro do Exterior como pessoalmente responsável pelo maior levante popular na história recente de Cuba era absolutamente incompreensível.

Segundo o ministro do Exterior, Norges era um dos principais "atores políticos" que, ao lado de uma certa "Yaima Pardo", havia manipulado os cubanos para induzi-los a protestar. Yaima e Norges supostamente controlavam centenas de contas falsas nas mídias sociais, verdadeiras "fazendas" de trolls de internet que espalhavam mentiras sobre a vida em Cuba e incentivavam protestos violentos.

A princípio Norges não soube como reagir. Mensagens de amigos começaram a chegar. *Você está na TV!*

Ele precisava ligar para Yaima.

316

Yaima tinha acabado de voltar do jardim de infância com Ignacio e tinha visto a mesma coisa. Ela mal conseguia entender o que estava acontecendo. A princípio os dois simplesmente riram.

"Você consegue imaginar um negócio desses?", perguntou Norges. "A gente dever ter feito alguma coisa que irritou demais esse pessoal."

Para entender o que tinha acontecido, os dois começaram a refazer os rumos de tudo o que tinha acontecido no último ano. Durante a primavera, Norges e Yaima tinham viajado até a embaixada de Cuba em Washington na companhia de outros ativistas. Com um projetor montado na rua, haviam projetado o rosto de presos políticos de Cuba nas paredes. Norges também tinha ido com um grupo até o Palm Beach Ballpark em Miami para assistir a uma partida de beisebol entre a seleção de Cuba e a seleção da Venezuela. Nas imagens da partida, que foram transmitidas para todos os fãs em Cuba, era possível ver Norges atrás do batedor, com um grupo de pessoas que agitava cartazes com saudações ao vivo a todos os espectadores no país de origem — uma mensagem que em outras situações jamais seria transmitida nos canais de Cuba. Norges apareceu com óculos de sol e uma camiseta branca com uma imagem de José Martí. Estava ao lado de um cartaz que chamava o presidente de Cuba de *singao* — "filho da puta".

Enquanto os dois recordavam as histórias, Norges teve a impressão de que ele e Yaima tinham feito uma longa jornada na companhia um do outro, enquanto observavam as transformações do mundo. Oito anos haviam se passado desde a primeira vez que os dois haviam se encontrado, depois que Norges assistiu ao documentário OFF_LINE feito por Yaima. Com Taylor e outros, eles haviam lutado juntos por uma internet aberta e acessível. Os protestos de 11 de julho haviam se espalhado justamente porque as pessoas naquele momento podiam compartilhar imagens e informações.

Yaima e Norges tinham compreendido o potencial daquela tecnologia. Mas também haviam subestimado as forças contrárias, o olho que tudo vê, os agentes e os vigias. Sete anos depois da mudança para o apartamento de Yaima, quando Norges e Taylor haviam começado a sonhar com a organização que um dia haveriam de fundar, a Casa Cubana dos Direitos Humanos, todos estavam vivendo no exílio, e Norges e Yaima tinham sido apontados como inimigos da revolução.

Não havia outra conclusão possível senão o fato de que os dois tinham sido escolhidos porque as autoridades precisavam jogar a culpa em pessoas específicas, que tivessem nome. Mesmo que de certa forma parecesse lisonjeiro, também era difícil entender os motivos que os haviam levado a ser os escolhidos. Os dois haviam ficado surpresos como todos os outros ao ver as imagens de pessoas nas ruas. Além do mais, havia muitos exilados cubanos bastante conhecidos que escreviam sobre os problemas no país natal, entre os quais se encontravam artistas e astros de cinema com milhões de fãs. Norges tinha dez mil seguidores no Twitter; Yaima tinha quatrocentos. Mesmo assim, o ministro de Exterior não citou mais ninguém pelo nome durante as duas horas que durou a coletiva de imprensa.

Yaima fez um gracejo dizendo que os dois tinham sido como alunos usados de exemplo para levar um sermão do professor. Norges achou que era bom falar com Yaima. A risada dela parecia amenizar os aspectos mais graves da situação. Mas, para além da conversa, Norges ouvia também outra coisa. Yaima estava com medo — exatamente como ele.

Será que deviam compreender as palavras do ministro do Exterior como uma ordem de prisão? Será que as famílias em Cuba passariam a ser atormentadas? Norges sabia que a mãe e o pai ouviam comentários a respeito do filho. Os pais não lhe contavam sequer a metade das histórias. Talvez acontecesse com eles o que tinha acontecido à mãe de Laritza Diversent, uma advogada conhecida de Norges que liderava a organização Cubalex a partir do exílio em Maryland. Com a ajuda de voluntários na ilha, a Cubalex documentava prisões políticas e oferecia assistência jurídica gratuita. A mãe de Laritza Diversent, uma senhora de sessenta e três anos, recebia visitas periódicas da polícia de segurança. Depois do 11 de julho, ameaçaram processar *a mãe* em razão do trabalho da filha. No que dizia respeito à própria Laritza, disseram que agentes secretos poderiam sequestrá-la nos EUA, ou ainda em outro país, e levá-la a Cuba, onde receberia a devida sentença.

Norges sabia que as autoridades falavam esse tipo de coisa para assustar as pessoas, mas quando Yaima mencionou a história, todo esse cenário começou a rodar na cabeça dele. Talvez houvesse coisas piores à espera da família em Cuba agora que ele tinha sido apontado como um dos incitadores dos protestos violentos? Uma visita da polícia, uma janela quebrada, um *acto de repudio*? Essas atitudes tinham por objetivo afetar cubanos críticos ao regime, fazendo com que uma turba se dirigisse à casa com gritos e ameaças. Às vezes a multidão jogava ovos ou deixava animais mortos em frente à casa. As autoridades descreveram Norges como um conspirador influente, mas ele sentia-se impotente, incapaz de proteger as pessoas que mais amava.

"E quanto a nós?", perguntou Yaima. "Com essa gente você nunca sabe. O que vão fazer com a gente?" Yaima já tinha sido ameaçada na internet por usuários anônimos que afirmavam saber que ela seria julgada em Cuba *in absentia*, e que uma longa pena estaria à espera dela quando voltasse. "Será mesmo que você está livre?", perguntava um dos comentários num dos vídeos de YouTube postados por ela. "Boa sorte. Você se acha intocável, mas espere até que os seus amigos assassinos de aluguel precisem dar início a uma campanha para tirar você da prisão!"

Norges sabia que a cidade em que naquele instante morava tinha uma história violenta. Em especial nos anos 1970 e 1980, Miami vivera atentados e bombas. Naquela época, o que aterrorizava o ambiente dos exilados cubanos anticomunistas eram os cubanos que queriam manter diálogo com o regime. Mas as autoridades cubanas também mantinham agentes capazes de atingir os inimigos da revolução. Yaima contou um boato que tinha ouvido a respeito de um ativista que sofreu um "acidente de carro".

Quando Norges desligou, a realidade o atingiu em cheio. A vida dele nunca mais seria a mesma. Primeiro os protestos tinham-no convencido de que os dias do regime estavam contados e ele logo voltaria a

Cuba. Mas ao fim da coletiva de imprensa e da conversa com Yaima ele compreendeu que nada disso aconteceria enquanto o regime durasse. Assim que pusesse os pés em Cuba, Norges provavelmente seria preso. A ponte que o levava para casa tinha sido queimada.

Era justamente esse tipo de resultado que Linet queria evitar. Antes que o outono chegasse a Copenhague, ela mudou de opinião e fez como a mãe lhe havia pedido. Linet arranjara um namorado dinamarquês e estava grávida. Ela tinha planos de ir a Cuba visitar a mãe, a irmã e a avó. Naquele momento ela havia compreendido que a tia estava certa. Talvez não pudesse visitar a família se continuasse a publicar textos críticos sobre as autoridades cubanas. Ser impedida de visitar a família já seria ruim o bastante, mas a ideia de que os guardas de fronteira pudessem impedi-la de *sair* na próxima vez era ainda pior. Havia uma lista de cidadãos "regulados" dessa forma, como se dizia, e impedidos de sair do país.

Linet engoliu a vergonha, abriu o Facebook e começou a deletar as mensagens que havia publicado depois dos protestos. Ela tinha uma clareza dolorosa quanto ao fato de que assim traía a si mesma e a todos os manifestantes que seguiam presos. Linet perguntou-se quantos cubanos não estariam fazendo o mesmo, deixando-se levar pelo medo, fingindo que não estavam vendo ou se calando para evitar problemas. Quando as primeiras atualizações dela, com "ABAIXO A DITADURA" e "#SOS CUBA" desapareceram do monitor, Linet ouviu uma voz na cabeça. Era Alejandro, o ex-namorado que a havia criticado por insistir no relacionamento com Luca — o italiano que lhe comprara o apartamento em Havana.

Linet, disse a voz. *Você tá prostituindo o seu caráter.*

Ela engoliu em seco quando a última atualização também sumiu e restou apenas o perfil, limpo e inocente, sem nada além de antigas lembranças de Havana. Numa das fotos ela tinha o braço ao redor dos ombros de uma turista loira num bar e sorria de leve para a câmera.

Nos meses a seguir, Linet carregaria a vergonha desse silêncio dentro de si. A partir daquele momento ela quase não falou mais sobre o país natal, mas fez como a mãe havia lhe dito: concentrou-se em si mesma e na menina que haveria de dar à luz. Linet já tinha escolhido o nome: Libertad. Junta, a pequena família criaria uma nova vida, longe de Cuba.

A ilha ficou para trás na consciência de Linet. O país natal era um lugar onde os velhos moravam.

Catalina ficou em Havana com a cadela Beatrix.

Continuou a trabalhar como inspetora de hotelaria e secretária do partido, e nem ao menos falava em parar. Graças a todos os contatos em lojas e hotéis, e ao dinheiro que Omar enviava da Holanda, ela tinha acesso facilitado a toda sorte de bens materiais. Mas quase todas as noites Catalina pensava naquilo que ainda lhe faltava: a proximidade da família. O cotidiano transcorria sem problemas: Catalina ia ao escritório pela manhã, e à tarde passava um tempo com Beatrix ou falava com o filho ao telefone. Quando a noite caía, ela assistia à novela. As noites e os finais de semana eram mais difíceis: nessas horas ela ouvia o tiquetaquear do relógio. As datas comemorativas eram ainda piores. Sozinha à mesa no Réveillon, Catalina falava com Omar ao telefone e tentava mobilizar o próprio eu invencível. Mas, ao desligar, sentia-se vencida pela solidão. Em pouco tempo ela poderia aposentar-se, e então começou a pensar em como seria encarar a velhice sozinha em Havana. Quando Omar teve um filho com a esposa holandesa, Catalina sentiu vontade de passar mais tempo com eles em Amsterdã. Pela tela do celular ela pôde ver o pequeno Theo dar os primeiros passos, ganhar os primeiros dentes, andar os primeiros metros de bicicleta. Com frequência cada vez maior, Catalina falava em se mudar de Cuba e viver aposentada na Europa, mas até lá continuaria como antes: no mundo com que estava acostumada a lidar.

E quanto ao carro — eu não sabia ao certo o que fazer com ele. Seria o caso de vendê-lo? Aquela lata-velha era um dos últimos vínculos que eu ainda mantinha com Cuba, e havia cada vez menos desses. A exemplo de Norges, Taylor, Linet e Yaima, muitos dos amigos que eu tinha feito no mercado haviam se mudado para o exterior. Riqui e outros continuavam por lá.

Arian nunca voltou como motorista, e eu deixei acertado com Catalina que precisaríamos de uma pessoa nova para dirigir o táxi. Catalina chamou Roberto, que também era mecânico. Nas melhores épocas ele conseguia manter o Buick rodando por várias semanas antes que alguma coisa quebrasse. De vez em quando ele e Catalina trabalhavam juntos vendendo cabelo. Com o dinheiro do táxi e da venda de cabelo, Catalina complementava o salário e o dinheiro que recebia de Omar, e assim cobria as despesas de conserto, manutenção e suborno.

Taylor foi promovido a gerente de um dos melhores hotéis de Las Vegas e começou a sonhar com o retorno a Cuba. Com frequência ele criticava as autoridades nas mídias sociais e compartilhava vídeos cômicos sobre os políticos e generais do país, mas assim mesmo tinha um perfil mais discreto que o ex-namorado. Assim como Norges, ele logo teria um passaporte americano, além do cubano. Taylor planejava voltar a Dos Caminos para visitar a mãe. Ela sofria com problemas de saúde, mas ele não sabia quando poderia voltar para casa, nem se estaria seguro.

Norges e Yaima continuaram a ser objetos de campanhas de difamação na imprensa do partido. Os ataques foram dirigidos principalmente contra Yaima, que às vezes imaginava ver pessoas desconhecidas tirarem fotos suas em Miami. Quando saía com Ignacio, ela sempre conferia se o cinto de segurança do menino estava bem preso. E, quando foi ao México visitar o pai, Yaima tomou o cuidado de postar as fotos nas mídias sociais apenas quando já estava de volta em segurança aos EUA. "Você nunca sabe o que esperar dessa gente", ela costumava dizer. "Os tentáculos do regime são longos."

Norges sabia que a amiga tinha razão.

No dia a dia ele não temia pela segurança pessoal, mas quando saía por Miami, às vezes sentia um sopro de insegurança. "Olhe para aquelas pessoas", Yaima por vezes dizia ao apontar. "Por que estão olhando para nós?"

Norges lembrou-se do 17 de dezembro de 2014, o dia em que tudo havia começado. Ele estava em frente à TV na Casa de las Américas ouvindo os discursos de Raúl Castro e Barack Obama. Naquele dia Norges se deixara levar por mentiras: a abertura em relação aos EUA, o crescimento da internet e da sociedade civil — que por sua vez levariam a profundas mudanças, segundo os próprios líderes do partido, necessárias. Norges tinha compartilhado essa crença com pesquisadores e intelectuais — a crença de que as reformas econômicas não seriam mais do que o começo. De que mudanças *políticas* também seriam implementadas: alterações institucionais e legislativas que pudessem dar às pessoas comuns a chance de se expressar, participar e decidir.

Naquele momento tudo parecia diferente. Numa entrevista para um jornal estrangeiro, Norges descreveu as reformas de mercado, a relação diplomática com os EUA e a abertura da internet como uma estratégia das autoridades para tornar a realidade ainda mais nebulosa e assim criar a ilusão de que as elites do país estavam dispostas a compartilhar o poder. Mas a névoa havia se dissipado, e Norges percebeu que o país com que havia sonhado — um país em que os jovens tivessem a oportunidade de ouvir notícias imparciais, escrever e cantar o que lhes desse na telha, organizar-se como bem quisessem e votar em eleições livres — esse país nunca tinha feito parte do plano das pessoas que decidiam sobre o destino de Cuba.

Havia um detalhe em particular daquele dia, o dia da esperança, que se revelava de forma totalmente distinta para Norges naquele momento. Ele tinha quase esquecido a história dos cinco heróis — os agentes libertados nos EUA e devolvidos a Cuba como parte da normalização das relações entre os dois países. Naquela ocasião, Norges tinha pensado que o retorno dos agentes marcava o fim de uma era, um ponto final na inimizade e na espionagem. Ele não havia pensado de forma crítica sobre o assunto, mas naquele momento se perguntou quantos agentes cubanos ainda estariam em Miami. Os cinco que haviam retornado para casa em outra época tinham sido condenados por "conspiração para cometer assassinato" em um país estrangeiro. Esse país estrangeiro era naquele momento a casa de Norges.

Norges percebeu que os velhos amigos de Santiago já não escreviam como antes. Até mesmo os cubanos expatriados tinham receio de dar like ou fazer comentários nos posts dele. Norges havia se transformado num homem perigoso, que devia ser evitado.

Os que seguiam Norges na internet não se manifestavam a respeito das preocupações ou da tristeza dele. Depois da coletiva de imprensa do ministro do Exterior, Norges postou uma mensagem na qual agradecia a Bruno Rodríguez por tê-lo inscrito nos futuros livros de história sobre a derrocada do regime ditatorial de Cuba. Depois ele postou uma foto de si mesmo vestindo um roupão em frente ao computador: "Este é Norges Rodríguez no 'laboratório de alta tecnologia', de onde — segundo afirma o ministro do Exterior — controla uma fazenda de trolls que levou os cubanos às ruas". Norges fizera uma caneca com o motivo da coletiva de imprensa: o ministro do Exterior na tribuna e uma imagem dele próprio na tela do projetor. Depois ele publicou essa imagem também nas mídias sociais, como entretenimento para os seguidores.

Nas conversas com Yaima, Norges tentava mostrar-se otimista.

"A besta está ferida", ele dizia. "O regime manqueja e sangra."

Não podia faltar muito.

Norges não tinha outra opção: tinha dedicado a vida inteira à luta por uma Cuba livre, e essa vida não havia chegado ao fim. Cada post no Twitter, cada vídeo era um novo ataque. Logo a ditadura cairia. Porém mesmo que torcesse com todo o coração — e ele torcia com força suficiente para quase acreditar —, Norges já não queria mais ser enganado pela esperança. Ele passou a viver uma vida mais tranquila, a passar um tempo longe das mídias sociais nos fins de semana e a dizer para si mesmo que Miami era um bom lugar para morar. Tão bom quanto Cuba.

Todos os dias Norges saía à sacada no décimo quarto andar, limpava as folhas secas no vaso de flores, ajeitava a terra e regava a flor branca que era o símbolo de Cuba.

NOTAS SOBRE A ESCRITURA DO LIVRO

É estranho pensar na pessoa que se mudou para Havana e começou a escrever este livro quase sete anos atrás, que imaginava saber coisas sobre Cuba, que tinha lido uns livros, aprendido espanhol e recebido dinheiro de uma organização que acreditou nessa mentira. Na verdade eu não tinha a menor ideia do que estava fazendo: meu único objetivo era contar uma história verdadeira. Queria documentar tudo de forma que os leitores pudessem entender como é viver naquela ilha. O que descrevo nestas páginas são portanto coisas que de fato aconteceram.

Quando Linet estava no Malecón sob a luz da manhã e apontou a câmera do celular para o caixão de Fidel, que se aproximava pela estrada, eu estava do lado dela, olhando na mesma direção. Mais tarde naquele mesmo dia sentamo-nos juntos para tomar um café na cozinha dela, e Linet me contou sobre o sentimento inesperado que havia tomado conta dela ao ver o caixão passar: a saudade de um velho amigo. A cena em que Norges e Taylor dividem um cigarro entre o turno da noite e o turno da manhã no Gold Coast Hotel em Las Vegas pôde ser descrita porque eu estava lá e dividi o mesmo cigarro.

Este livro também descreve acontecimentos que não testemunhei, mas que foram reconstruídos por meio de fotos, vídeos, postagens de Facebook, lembranças e outros resquícios do passado. Para dar um exemplo: encontrei Catalina no dia seguinte à inspeção feita no Almacén Provincial, mas ela ainda tinha memórias nítidas do chefe que estufou o peito e declarou, "Faltam pelo menos 3,4 *toneladas* de carne!". Linet me emprestou os cadernos de anotações do CubaEmprende, enquanto Norges e Taylor me forneceram acesso a parte das correspondências deles. Além disso, documentaram fragmentos da própria história em blogues e posts nas mídias sociais, que juntos compõem um rico arquivo.

Morei em Havana por vinte meses entre 2015 e 2018. Em certas épocas morei com Ingrid Jasmin Vogt, na época minha namorada e um dos motivos para que eu tivesse decidido ir a Cuba, e com Naomi, que passou os primeiros meses da vida por lá.

O livro ficou pronto no verão de 2021, mas os protestos violentos que começaram em julho mexeram com o calendário de publicação. Minha última visita a Havana ocorreu quatro meses após as manifestações narradas nos últimos capítulos do livro. Durante essa visita, falei com participantes e testemunhas oculares. Foram essas conversas, somadas à grande quantidade de material em vídeo disponível na internet, que me permitiram reconstruir o drama que se desenrolou durante e após os protestos. O diálogo entre Yoan de la Cruz e a mãe foi retirado de um artigo publicado no site Yucabyte.org, o site fundado por Norges e Taylor. Nas partes em que há diálogos, as palavras foram baseadas no relato de pelo menos uma pessoa que estivesse presente e pudesse ter ouvido o que foi dito. Corrigi ou ajustei frases avulsas de fóruns da internet e do Facebook que continham erros gramaticais ou obscuridades que pudessem prejudicar a leitura.

O livro seria um relato sem vida se não fosse pelo trabalho conjunto e pela paciência demonstrada por todos os protagonistas, que acreditaram na importância de documentar o próprio país. Para dar um exemplo, Taylor deu um jeito de cavar uma foto que havia tirado de Norges no entardecer seguinte à demissão do instituto de arte e à decisão de pegar um ônibus e ir para a casa de Yaima. *Cavar* é a palavra exata, porque nesse momento penso que o trabalho com a escrita deve ter similaridades com o trabalho de mineiros em busca de ouro.

Em meio a todo o cinza, a tudo o que não tem importância, de repente você encontra um ponto reluzente. Essa imagem me permitiu descrever a linguagem corporal de Norges quando estava sentado no ônibus, sentindo que a vida se desmanchava.

Yaima e o marido Yenier, ambos cineastas, filmaram acontecimentos que talvez pudessem ser importantes para mapear a história do próprio país, como o dia em que Tania Bruguera não apareceu na Plaza de la Revolución, o encontro internacional no Panamá e o cortejo fúnebre de Fidel. Outras fontes úteis foram reportagens da mídia e de sites cubanos. Com a ajuda da cobertura do partido e de blogues oficiais, pude reproduzir uma versão do discurso que Rubén del Valle fez aos estudantes da academia de arte depois que Tania Bruguera foi impedida de colocar um púlpito na Plaza de la Revolución. Numa entrevista com um blogueiro leal ao partido, publicada no dia anterior ao encontro, Del Valle classificou o comportamento dela como "um reality show" e descreveu Bruguera como "fruto da revolução". Como Norges e Yaima, que estavam no auditório, também se lembram de outras frases similares, concluí que provavelmente foi isso o que o orador disse.

Para que os leitores pudessem entender como as pessoas vivem em Cuba, eu estava convencido de que também seria preciso fazer com que *sentissem*. Por esse motivo o livro não é uma obra histórica. Escolhi determinadas cenas e escolhi *não incluir* muitos outros fragmentos de um universo enorme.

Parte dos acontecimentos narrados ocorreu muito antes da minha chegada à Cuba. Em certos casos precisei confiar apenas nos relatos dos personagens. Conversei com os protagonistas e as famílias e amigos dos protagonistas durante sete anos. Essas pessoas tiveram que aguentar um número incalculável de perguntas, muitas vezes em horários totalmente descabidos. *Hola, Norges, sou eu. Você por acaso se lembra do que estava pensando na manhã seguinte à passagem do furacão Irma?*

Norges, Taylor, Linet e Yaima aceitaram ser chamados pelo nome real no livro. Todos os outros personagens, com exceção das figuras públicas, receberam pseudônimos. Os principais personagens leram uma versão traduzida do manuscrito para que pudessem indicar erros e interpretações equivocadas, e para me alertar sobre detalhes que pudessem colocar outras pessoas em situação de perigo. Em Cuba a verdade pode ser perigosa. Especialmente nos casos em que pessoas se arriscaram ao falar comigo, contei a história de maneira a ocultar a identidade real delas. Os nomes que escolhi para as instituições acadêmicas com as quais trabalhei, Centro Cultural e Fundación de Folklore, são pseudônimos. Isso também vale para os hotéis e companhias estatais mencionados na história de Catalina.

Se consegui dar ao leitor uma impressão de Cuba, foi porque os protagonistas me franquearam acesso às suas vidas. Tomei café com o pai e a mãe de Norges em Los Pinos, visitei o antigo bairro de Taylor em Dos Caminos, jantei na casa da mãe e da avó de Linet em El Hoyo e fui com Catalina até o último andar do Hotel Guantanamera, onde em outra época ela trabalhou como bartender. Quando Catalina e eu visitávamos repartições públicas para registrar o Buick como táxi, às vezes eu tinha a impressão de que tínhamos dois objetivos. Por um lado, queríamos registrar o carro, o que se mostrou mais difícil do que tínhamos imaginado. Por outro, eu tinha a impressão de que Catalina queria me mostrar *mais*. Ela queria me mostrar um país que não correspondia às expectativas dela. Lembro-me de uma vez em que Catalina suspirou ao fim de um encontro com um burocrata corrupto, como se quisesse dizer: *Está vendo? É assim que as coisas funcionam por aqui*. Uma vez encontramos uma funcionária que teve a honestidade de pedir logo de cara um suborno.

"Cinquenta pesos", disse a mulher, apontando para uma pilha de papéis que pertenciam às pessoas que tinham sido atendidas antes de nós. "Além disso, precisamos receber em notas de cinco, para dividir entre todo mundo aqui na repartição." Quando entreguei o dinheiro, ela colocou as cédulas diretamente na pasta que continha o processo. De volta ao carro, Catalina olhou para mim e perguntou: "Então, *hijo*, quantos quilos de livro você já tem a esta altura?".

Acabei com mais quilos do que eu seria capaz de transformar em literatura.

Quando voltei para casa, meu computador tinha mais de mil páginas de anotações de campo relacionadas à minha pesquisa, além de quinhentas páginas de diários, entrevistas e observações ligadas às pessoas e aos acontecimentos narrados nesse livro.

Por vinte meses eu fiz pesquisa em meio a pessoas que trabalhavam no setor privado em Cuba. Eu mesmo trabalhei nos maiores mercados em Havana vendendo sapatos e roupas, frutas e verduras, carros e apartamentos. Mesmo que poucas dessas experiências tenham acabado no livro, para mim todas representam diferentes aspectos da mesma coisa: a minha tentativa de narrar o que está em jogo para as pessoas que vivem na ilha.

AGRADECIMENTOS

Como somente um nome aparece na capa de um livro, é fácil esquecer que muitas outras pessoas também merecem reconhecimento. Eu gostaria de agradecer aos protagonistas e a suas famílias por terem possibilitado que eu contasse essa história. Aos colegas, amigos e familiares que me ajudaram a tocar o projeto por meio de comentários, críticas e incentivos: Ricardo Acostarana, Samina Ansari, Helman Avelle, Nora Dahle Borchgrevink, Vegard Bye, Kjetil Klette Bøhler, Thea Storøy Elnan, Eirik Hanes, Mats Haraldsen, Luis Dener Hernández, Gabriela Wig--Hernandez, Charline Kopf, Grethe Jeanne Knudsen, Ariel Lamas, Helge Mathiesen, Adri Mena, Preethi Nallu, Lars Ewald Oellingrath, Lara Rashid, Idun Heir Senstad, Giada Nikita Toscano, Kjersti Velsand, Karna Vogt, Ingrid Jasmin Vogt, Tore Wig, Bjarne Berg Wig e Martin Herman Wiedswang Zondag. Também gostaria de agradecer aos amigos e colegas do Instituto de Antropologia Social da Universidade de Oslo e em particular aos meus orientadores Christian Krohn-Hansen e Keir James Cecil Martin, que talvez não soubessem que eu também escrevia um livro paralelamente à minha tese de doutorado, mas assim mesmo parecem ter perdoado tudo quando a tese foi entregue mais ou menos no prazo — bem antes do manuscrito final do livro. Houve épocas em que o trabalho me afastou das pessoas mais próximas. Essas pessoas sabem quem são. Deixo a todas o meu agradecimento.

Agradeço também à Norsk faglitterær forfatter- og oversetter-forening [Associação Norueguesa de Autores e Tradutores de Não Ficção] e à organização Fritt Ord [*Palavra livre*] pelas bolsas que num primeiro momento resultaram em um táxi em Havana, e depois em *Havana táxi*. Tuva Ørbeck Sørheim e a equipe da editora Kagge desde o início demonstraram uma confiança admirável em mim e no meu trabalho. A história tomou forma ao longo de muitos anos passados em Cuba e sozinho no meu apartamento, mas também em bares decadentes onde eu e o meu editor Kristian Meisingset vasculhávamos nossas lembranças de livros e filmes para tentar descobrir o segredo de uma boa história. É difícil explicar a contribuição que Kristian trouxe a esse projeto, mas acho que ele vai gostar de ver que o livro traz referências e metáforas que talvez só ele consiga interpretar.

O texto que você tem nas mãos foi parte da minha vida por sete anos. Ao entregá-lo a você e a outros leitores, penso em todas as pessoas que o tornaram possível, e especialmente naquelas que talvez nem saibam o quanto foram importantes para mim. Penso nos meus amigos do mercado — em "Mateo" e em outros que não podem ter os nomes escritos aqui. Penso nas histórias que, para os protagonistas do livro, ainda não chegaram ao fim. Penso em tudo o que não pude contar, em todas as nuances da vida vivida que nem sempre podem ser postas em palavras — mas com a certeza de que fiz o melhor que pude.

FONTES Epicene e Graphik
PAPEL Lux Cream 60 g/m²
IMPRESSÃO Imprensa da Fé